Alfred Plischnack
NAPOLEON VOR WIEN

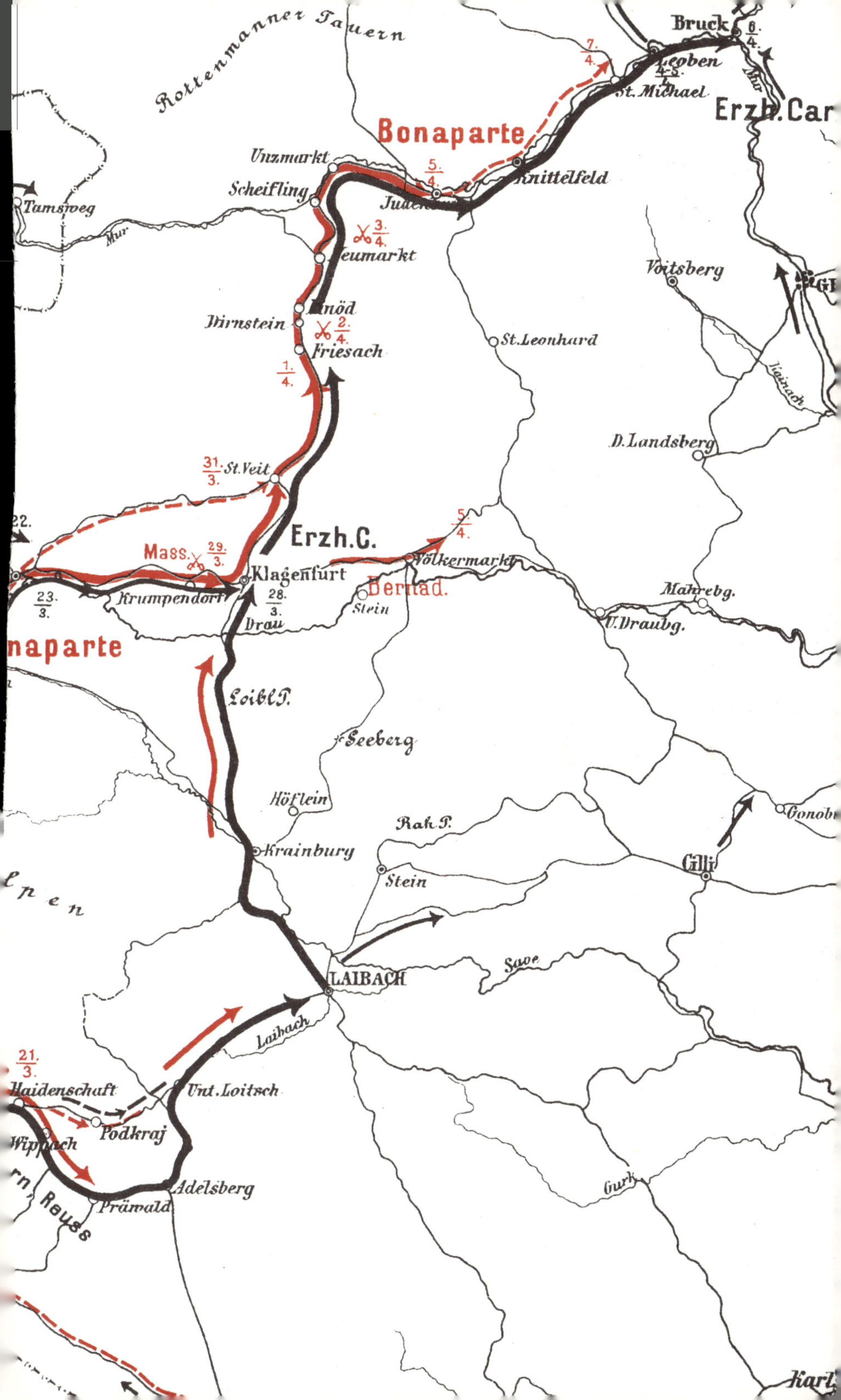

Rottenmanner Tauern
Bruck
6. 4.
7. 4.
Leoben
4.-5. 4.
St. Michael
Mur
Erzh. Car
Bonaparte
Unzmarkt
Scheifling
5. 4.
Knittelfeld
Tamsweg
Mur
3. 4.
Neumarkt
Voitsberg
Einöd
Dirnstein
2. 4.
Friesach
St. Leonhard
1. 4.
Kainach
D. Landsberg
31. 3.
St. Veit
22.
Erzh. C.
5. 4.
Mass.
29. 3.
Klagenfurt
Völkermarkt
Bernad.
23. 3.
Krumpendorf
28. 3.
Stein
Mahrebg.
Drau
V. Draubg.
naparte
Loibl P.
Seeberg
Höflein
Rak P.
Gonobi
Krainburg
Cilli
Stein
Save
LAIBACH
Laibach
21. 3.
Haidenschaft
Unt. Loitsch
Podkraj
Wippach
Adelsberg
Gurk
Prärald
Reuss
Karl

Alfred Plischnack

NAPOLEON VOR WIEN

Quellen und Augenzeugenberichte

*Mit 70 Abbildungen
und Dokumenten*

Amalthea

Bildnachweis:

Alle im Buch enthaltenen Abbildungen (mit Ausnahme der Abbildung auf Seite 221) stammen aus dem Privatarchiv des Autors.

Bildlegenden:

UMSCHLAGBILD

Allegorie der siegreichen französischen Republik mit Napoleon Bonaparte als Kutscher, Ölgemälde, von Bourgeois pinxit invenit 1799. Constant-Florant-Fidèle Bourgeois, 1767–1841, Schüler Davids, stellte regelmäßig auf den Pariser Salons 1791–1831 aus. Er bevorzugte klassische Landschaften – die Figuren wurden teilweise von seinen Kollegen gemalt. Im vorliegenden Fall wirkt die Figur des General Bonaparte auffallend steif und so als ob sie nachträglich eingefügt worden wäre – möglicherweise wurde der Künstler durch die Ereignisse des 18. Brumaire überrascht. Das berühmteste Gemälde von Bourgeois ist die Begegnung Napoleons mit dem Fürstprimas Dalberg von Deutschland vor Aschaffenburg (Salon 1812).

VORSATZ

Lageplan (aus A. v. Horsetzky, Feldzüge in Europa seit 1792, Wien 1904): Tafel VII. 1797

NACHSATZ

Lageplan (aus A. v. Horsetzky, Feldzüge in Europa seit 1792, Wien 1904): Tafel IX. 1800

Gedruckt mit Unterstützung der Abteilung für Kultur und Wissenschaft der Niederösterreichischen Landesregierung

© 2000 by Amalthea
in der F. A. Herbig Verlagsbuchhandlung GmbH, Wien · München
Alle Rechte vorbehalten
Schutzumschlag: Wolfgang Heinzel
Herstellung und Satz: VerlagsService Dr. Helmut Neuberger
& Karl Schaumann GmbH, Heimstetten
Gesetzt aus der 10,8/14,5 Punkt Stempel-Garamond
Druck und Binden: Wiener Verlag, Himberg
Printed in Austria
ISBN 3-85002-449-0

Inhalt

III.
Von Kairo bis Steyr
(Der zweite Koalitionskrieg
von 1799 bis 1801)

IV.
Lord Nelsons langer Weg nach Wien

V.
Zwei neue Kaiser

Historische Leckerbissen zum Dessert

Anhang

Vorwort

Lieber Leser!

Die Jahre von 1792 bis 1802 bedeuten das Ende einer Kulturepoche und den Beginn einer neuen Zeit mit Ideen, Werten und leider auch Vorurteilen, die bis heute ihre Wirkung zeigen. Wien und Paris – zwei Antipoden der Weltgeschichte und doch ergänzen sie einander. Das moralisch hochstehendste Schriftstück seit den zehn Geboten – die Erklärung der Menschenrechte – und der erste durchorganisierte, von staatlichen Organen gesteuerte Massenvernichtungswahn der Geschichte fallen in diese Periode. Der Höhepunkt all dessen: Napoleon Bonaparte, ein Mensch, der zum Inbegriff eines allumfassenden politischen und militärischen Genies wurde und zu dessen Porphyrsarkophag im Pariser Invalidendom jährlich Tausende Touristen pilgern. Was für ein epochales Drama!

Der bereits selbst Teil der Geschichte gewordene österreichische Bundeskanzler Bruno Kreisky hat das geflügelte Wort geprägt: »LERNEN SIE GESCHICHTE«. Ich möchte diesem als Motto gegenüberstellen: VERGESSEN SIE GESCHICHTE (im Sinne der herkömmlichen Geschichtsschreibung)!

Gerade die Aufarbeitung der napoleonischen Epoche ist, wie kaum eine andere, von Heldenverehrung und Glorifizierung geprägt. Überdies stehen etlichen modernen französischen Geschichtswerken kaum entsprechende österreichische Bücher gegenüber. Eine Berücksichtigung und eine Gegenüberstellung von Quellen und Zeitzeugenberichten beider Nationen, den heutigen Ansprüchen genügend, fehlen bisher fast gänzlich. Es entstand dadurch ein vollkommen verzerrtes Bild dieser außerhalb von Frankreich vergessenen Ära.

Die in der Geschichtsschreibung notwendige Zusammen-

fassung wesentlicher Ereignisse führt zur Ausfilterung »unbe-
deutender« Details, die aber in ihrer Gesamtheit ein ganz anderes Bild ergeben können, als es aus den Geschichtsbüchern
zu erfahren ist. Die übliche Kriegs- und Diplomatiegeschich-
te sammelt zwar alle relevanten Daten über Schlachten, Ver-
träge und dergleichen – beschäftigt sich aber kaum mit den Er-
lebnissen und Gedanken der Zeitgenossen.

Was nun aber ist historische Wahrheit? Die lexikalische
Darstellung von Daten oder die Bewahrung der Geschehnisse
und der Gefühle der Menschen, die dies alles erlebten?

Bonapartes Zug im Jahre 1797 nach Leoben gilt in der tra-
ditionellen Geschichtsschreibung als Triumphzug. De facto
fühlte sich der junge Feldherr, der ohne Rückendeckung und
mit unsicheren Nachschublinien tief in Feindesland stand,
keineswegs so wohl, wie es die Legende der nachfolgenden
zwei Jahrhunderte immer angenommen hat.

Der Friede von Campoformio ist der Nachwelt als Inbegriff
hoffnungsloser Überlegenheit des revolutionären Frankreichs
und drückender Anfang vom Ende des römischen Reiches in
Erinnerung geblieben. Die Zeitzeugen hingegen empfanden
den Erwerb von Venedig als Äquivalent für die weit entfernten österreichischen Niederlande durchaus als Erfolg.

Oder: Die für Österreich keineswegs besonders ungünstigen
Bestimmungen des Friedens von Lunéville 1801 geben, isoliert
betrachtet, die damalige Stimmung in Österreich nur sehr ver-
fälscht wieder. Liest man hingegen die Briefe, von 1813/14, des
späteren Oberbefehlshabers der alliierten Armeen, Fürst
Schwarzenberg, an seine Gattin, so zeigen diese ein Ausmaß
an Entmutigung und Verzweiflung, wie es sich aus der Geschichtsschreibung (welche, zumindest in Österreich, sich
dieses Zeitraums seit fast 100 Jahren nicht mehr angenommen
hat!) nicht einmal ansatzweise nachvollziehen lässt.

Was immer Sie bisher über die »Franzosenkriege« gelesen
haben, die Verbindung sowohl französischer als auch öster-

reichischer Zeitzeugenberichte und anderer Originalquellen mit den umwälzenden Ereignissen der herkömmlichen Weltgeschichtsschreibung lässt umfassende Aspekte entstehen, die erstaunlich neuartig und überraschend sind.

Wenn Geschichtsschreibung eine Kunst darstellt, so ist sie die »Kunst des Weglassens«. Hier wird versucht, durch die Kombination der Schilderung von Ereignissen in ihren größeren Zusammenhängen mit ins Detail gehenden Einzeldarstellungen einen möglichst umfassenden Eindruck zu vermitteln.

Der Zweck meines Buches ist nicht die x-te Zusammenfassung bereits jahrhundertlang immer wieder beschriebener, trockener Fakten, sondern das Nachempfinden des Lebensgefühls der damaligen Zeit. Sozusagen eine Alltagsgeschichte einer einmaligen, nichtalltäglichen Geschichtsepoche.

Erleben Sie mit, wie neu und packend vergessene Geschichte sein kann!

Wien, im August 2000   Dr. Alfred Plischnack

P.S.: Um zu zeigen, wie sehr Napoleon auch Bestandteil der deutschsprachigen Geschichtsschreibung ist, wurde die »deutsche« Schreibweise – ohne Akzent – gewählt.

I.

Revolution in Paris –
Revolution in Wien?

1. Marie-Antoinette –
Eine Österreicherin in Paris

Mit bewundernswerter Feinfühligkeit schreibt Maria Theresia – 14 Jahre vor Beginn der französischen Revolution – an ihre Tochter in Paris:

»Dieselbe Sprache, von der Sie berichten, haben auch unsere Leute jetzt in Böhmen geführt, nur handelt es sich bei den Ihren um die Brotteuerung, bei den unseren um die Frondienste. Sie haben auch eine Verfügung verlangt, die sie abschafft. Im allgemeinen beginnt dieser Geist des Aufruhrs überall einzudringen, das ist die Folge unseres aufgeklärten Jahrhunderts. Ich stöhne oft darüber, aber die Sittenverderbnis, diese Gleichgültigkeit gegenüber alles, was mit unserer heiligen Religion zusammenhängt, diese fortgesetzte Abbröckelung ist die Ursache aller dieser Übel.«[1]

Ausgehend von den Werken John Lockes, Montesquieus, Voltaires und Rousseaus, sowie beeinflusst von den Ideen der Herausgeber der Enzyklopédie Diderot und d'Alembert lehnen die Menschen immer stärker die Vorstellung einer absoluten, gottgewollten und unveränderbaren Ordnung ab. Das Streben nach Gerechtigkeit, Vernunft und Wissen ersetzt die Unterordnung in ein mittelalterliches, monarchistisches Feudalsystem.

Ebenso wie sein Schwager Josef ist Ludwig XVI. durchaus von den modernen Ideen angetan und versucht durch Reformen sein Land zu modernisieren. Die Abschaffung der Folter findet allgemeine Zustimmung. Der Versuch, das von Privilegien strotzende Steuersystem zu vereinfachen und die Steuerprivilegien des Adels und der Kirche abzuschaffen, scheitert hingegen am erbitterten Widerstand der von Ludwig wiedereinberufenen Parlamente. (Diese insgesamt 13 waren oberste

Gerichtshöfe, die politische Rechte hatten und vom Amtsadel – *noblesse de la robe* – dominiert waren.) Die Abschaffung der *Corvée* (Robotdienstbarkeiten der Bauern) erbittert den grundbesitzenden Adel. Die vom König beabsichtigte Toleranz gegenüber den Protestanten bringt ihn in Konflikt mit der katholischen Kirche. Der rigorose Sparkurs des Hofes und die unkonventionelle Art Marie-Antoinettes, der höfischen Etikette in den im Schlosspark von Versailles errichteten kleineren Trianons zu entgehen, lässt den Hofadel um die ererbten Ämter fürchten, sodass aus diesen Kreisen (insbesondere vom Herzog von Orléans, einem Verwandten des Königs) mittels anonymer Pamphlete an der Herabsetzung des Ansehens des Königshauses gearbeitet wird.

Außenpolitisch ist die Regierungszeit Ludwigs XVI. vom »Renversement des Alliances« (Umkehr der Bündnisse) geprägt. Die uralte Erbfeindschaft zwischen Österreich und Frankreich, welche unter Ludwig XIV. sogar ein Bündnis des allerchristlichsten Königs mit dem Sultan der Türkei opportun erscheinen ließ, wurde durch die geschickte Außenpolitik Maria Theresias und ihres Ministers Kaunitz beendet und in ein Bündnis gegen Friedrich den Großen und Preußen umgewandelt. England hingegen, Österreichs traditioneller Verbündeter seit den Tagen von Prinz Eugen und Marlborough, trat an die Seite Preußens. Zur Bekräftigung des Bündnisses erfolgte 1756 die Hochzeit des Dauphins (Thronfolgers) Louis mit der Tochter Maria Theresias, Erzherzogin Marie-Antoinette. Der von den Franzosen unterstützte amerikanische Unabhängigkeitskrieg (1775 bis 1783) beruhte ideologisch darauf, dass kein Volk gebunden sei, einem Herrscher, der seine Pflicht nicht erfüllt, zu gehorchen. Eine Denkweise die auch in Frankreich immer mehr Anhänger findet. Die Anerkennung der Unabhängigkeit der Vereinigten Staaten und die Friedensschlüsse vom 30. 11. 1782 (USA-England) und 20. 1. 1783 (Frankreich-England) bewirken, ebenso wie die Geburt eines Thronfolgers

1781, eine beträchtliche Steigerung des Ansehens der Monarchie. Die zur Kriegsführung aufgenommenen Staatsschulden führen jedoch zu einer schwerwiegenden Finanzkrise.

Die Affäre um ein im Namen der Königin angeblich bei einem Juwelier bestelltes Halsband führt, obwohl Marie-Antoinette in keiner Weise daran beteiligt war, zu einer gegen sie gerichteten beispiellosen Verleumdungskampagne. Die adeligen und bürgerlichen beziehungsweise intellektuellen Kreise, welche Hemmungen haben gegen den durchaus noch beliebten König aufzutreten, getrauen sich gegenüber der »Ausländerin« die boshaftesten und ausfallendsten Gemeinheiten. Spottgedichte, in denen der »Österreicherin« gemeinste sexuelle Perversionen unterstellt werden – man bedenke: das Zeitalter de Sades! –, und Wortspiele – l'Autrichienne = die Österreicherin, »l'autre chienne« = die andere Hündin – kursieren in größerer Zahl. Marie-Antoinette wird vorgeworfen, für Österreich zu spionieren und ihrem Bruder Kaiser Josef größere Geldbeträge zu schicken.

Die Stimmen, welche ein Bündnis mit Österreich, als den Interessen Frankreichs widersprechend, von Anfang an misstrauisch kritisierten, vermehren sich aufgrund der konfliktträchtigen Außenpolitik Österreichs unter der Alleinregierung Josefs II. (Der Versuch Bayern zu erwerben, der Krieg gegen die Preußen und Türken und die gewaltsame Niederschlagung der Unruhen in den österreichischen Niederlanden.)

Zur Beratung über eine Reform des desolaten Finanzsystems versammelt der französische König die »Generalstände« mit 1139 Abgeordneten (291 Kleriker, 270 Adelige und 578 für den »Dritten Stand«). Diese erweisen sich schon bald als zu schwerfällig und unausgewogen, um einschneidende Reformen durchzuführen. Am 17. 6. 1789 erklärt sich der Dritte Stand auf Vorschlag des Abbé Sieyès eigenmächtig zur Nationalversammlung *Assemblée nationale*. Ab 9. Juli arbeitet diese als »Verfassungsgebende Nationalversammlung« am Entwurf einer Verfassung, ohne hierfür vom König, der bisher alleiniger Gesetzgeber war, beauftragt zu sein. – Die Revolution hat begonnen.

Wenngleich sich die öffentliche Meinung und auch die Nachwelt wesentlich mehr von der propagandistisch ausgeschlachteten Erstürmung der Bastille[2] am 14. Juli beeindruckt zeigen wird, stellt dieser Schritt die einschneidendste Änderung des Regierungssystems für die nächsten Jahre dar. In weiterer Folge werden alle politischen Neuerungen ihre Legitimation von den Beschlüssen der gesetzgebenden Versammlung (und sei es auch nur pro forma) ableiten. Obzwar nun tatsächlich die von Ludwig XVI. ursprünglich gewünschten Reformen beschlossen werden, kann sich der König mit seiner Ausschaltung nicht anfreunden und vermag auch nicht »medienwirksam« in Erscheinung zu treten oder sich persönlich bei den politisch wichtigen Persönlichkeiten Respekt zu verschaffen. Binnen weniger Jahre verwandelt sich daher paradoxerweise dieser reformwillige und friedfertige Monarch von einem Förderer des Fortschrittes in einen jede Änderung ablehnenden Tyrannen (»Monsieur Veto«, da die Rechte des Königs im Laufe der Zeit nur mehr auf ein Einspruchsrecht gegen die Gesetze der Nationalversammlung zusammenschmolzen).

An ihren kaiserlichen Bruder Josef II., der allerdings bereits am 20. Februar verstorben war, schreibt die ihren Gemahl an Entschlossenheit bei weitem übertreffende Marie-Antoinette am 26. 2. 1790: »*Mein lieber Bruder, der Zustand der Angelegenheiten, ich erkenne es wie Sie selbst, ist sehr schlecht, und ihr letzter Brief zeigt genau die Gefahren die auf uns zukommen (...) Neben mir ist man bereit eine sehr bescheidene Rolle zu akzeptieren. Ich würde die Macht des Thrones nicht so billig hergeben; je mehr man den Parteien zubilligt, desto mehr verlangen sie (...) Die Assemblée ist der Hort des Bösen, sie versucht alle Macht selbst zu erringen und die des Königs auf Nichts zu reduzieren.*«

Der »Zug der Frauen« nach Versailles zwingt die königliche Familie in den Tuilerienpalast nach Paris zu ziehen. Am Bundesfest zum zweiten Jahrestag der Erstürmung der Bastille (14. 7. 1791) scheint dank der beschlossenen Reformen die Revolution beendet und eine friedliche, konstitutionelle Zukunft Frankreichs gesichert. Da die Ereignisse den König zu mehr Sparsamkeit nötigen und auch der Adel, der wichtigste Kunde der Handwerker und des Handels, mit seinen Bestellungen immer zurückhaltender wird, gerät die bürgerliche Wirtschaft in eine Krise. Der Versuch mittels Sparsamkeit für eine Verbesserung der Finanzlage zu sorgen, verkürzt die Nachfrage und lässt die Konsolidierung der Wirtschaft an den ökonomischen Gesetzmäßigkeiten scheitern. So ist die bürgerlich dominierte Nationalversammlung nicht in der Lage, eine Verbesserung der wirtschaftlichen Situation für das einfache Volk herbeizuführen und die radikalen Kräfte (Jakobiner) gewinnen daher immer mehr an Einfluss. Nach einem gescheiterten Fluchtversuch der königlichen Familie (die mit verlässlichen Einheiten, der am Rhein stehenden französischen Armeen, nach Paris zurückkehren wollte) in der Nacht vom 20. auf den 21. 6. 1791, verliert Ludwig im In- und Ausland massiv an Ansehen. Angesichts der politischen Verhältnisse bleibt ihm am 14. September nur mehr den Eid auf eine neue Verfassung zu leisten. Ludwigs geheimer Brief an seinen Schwager Leopold II., den neuen deutschen Kaiser, vom Juli 1791 stellt eine kaum mehr verhohlene Aufforderung zur Intervention dar: *»(...) er (der König) befindet sich immer noch in Haft und Gefangenschaft in Paris. Der König hat beschlossen Europa den Zustand bekanntzugeben, in welchem er sich befindet, und indem er seine Leiden dem Kaiser, seinem Schwager anvertraut, zweifelt er nicht, daß dieser alle Maßnahmen treffen wird, die ihm sein edelmütiges Herz einflößt, um dem König und dem Königreich Frankreich zu Hilfe zu kommen.*

Louis«

Mit der Annäherung Preußens und Österreichs am 27. 8. 1791 – welche sich in der Deklaration von Pillnitz bereit erklären, in Frankreich einzuschreiten *»dann und in dem Fall, wenn sich die Mächte an die man sich wende* (d. h. England), *zur Mitwirkung verpflichteten«* – befürchten liberale Kreise in Frankreich eine baldige kriegerische österreichisch-preußische Einmischung. Die verwandtschaftlichen Bindungen der Königin lassen einen Krieg gegen Österreich ohnedies als unausweichlich erscheinen. Die Unbeliebtheit Marie-Antoinettes macht den Krieg sogar populär. Die bürgerlichen Gemäßigten wollen (gegen den Widerstand der Radikalen) damit die Beruhigung und Ablenkung der Volksmassen erreichen, und so erklärt die französische Nationalversammlung den Königen von Preußen sowie Ungarn und Böhmen am 20. 4. 1792 den Krieg. Die Versöhnungspolitik Maria Theresias führte, wie kaum vorherzusehen war, letztlich zu fast zwei Jahrzehnte andauernden erbitterten kriegerischen Auseinandersetzungen zwischen Österreich und Frankreich. Nach dem überraschenden Tod Leopolds am 1. 3. 1792 tritt dessen 24-jähriger Sohn, der als Franz II. am 14. 7. 1792 – provokanterweise genau am dritten Jahrestag der Erstürmung der Bastille – als sein Nachfolger gekrönt wird, kein leichtes Erbe an. Seine Länder sind weder wirtschaftlich noch militärisch auf einen mehrjährigen Weltkrieg vorbereitet. In einem Brief an den österreichischen Botschafter in Paris, Graf Mercy, erteilt Marie-Antoinette gute Ratschläge (und berichtet nebenbei über Stärke und Vorhaben der französischen Armee): *»Der Krieg ist erklärt. Der Wiener Hof muß versuchen seine Sache soweit wie möglich von derjenigen der Emigranten zu trennen (…) Es ist leicht sich die Ideen vorzustellen, welche die Grundlage des Wiener Manifestes bilden sollen. Man muß alle Welt als Zeugen anrufen über die Absichten dieser Macht den Frieden zu bewahren, die Freundschaft zu erhalten, daß sie den verschiedenen Absichten gegen die Nation einiger Individuen* (damit sind die bereits emigrierten Brüder des Königs und sonstige Emigranten gemeint) *fern steht. Man soll nicht zuviel vom König sprechen, nicht zuviel spüren lassen, daß es er ist, den man unterstützt und retten will.«*

An ihren Neffen Franz schreibt sie heimlich am 4. 7. 1792: *»Es ist an der Zeit, daß die Mächte deutlich sprechen. Der 14. Juli* (Die Königin befürchtete eine weitere Eskalation anlässlich der Feier zum Jahrestag der Erstürmung der Bastille) *sowie die folgenden Tage könnten zu Trauertagen für Frankreich werden und die* (alliierten) *Mächte werden sich Vorwürfe machen, zu langsam gewesen zu sein; alles ist verloren, wenn man nicht die Parteien zurückhält durch die Furcht einer nahen Bestrafung. Sie wollen um jeden Preis die Republik, um das zu erreichen, haben sie beschlossen den König zu ermorden; es wäre nötig, daß die Assemblée und Paris für das Leben des Königs verantwortlich gemacht werden. Allen Gefahren zum Trotz werden wir unsere Entscheidung nicht ändern, sie können darauf bauen, so wie ich auf ihre Anhänglichkeit rechne. Ich freue mich über Ihre Ergebenheit, und ich teile das Gefühl, welches sie an meine Mutter bindet. Der Moment ist gekommen davon einen großen Beweis zu geben durch die Rettung des Königs, sowie von mir und den Meinen, wenn Zeit hiefür bleibt. Ich schicke Ihnen auf anderem Wege ein weiteres Wort.«*

Als die österreichischen und preußischen Truppen nach Paris aufbrechen, droht der Oberbefehlshaber der alliierten Truppen, der Herzog von Braunschweig, in einem Manifest aus Coblenz vom 25. 7. 1792 mit blutigen Konsequenzen, falls der Königsfamilie etwas zustößt. Marie-Antoinettes Wunsch dürfte also erhört worden sein.: *»Pkt 8.: Ihre Majestäten machen alle Mitglieder der Nationalversammlung, des Departements, der Distrikte und des Gemeinderats, alle Friedensrichter von Paris und wen es sonst betreffen mag, persönlich bei ihrem Leben und bei Strafe, von einem Kriegsgericht ohne Hoffnung auf Begnadigung verurteilt zu werden, verantwort-*

lich für jedweden Vorfall. Ihre Majestäten erklären ferner auf ihr kaiserliches und königliches Ehrenwort, daß, wenn das Tuilerienschloß gestürmt oder sonst verletzt, wenn die mindeste Beleidigung dem König, der Königin und der gesamten Familie zugefügt, wenn nicht unmittelbar für ihre Sicherheit, ihr Leben und ihre Freiheit gesorgt wird, sie eine beispiellose und für alle Zeiten denkwürdige Rache nehmen und die Stadt Paris einer militärischen Exekution und dem gänzlichen Ruin preisgeben, die Verbrecher selbst aber dem verdienten Tode überliefern werden.«

Diese Drohungen bewirken allerdings genau das Gegenteil und führen zu einer Radikalisierung der politischen Situation in Paris – am 10. August werden die Tuilerien erstürmt, zwischen dem 2. und 5. September begeht der Pöbel zahlreiche Massaker (Septembermorde), am 21. 9. 1792 wird die Monarchie für abgeschafft erklärt. Nach der »Kanonade von Valmy« endet der alliierte Vormarsch auf Paris im Herbst 1792. Am 11. Dezember beginnt der Prozess gegen Ludwig XVI. Der Ex-König wird mit knapper Mehrheit von der (sich seit 20. 9. als Nationalkonvent bezeichnenden) Volksvertretung zum Tode verurteilt und am 21. Jänner 1793 hingerichtet.

Radikale Kräfte (wie Marat, Danton und vor allem Robespierre) gewinnen nach der Hinrichtung des Königs die Oberhand. Die Flucht des ehemaligen Kriegsministers und Armeekommandanten Dumouriez zu den alliierten Preußen und Österreichern am 4. 4. 1793 verstärkt das Misstrauen gegenüber gemäßigten Amtsinhabern. Schließlich beginnt mit dem Gesetz »Über die Verdächtigen« vom 17. 9. die Schreckensherrschaft (»Terreur«). Es war nicht mehr notwendig, eines Verbrechens gegen die Republik überführt zu werden, sondern es genügte bereits verdächtig zu sein, eines begangen zu haben!

Am 16. 10. 1793 wird die »Witwe Capet«, Marie-Antoinette, hingerichtet. Nach Kämpfen zwischen den radikalen

Gruppierungen (Exekution der »Hébertisten« sowie von Ex-Justizminister Danton und seinen Anhängern) fühlen sich schließlich etliche einflussreiche Radikale, z. B. Barras und Fouché, durch den »Unbestechlichen« (Robespierre) bedroht. Am 9. Thermidor (27. 7. 1794) wird Robespierre mit seinen Getreuen, darunter sein Bruder Augustin, gestürzt. Seine Hinrichtung erfolgt bereits am nächsten Tag.

Mit 3. 11. 1795 tritt ein »Direktorium« (Directoire exécutif) von fünf Direktoren an die Spitze des Staates. »Geläuterte« Radikale, wie der Ex-Vicomte Barras und Gemäßigte, geben nunmehr den politischen Ton an.

2. »... keine Erleichterung« für Josef II.

Die von Maria Theresia behutsam begonnenen aufklärerischen Reformen in Österreich werden von ihrem Sohn Josef II. mit dem Beginn seiner Alleinherrschaft 1780 vehement gesteigert. Der Fürst de Ligne schreibt in den »Fragments de ma vie«: »*Milord Mamsbury* (englischer Diplomat 1746 bis 1820) *hat mich ein Jahr vor seinem Regierungsantritt gefragt, was ich davon* (d. h. vom Regierungsantritt Josef II.) *vorhersagen könne: ›Dieser Mann ist von größtem Verdienst und Talent, als Fürst* (ursprünglich: als Mann und Fürst) *wird er immer Erektionen haben und sich nie erleichtern. Seine Regierung wird ein ständiger Priapismus sein.‹«* Die Ideen Josefs II. zur Modernisierung und Zentralisierung von Verwaltung und Seelsorge, die Aufhebung antiquierter aber liebgewonnener Gewohnheiten lassen sein Ansehen in der Bevölkerung rasch sinken und zwingen ihn, viele seiner Reformen zurückzunehmen. Insbesondere bekämpfen jedoch die Stände, welche sich zumeist aus grundbesitzendem Adel und Klerus zusammensetzen, die Politik des Reformkaisers, da Erleichterungen für den Bauernstand und die geplante Aufhebung von Steuerprivilegien die unmittelbaren Interessen des Adels betreffen. Wie in Paris gelingt es diesen einflussreichen Schichten und den von ihnen abhängigen bürgerlichen Intellektuellen, die öffentliche Meinung (d. h. die Stimmung der Städter, Bauern und Handwerker, die von den Reformen profitieren würden) maßgeblich zu manipulieren. Als der Kaiser (dem kaum etwas »heilig« war) im Reform- und Zentralisierungseifer zusätzlich »wohlerworbene, heilige« Rechte der einzelnen Stände in den Erblanden angreift, führt dies auch zur Verletzung nationalen Stolzes. Sowohl in den österreichischen Niederlanden (Belgien) als auch in Ungarn rebellieren Bevölkerung und Stände offen gegen den Kaiser. Der sich dahinschleppende Türkenkrieg wird zunehmend unpopulär und Preußen, welches den Aufruhr in den Niederlanden und in Ungarn unterstützt, meldet offen seine Forderung an, für etwaige Gebietserweiterungen Österreichs auf dem Balkan »entschädigt« zu werden.

Der Tod Josefs II. im Februar 1790, ein starker Militäreinsatz und die Rücknahme der meisten noch übriggebliebenen Reformen durch seinen Bruder und Nachfolger Leopold II. verhindern gerade noch den Zerfall der Habsburgermonarchie.[3]

3. Unter Leopold II.:
»Alle für Einen, Einer für Alle«

In der Toskana hatte der neue römische Kaiser bereits seit 1765 seine Qualitäten als Regent und Aufklärer unter Beweis gestellt. Es gelang ihm aus dem vernachlässigten, von veralteten feudalen Strukturen geprägten, von lothringischen Beamten des in Wien als Kaiser weilenden Franz Stephan (Franz I.) schlecht verwalteten Großherzogtum einen modernen europäischen Musterstaat zu machen. In dem kleinen, überschaubaren, homogenen Herrschaftsbereich war es allerdings wesentlich leichter, die bestehenden, den wirtschaftlichen Fortschritt erdrückenden Vorrechte von Klerus, Adel und Großgrundbesitzern einzuschränken. Die Einberufung der Generalstände in Frankreich entsprach ganz seinen Ansichten. Er schreibt darüber 1790: »*Die Regeneration Frankreichs wird ein Vorbild sein, welches alle Souveräne und Regierungen Europas freiwillig oder unfreiwillig nachzuahmen durch die Völker gezwungen werden. Es wird daraus überall unbegrenztes Glück entstehen, das Ende der Ungerechtigkeiten und Kriege, Zwistigkeiten und Unruhen, und es wird eine der nützlichsten Moden sein, die Frankreich in Europa eingeführt hat.*«

Als Kaiser und Regent der habsburgischen Erblande ist Leopold II., obwohl er gegenüber seinem Vorgänger zunächst wesentlich vorsichtiger wirkt, keineswegs gesonnen, von dem eingeschlagenen Reformkurs abzuweichen. Er stellt sich hierbei allerdings wesentlich »moderner« und geschickter an als sein ungestümer Bruder. Die schlechten Erfahrungen der letzten Jahre haben deutlich gezeigt, wie wesentlich die Stimmung in der Bevölkerung für den Erfolg neuer Ideen ist. Nach seiner Erkenntnis: »*Es ist nicht nützlich, den Leuten Gutes mit Gewalt zu tun, wenn sie nicht von der Nützlichkeit überzeugt sind*«, versucht Leopold Einfluss auf die bereits bestehenden Freimaurerlogen zu gewinnen und gründet 1791 sogar selbst »geheime Assoziationen«, um auf diese Weise Adel und Klerus zu schwächen und den Nährboden für die Akzeptanz moderner Gesetze zu schaffen. Das Programm des »verschwiegenen Bundes der Bürgertreue« von 1790 hat sich in einem einzigen Exemplar erhalten. Dort heißt es zum Beispiel: »*Zugleich wird der König nicht mehr der Diener des Adels sein*

dürfen, sondern er wird als allgemeiner Vater des Landes das Wohl aller Klassen von Unterthanen mit einer anständigen Gewalt handzuhaben vermögend sein.«
Wenngleich das von Josef II. geschaffene Polizeiministerium unter Graf Pergen an Einfluss verliert und nach dem Rücktritt Pergens im März 1791 kein Nachfolger ernannt wird, übernimmt ein dem Kaiser allein unterstellter, geheimer Dienst unter Franz Gotthardi, dem ehemaligen Josefinischen Polizeidirektor von Pest, in der Hofburg dessen wichtigste Funktionen. Dieses Amt soll allerdings nicht das Schwergewicht auf polizeiliche Agenden legen, sondern vielmehr eine Art Meinungsforschungsinstitut, Propagandaministerium und Geheimdienst darstellen, um die Stimmung in den Ländern zu untersuchen und für den Kaiser sowie gegen seine Kritiker zu beeinflussen.

Die Situation in Ungarn, aufgeschürt durch geheime Kontakte zwischen den Ständen und dem preußischen Gesandten Konstantin Freiherr von Jacobi-Klöst in Wien, ist bereits als revolutionär zu bezeichnen und zunächst für Wien am bedrohlichsten. Leopold leitet ein Hochverratsverfahren gegen ungarisch-ständische Gesandte in Berlin ein, ohne deren Namen zu kennen und ersetzt die in Ofen liegenden ungarischen Regimenter durch verlässliche kroatische Truppen. Auch unterstützt er die politischen Bewegungen von nationalen Minderheiten in den Ländern der Stephanskrone (u. a. durch Gründung der »Illyrischen Diät« als Sammlungsbewegung der Serben). Der Schriftsteller Leopold Alois Hoffmann erhält von Leopold den Auftrag, Bittgesuche ungarischer Städter an den König und Flugblätter an die Nation zu entwerfen, in denen die Rechte eines »Dritten Standes« eingefordert werden. In der als »Babel« bezeichneten Propagandaschrift werden die Zustände am Reichstag mit babylonischer Verwirrung gleichgesetzt. Eine weitere Schrift »Ninive« wird ebenfalls von Leopold selbst in Auftrag gegeben und von ihm selbst korrigiert. Zudem wird ein Geheimbund von Bürgern von Leopold heimlich initiiert. In der »Verbindungsformel« heißt es unter anderem: *»Er (der König) ist unser Herr und Gebieter, und außer ihm erkennen wir keinen. Unsere Ansprüche sind rechtmäßig und gegründet; und Gott ist unser Zeuge, daß unsere Gesinnungen redlich und bloß darauf gerichtet sind, uns durch den Schutz unseres Landesvaters von dem unleidlichen Druck einer auch unseren Kindern nicht gebührenden Sklaverei zu befreien. Unser Wahlspruch sei demnach: Einer für Alle, Alle für Einen!«*

Ende August/ Anfang September 1790 schreibt Leopold an seinen Sohn und Kronprinz Franz (im Original auf Französisch): *»Sagt Hoffmann auch noch, er möge in Ungarn für die Verbreitung der Exemplare der ungarischen Schrift sorgen, die ich für die Städte drucken ließ, man soll aber nicht erfahren, daß diese von ihm ausgeht. Mit der Verbreitung der (Schriften) für die Bauern möge er aber warten, er sei aber versichert, daß ich mich darum kümmern werde.«*

Ende September 1790 beginnt Leopold seine Kampagne zur politischen Mobilisierung der Bauern, denen ebenfalls nahe gelegt wird, Gesuche an den König zu richten, um eine Erweiterung ihrer Rechte und Vertretung im Reichstag zu fordern. Ein Mitarbeiter Gotthardis, Oberleutnant Szalkay, wird mit der gefährlichen Mission betraut, in Ungarn herumzureisen »und sowohl dem Bürger, als Bauer manche Anleitung« zu geben. Auch tauchen zu dieser Zeit (die genaue Herkunft ist nicht mehr feststellbar) Flugzettel in Ungarn auf, in denen die Bauern aufgefordert werden, sich zu erheben, die Gutsherren zu vertreiben und von den Gütern Besitz zu ergreifen. Der König stünde auf Seiten der Bauern und vom Militär sei daher nichts zu befürchten. Tatsächlich kommt es in etlichen Gebieten Ungarns bereits zu Bauernrevolten.

All dies führt am 5. 10. 1790 zum Zusammenbruch der ungarischen Adelsrevolte. Die Ereignisse in Frankreich und die

Gefahr, den Aufstand der unteren Schichten nicht mehr unter Kontrolle halten zu können (auch in der Steiermark und Böhmen kommt es zu Bauernrevolten), haben dann allerdings Leopold zu einer vorsichtigeren Vorgangsweise bewogen. Szalkay wird zurückberufen, weitere »revolutionäre« Aktivitäten sind in Ungarn nicht mehr bekannt. Leopold hält aber dennoch die Sache noch nicht für erledigt und lässt die Angelegenheiten in Ungarn durch seinen »Geheimdienst« überwachen. Einer der Vertrauten Gotthardis wird dabei 1791 der großsprecherische Priester und ehemalige Franziskanermönch Ignaz von Martinovics, der die Agenden von Hoffmann und Szalkay übernimmt.

In der Steiermark versucht Leopold ebenfalls mittels Förderung des »Dritten Standes« Reformen vorzubereiten. Auf geheime Initiative des Kaisers hin begeben sich drei bürgerliche Abgesandte mit Vollmachten aller landesfürstlichen Städte und Märkte nach Wien, wo sie in Audienz empfangen werden. Auch hier erscheint aber mittlerweile zu großes Entgegenkommen zunächst als zu gefährlich. Aus dem von Hoffmann entworfenen »Allgemeinen Plan« für eine geheime Assoziation Mitte 1791 ergibt sich, dass Franz den Strömungen seiner Zeit nicht ganz entgangen ist. In Punkt drei heißt es, dass es die »geheimste« Aufgabe sei, die »Gewinnung des Kronprinzen« und die »Abwendung desselben von den verdeckten Verführungen geheimer, antimonarchistischer Orden und gefährlicher Ohrenbläser, Erzielung der innigsten politischen Harmonie zwischen Souverain und Kronprinzen«.[4]

4. Bei Franz II.: »Brauns Bier und Würstel«?

Nach dem plötzlichen Tod Leopolds am 1. 3. 1792 ist – wie Staatsminister Colloredo in seinen Tagebucheintragungen berichtet – am Tag darauf sein Sohn Franz bereits um sieben Uhr früh in seinem Arbeitszimmer: »*Er durchsuchte alle Tische, Kästen, Briefe, Anmerkungen. Sie wurden, nachdem ich solche mit meinen fliehenden Augen angesehen, in den Kamin geworfen. Er wollte nicht gewisse Sachen, die sein Vater möge gethan haben, noch seine Leute, die er hiezu gebraucht haben kennen.*«

Kronprinz Franz waren die reformatorischen Aktivitäten seines Vaters durchaus bekannt und er hatte, während der Abwesenheit seines Vaters zur Kaiserkrönung in Frankfurt, diesen auch in der Führung des geheimen Dienstes zu vertreten. Im Dezember 1792 schreibt er (bereits als Kaiser) an den Palatin von Ungarn, Erzherzog Alexander Leopold, einige Personen in Pest hätten »*unter meinem Vater an dem Projekt gearbeitet, die Bauern gegen die Magnaten aufzuhetzen, von welchem du vieles weißt*«. Martinovics erhält als Lohn für seine Dienste von Franz bereits 1792 die Titularabtstelle von Szaszvar und unterbreitet dem neuen König den auf leopoldinischen Grundsätzen beruhenden Plan für eine »Umwälzung« in Ungarn: »*Sollten sich bei dieser sehr großen Klemme des Adels und der Geistlichkeit, diese an den König wenden, so muß er sie kurz abspeisen und in einem männlichen Ton antworten, daß des Königs erste Pflicht ist, für das allgemeine Wohl, nicht aber für das Wohl von Adel und Geistlichkeit zu sorgen; und aus diesem menschlichen Grunde müsse er die Forderungen des Bürgerstandes billigen.*«

Die Hinrichtungen von König Ludwig XVI. (21. 1. 1793) und Marie-Antoinette (16. 10. 1793) erwecken in Wien eher

Abscheu und Entsetzen, als Lust es den »Patrioten« gleich zu tun. Insbesondere die Guillotinierung einer Tochter der beliebten Kaiserin Maria Theresia empört die Gemüter und lässt antifranzösische Gefühle entstehen. In einem Bericht des im Jänner 1793 wiederernannten Polizeiministers Graf Pergen an Kaiser Franz vom 8. 2. 1793 heißt es: »*Den eingelangten Rapporten zufolge haben mehrere Bürger, welche ihren Kindern französische Sprachmeister hielten, solche auf der Stelle abgeschafft, mehrere Hauseigentümer haben den Franzosen die Wohnung aufgekündigt und in einigen Gasthäusern ist aufgeschrieben, daß Franzosen dort keine Kost verabreicht werde. Manche haben den seltenen Wunsch geäußert, daß die französische Sprache gänzlich verboten, noch andere, daß alle Franzosen aus den Erblanden abgeschafft werden.*« Ein weiterer Polizeibericht meldet, dass ein »deutschbiederer« Untertan ein Plakat am Riesentor der Stephanskirche anbrachte mit folgendem »menschenfreundlichen« Inhalt: »*Bürger! Es ist eine Aufforderung, solden wir nicht unsere Mitbürger in Frankreich Rechnen? Und hier alle Jakobiner umbringen? Am Franziskaner-Platz 950 ist ein solcher Klub!*« Lediglich in Einzelfällen verfügen die Behörden, dass Verdächtige (z. B. auch der berühmte Heiler und »Magnetiseur« Messmer) schleunigst das Land zu verlassen hätten. Auf eine Anfrage seines Polizeiministers, was in diesen heiklen politischen Fällen zu tun sei, antwortet Kaiser Franz noch zurückhaltend: »*Wie sich ferner mit dergleichen Schuldigen zu verfahren sei, läßt sich nicht bestimmen, und es kommt mehr auf die Größe und Gattung selber Verbrechen an.*«

Der Wiener Chronist Schönholz zeichnet ein unbekümmertes Bild des jungen Kaisers. Bei den zahlreichen Redouten scheut dieser keineswegs das »Bad in der Menge«: »*Wahrhaft köstlich benahm sich hier Kaiser Franz in seiner stets würdigen Naivität. Denn bald war das Cortege zersprengt, vereinzelt trieben die Glieder des Zuges im Maskengewühl und der Kai-*

*ser, vielfältig geneckt, häufig im Volkston: ›Franzl‹ was machst
du? angesprochen, mit dem gutmütigen, aber ernsten Gesicht
willig Rede stehend – das versteht sich – verschwand endlich,
in einem rollenden Menschenknäul verwickelt, dem schützen-
den Kämmerling, der nun sehen mochte, wie er ihn wieder
fand. – Es scheint wenig glaubwürdig, daß Franz II. als solcher
und als I. jemals sich überzeugt halten konnte, daß sein Leben
von politischen Bösewichtern ernstlich bedroht sei; denn mindestens hier würde es ihm doch klar geworden sein, wie trotz
der im Publikum verteilten legio fulminatrix der geheimen Polizei der Ankarström ihn ja doch finden müßte* (Johann Jakob
von Ankarström [1761 bis 1792] ermordete den schwedischen
König Gustav III. auf einer Maskenredoute 1791.[5]). *Noch in
späterer Zeit gewahrte ich ihn einst auf der stets besuchtesten
Faschingsmontagsredoute hinter einem Haufen Masken, mit
dem Rücken an die Wand des Durchgangs vom großen in den
kleinen Saal gepreßt, den Kopf eines weiblichen Derwisches an
seine Brust gelehnt und diesen schützend, in einiger Entfernung ein mit Armen und Beinen gegen den anprallenden Men-
schenstrom verzweifelnd kämpfender Kammerherr, der atem-
los schrie: ›Lassen Sie doch Se. Majestät durch!‹ Der Kaiser
seinerseits, schon fast zerquetscht, den Eifer des Diensttuenden
beschwichtigend, rief: ›Es tut ja nichts; lassen Sie die Leute!‹«*

Sogar das Pariser Staatsblatt »Moniteur« kann in Wien offiziell bis November 1793 »pränumeriert« werden. Nach den
Erfolgen der französischen Armeen und der Radikalisierung
der Revolution in Frankreich beginnt man aber auch in Wien
die Bestrebungen einiger intellektueller Demokraten als Bedrohung anzusehen. Ebenso werden die in höchsten Beam-
tenkreisen anzutreffenden »Aufklärer« und »Josefiner« (unter
Leopold II. noch geschätzt und gefördert), wie die Freimau-
rer[6] (die durchaus Sympathien für die Ideale der Revolution
aufbringen und in Frankreich auch immer mehr Einfluss auf
das politische Geschehen erringen) unter Kaiser Franz II. mit

Misstrauen betrachtet. Die lange Kriegsdauer führt schließlich zu Verknappungen und Preissteigerungen. Die Unzufriedenen machen sich, von Mal zu Mal ungenierter, im Wiener »Palais Royal«, der Limonadenhütte auf der Burgbastei in »der Ochsenmühle«, Luft. Bestimmte Stunden des Tages sind auf der Bastei den 20 000 Hausbediensteten vorbehalten. (Bei der damaligen Einwohnerzahl Wiens von 250 bis 280 000 Menschen also ein beachtlicher Anteil.) Diese sind auf Grund ihrer Stellung in der Lage, regelmäßig die neuesten in den zensurierten Zeitungen nicht enthaltenen Nachrichten und Gerüchte auszutauschen.

Die konservative Beamtentochter und -gattin Karoline Pichler, als Schriftstellerin und Veranstalterin eines Salons im ersten Drittel des 19. Jahrhunderts eine Wiener Lokalgröße, schildert in ihren Memoiren: »(D)er *Schwindel ergriff die Geister jenseits und diesseits des Rheins, und entzündete verwandte Gemüter auch in Österreich und Ungarn. Es waren geheime Verbindungen geschlossen, Katechismen der Freiheit unter den Mitgliedern verteilt, und noch sonst allerlei bedenkliche Bewegungen versucht worden, welche die Regierung aufmerksam machten. Plötzlich brach das Geheimnis hervor. In einer Nacht wurden sowohl hier in Wien als hier und dort auf dem Lande viele Personen ergriffen, ihre Papiere in Beschlag genommen, Sie selbst in strengere oder gelindere Haft gebracht. Dasselbe geschah in Ungarn. Wie ein Donnerschlag aus heiterem Himmel wirkte diese Nachricht auf die lebensfrohen Wiener, die plötzlich aus ihrer Mitte eine bedeutende Zahl wohlbekannter und mit vielen befreundeter Männer gerissen, diese als Staatsverräter bezichtiget, und einem sehr ungewissen, vielleicht schrecklichen Schicksal entgegengeführt sahen. Die Ergriffenen gehörten meist dem gebildeten Mittelstande an, es waren Beamte, Kaufleute, Advokaten, Gelehrte – mit einem Worte, jene Kategorien, aus denen auch in Frankreich viele bedeutende Männer der Revolution hervorgegangen waren (...) Von diesem Zeitpunkt an sprach sich der Parteigeist recht laut und gehässig in Wien aus. Da fing man an, die Benennung ›Jakobiner‹ oft und vielmals zu hören, und mit diesem Worte wurden nicht allein jene bezeichnet, welche allerdings Grundsätze hegten, gleich denen des französischen Konvents, sondern leider wurde sie von den übertrieben loyalen und orthodoxen Gegnern jedem als Brandmal aufgedrückt, der nur irgendeine freisinnige Idee äußerte; im Gegenteil wurde wieder von der andern Partei jeder ein Aristokrat, ein Bigott, ein Feind aller Aufklärung gescholten, der seine kirchlichen Vorschriften befolgte, seinem Herrscherhaus treu ergeben war und öffentliche Ruhe und Sicherheit wünschte.*

Auch auf die Mode in der Frauenkleidung geschah jetzt eine auffallende Einwirkung: Unsere steifen, faltenreichen Anzüge machten leichteren Formen Platz, die langen Taillen mit den Schnabelspitzen vorn und hinten verschwanden. Die Gürtel des Kleides wurden nicht mehr an den Hüften, sondern unter der Brust gebunden; der Puder wurde allmählich abgeschafft, die Hackenschuhe abgelegt, die ganze Kleidung näherte sich mehr der Natur und eigentlich dem griechischen Geschmack, in welchem Sinne man in den folgenden Jahren immer weiter und weiter schritt, bis zu Knappheiten in der Kleidung, die kaum eine Falte übrig ließen. Dazu gehörten dann die wirklich oder scheinbar unter Trikots entblößten Arme, entblößte Schultern, geschnürte Schuhe, die den Kothurn nachahmten, reiche Armbänder, nicht bloß am Vorderarm wie sonst, sondern über dem Ellenbogen; abgeschnittenes und in kurze Locken gelegtes, oder, wenn es lang blieb, in einem Knoten am Hinterkopf geschlungenes Haar – kurz ein soviel es möglich war, griechisierendes Kostüm. Die Männer stutzten ihre Haare ebenfalls, kein Zopf, kein Haarbeutel, keine Seitenlocken wurden mehr gesehen; der Puder verlor sich ebenfalls, und bei vielen traten ungeheure Backenbärte hervor. Hierin genierten sich aber doch viele; denn so ein Schwedenkopf und ein starker

Backenbart galt bei Loyalgesinnten oft als das wahre Abzei-
chen eines Jakobiners, und Mancher, der die Mode als Mode
mitmachte, und vielleicht ganz rechtlich gesinnt war, mußte
sich mit diesem Namen brandmarken lassen, der nicht ohne
üblen Einfluß auf die Gunst seiner Vorgesetzten und somit auf
sein Fortkommen in der Welt blieb.«

Einer der berühmtesten Wiener Jakobiner ist der am 24. 7.
1794 verhaftete Platzoberleutnant der Wiener Garnison, Franz
Hebenstreit. Er soll das Oberhaupt einer jakobinischen Verschwörung sein. Kurz nach ihm werden bis 1. 8. auch noch etliche »Mitverschwörer« verhaftet, darunter auch der Magis-
tratsrat der Stadt Wien, Martin Josef Prandstätter, der
ehemalige Mathematiklehrer von Kaiser Franz, Andreas von
Riedel, der Betreiber eines »Glückshafens«, Johann Hackel,
der Hofbibliothekar, Abbé Strattmann, und der Kriegsgerichts-
aktuar, Kajetan Gilowsky. Nach der offiziellen Version der
Polizeibehörde sollen die »Aufrührer« sich mit besonders in
Ungarn verzweigten Geheimgesellschaften und der Freimau-
rerloge »Zur goldenen Weltkugel« abgesprochen haben, die
Schlagbrücke in Wien zu sprengen, um die Verbindung mit der
Leopoldstadt abzuschneiden, die Holzlagerstätten anzuzünden und, inmitten der entstandenen Verwirrung, die kaiserliche
Familie gefangen zu nehmen oder zu ermorden. Der Adel und
die reichen Bürger sollten »geplündert« werden. Wenngleich
heute nicht mehr festgestellt werden kann, inwieweit tatsächlich eine »jakobinische« Verschwörung vorlag oder ob die Ob-
rigkeit die Gelegenheit nützte mit den »unzeitgemäßen« Auf-
klärern aufzuräumen, nimmt man jedenfalls Anno 94 derartige
Anschuldigungen nicht mehr auf die leichte Schulter. Durch
einen eingeschleusten Polizeispitzel, den Buchhändler Josef
Vinzenz Degen, gelingt es, den Kreis um Riedel auszuheben.
Am 30. September wird 36 Angeklagten (darunter auch Gotthardi), welche durchwegs dem »gehobenen Mittelstand« zuzu-
zählen sind, der Prozess gemacht. Hebenstreit wird zum Tode,

die übrigen Mitangeklagten werden zur »Ausstellung auf der Bühne« und zu mehrjährigen Kerkerstrafen verurteilt.[7] Gilowsky begeht noch September 1794 in seiner Zelle Selbstmord. Das Volk verspottet die Delinquenten mit Sprüchen wie »Potz Wetter, Herr Prandstätter« und »O, Spektakel, Herr Hackel«. (Letzteres wurde noch für Jahrzehnte zum geflügelten Wort für politisches Missgeschick.)

In Ungarn mischt sich allerdings zu den republikanischen Ideen auch noch eine nationale Komponente, welche für ernstzunehmende Akzeptanz bei breiten Schichten des Bürgertums und des Landadels führt. Fliegende Kürassierpatrouillen in Begleitung eines Profosen durchziehen das Land und sorgen rigoros für »Ruhe und Ordnung«. Fünf »Verschwörer«, darunter der Titularabt Ignaz Martinovics, werden hingerichtet. In Innsbruck wollen sogar aus Oberitalien stammende Studenten die Abtrennung Südtirols erreichen und diese Provinz »Trentino« mit einem neu zu bildenden italienischen demokratisch-republikanischen Staat vereinigen. Auch diese Verschwörung wird durch einen Polizeispitzel aufgedeckt. In den übrigen Erbländern bilden sich kleinere Kreise von »Jakobinern« (wie sie sich allerdings selbst kaum nannten: Die verschiedenen lokalen Ausbrüche von Unzufriedenheit werden meist unter diesem vereinfachenden Sammelbegriff von der Polizei verfolgt). Weder Siegfried v. Taufferer in Krain, Franz de Paula Herbert in Kärnten, Peter Basulko und Thomas Schedel in der Steiermark, Franz Seraph Spaun und Josef Leibetseder in Oberösterreich noch Johann Ferrari in Innsbruck, Josef Rendler in Vorarlberg oder Opiz in Böhmen ist – teils wegen der Wachsamkeit der Polizei, teils wegen der mangelnden Begeisterung der Bevölkerung für »Josefinische« Ideen (in Böhmen wurden sogar die Revolutionäre nicht als »Jakobiner«, sondern als »Josefiner« bezeichnet) – ein nachhaltiger Erfolg vergönnt.

Im Sommer 1794 lösen eine Verteuerung der Grundnahrungsmittel und die Unzufriedenheit mit dem Fortgang des

Krieges spontane Hungerproteste und Demonstrationen aus. Handwerker und Tagelöhner stürmen (wie bereits 1788) Bäckerläden und plündern. Auch französische durch Kriegsgefangene verbreitete Parolen werden dabei gebraucht. Das angeblich von Hebenstreit verfasste »Eipeldauer-Lied« möchte auch in Wien französische Verhältnisse und erwähnt die Hinrichtung Ludwigs XVI.:

>*»Drum fort mit ihm zur Guillotin,*
>*Denn Blut für Blut muß fließen.*
>*Hätt man nur hier so a Maschin,*
>*Müßt's mancher Großkopf büßen.*

>*Schauts enker Kaiserkind nur an,*
>*Mit'n Adel thut er's halten.*
>*Der Ludwig hat's halt a so than,*
>*D'rum haben's'n ja nit g'halten.*

>*(…)*

>*D'rum schlagt's d'Hundsleut alle todt.*
>*Nit langsam wie d'Franzosen,*
>*Sonst machen s'enk no tausend Noth,*
>*'s ist nimmer auf sie z'losen.«*

In der Brühl (bei Mödling) versammeln sich jugendliche »Demokraten« aus Wien und der Steiermark unter einem nach französischem Vorbild errichteten »Freiheitsbaum« zum »Jakobiner-Eid«: »*Im Namen der Natur, der Vernunft und der Freiheit schwöre ich mich zu verbrüdern zur Tugend, schwöre Haß den Despoten und der Hierarchie des dreigekrönten Ungeheuers* (Anspielung auf den mit der Tiara gekrönten Papst), *schwöre Gutes zu thun nach meinen Kräften, zu steuern dem Fanatismus und den Mißbräuchen und uns zu lieben als Brü-*

der. Zur Betätigung dessen lege ich meinen Finger auf diesen Degen und trinke diesen Wein auf das Wohl aller Menschen; und wir umarmen uns als Brüder.«

Der frisch aus Bonn »zugereiste« Reichsdeutsche, Ludwig van Beethoven, schreibt Ende Juli 1795 über die wieder beruhigte Stimmung in Wien: »*Hier hat man verschiedene Leute von Bedeutung eingezogen, man sagt, es hätte eine Revolution ausbrechen sollen – aber ich glaube, solange der Österreicher noch brauns Bier und Würstel hat, revoltiert er nicht.*«

Diese nicht nur für Österreich gültige Einschätzung der Lage teilt wohl auch der Kaiser. Durch verschiedene, mehr oder weniger erfolgreiche Maßnahmen wird versucht, Wirtschaft und Finanzen wieder ins Gleichgewicht zu bringen. Neben unbedingt erfolgversprechenden Maßnahmen, wie der Einschmelzung eines von Kaiser Franz I. stammenden und von Kaiser Josef vermehrten, 187 kg schweren Goldservices, wird nach dem Vorbild der französischen Assignaten auch in Österreich das Papiergeld wieder eingeführt. Gleich dem französischen Muster (und ebenso wie bei dem ersten österreichischen Versuch einer Papierwährung während des Siebenjährigen Krieges) ist dieses Zahlungsmittel aber von Inflation, Zwangsmaßnahmen (z.B. Verbot des Münzgeldes) und Kursverfall geplagt.[8]

5. Napoleone Buonaparte: »Ohne republikanische Gesinnung und Glauben«

Ein Jahr vor der Geburt von Napoleone di Buonaparte am 15. 8. 1769 in Ajaccio wird die Insel Korsika von Genua an Frankreich abgetreten. Nachdem unter dem korsischen General Paoli bereits de facto eine unabhängige (von Rousseau sehr bewunderte) Regierung bestanden hat, sind die Korsen von der neuen Oberhoheit nicht begeistert. Ludwig XV. muss mit Flotte und Militär erst den starken Widerstand der Bevölkerung brechen. Vater Carlo di Buonaparte, einst im Stabe Paolis, arrangiert sich mit den neuen Machthabern und lässt seinen noch nicht zehnjährigen Sohn – der zunächst nur italienisch spricht und auch später angeblich seinen Akzent nie verloren haben soll – auf französischen Militärschulen (auf Kosten des Königs) erziehen. Der vereinsamte, an seiner Mutter hängende, nur ärmlich ausgestattete, wegen seiner Sprache und Herkunft verspottete Bub leidet unter den strengen militärischen Erziehungsmethoden in Autun, Brienne und Paris. Er fühlt sich als Korse und träumt davon, einmal die verhassten Besatzer seines Vaterlandes davonzujagen. Er schreibt an seinen Vater am 5. 4. 1781 aus Brienne: »*Wenn Sie oder meine Beschützer mir nicht die Mittel zu einem anständigen Lebensunterhalt geben, so berufen Sie mich lieber nach Hause zurück, und zwar sofort. Ich habe es satt meine Armut an den Pranger zu stellen und das Gelächter frecher Mitschüler zu erregen, die nur ihr Vermögen vor mir voraus haben, denn es ist nicht einer darunter, der geistig nicht tief unter mir stünde.*« Nach dem Tod des Vaters 1784 verschlechtert sich die finanzielle Situation der Familie noch mehr, der kleine Buonaparte zieht sich von seinen Kameraden zurück und versenkt sich in das Studium der Bücher. Er liest begeistert antike Schriftsteller und die zeitgenössischen Aufklärer, allen voran Rousseau. 1785 wird di Buonaparte zum Artillerieunterleutnant befördert. An seiner Außenseiterstellung gegenüber den hochadeligen, reichen französischen Kameraden und seinen finanziellen Verhältnissen ändert dies allerdings nur wenig; kein Wunder, dass er bei Ausbruch der Revolution mit den Ansichten der Reformer sympathisiert.

Der junge in Valence stationierte Leutnant Buonaparte erlebt bei einem Besuch in Paris mit, wie der Pöbel am 20. 6.

1792 in die Tuilerien eindringt und Ludwig XVI. zwingt, mit einer roten Mütze am Kopf auf dem Balkon zu erscheinen. Nach seinen späteren Biographen Ségur und Bourienne soll Buonaparte damals »Quelle lacheté« (welche Feigheit) oder (wohl richtiger auf italienisch) »Che coglione« (wörtl.: Hoden, also in etwa mit »schlaffer Eiersack, Dummkopf, Feigling« übersetzbar) ausgerufen haben: »*Wie konnte man diese Kanaille nur hier einlassen. Man musste 4 oder 500 mit Kanonen wegfegen und der Rest liefe von selber!*«

An seinen Bruder Joseph schreibt er am 23. 6. 1792 aus Paris: »*Lafayette, ein großer Teil der Offiziere, alle anständigen Leute, die Minister, die Pariser Verwaltung stehen auf der einen Seite; die Mehrheit des Parlaments, die Jacobiner und der Pöbel auf der anderen. Die Jacobiner gehen maßlos gegen Lafayette vor, schildern ihn als Mörder, Lumpen, Schurken. Es sind Verrückte ohne Sinn und Verstand (…) Der König hat sich gut gehalten. Er hat die rote Mütze aufgesetzt. Die Königin und der Kronprinz taten ein Gleiches. Dann musste der König trinken. Vier Stunden blieben sie im Schloss. Die Feuillants (Gemäßigten) haben reichen Stoff für ihre adelsfreundlichen Artikel erhalten. Jedenfalls widerspricht dies alles der Verfassung und bietet ein sehr gefährliches Beispiel. In diesem Sturme lässt sich gar nicht vorhersagen, was aus dem Land werden wird.*«

Im Jahr 1803 wird er der Gesellschafterin seiner Gattin Joséphine, Mme. de Rémusat, seine damaligen politischen Ansichten erläutern: »*Ich verstand nicht viel von der Revolution, trotzdem gefiel sie mir. Die Gleichheit war es, die mich verführte. Am 20. Juni war ich in Paris und sah die Volksmenge gegen die Tuilerien marschieren. Ich habe nie die Volksbewegungen geliebt, ich war von den großsprecherischen Allüren dieser Miserablen abgestoßen; ich fand die Chefs, welche sie aufgestachelt hatten unvorsichtig, und sagte mir: ›Die Errungenschaften dieser Revolution werden nicht für sie sein.‹ Als*

man mir sagte, daß Louis die rote Mützen sich auf den Kopf ge-
setzt habe, wußte ich, daß er aufgehört hat zu regieren, denn,
in der Politik, achtet man kaum den, der sich erniedrigt.
Am 10. 8. (Sturm auf die Tuilerien), *fühlte ich, daß ich, wenn*
man mich gerufen hätte, den König verteidigt hätte, ich erreg-
te mich gegen die, welche die Republik gründeten; und ich sah
Zivilisten die Soldaten in Uniform angriffen, das schockierte
mich.«

Seinen Urlaub verbringt er von Oktober 1792 bis Juni 1793
in Korsika und versucht dort – bereits für den Verbleib der
Insel bei der französischen Republik eintretend – revolutionäre Ideen zu verbreiten. Eine Tätigkeit, die ihn mit seinem eins-
tigen Idol, dem alten und neuen Herrn der Insel, General
Paoli, in Konfrontation bringt. Als Napoleones Bruder Luci-
en Paoli bei den Machthabern in Paris anschwärzt und Paoli
auf die Hilfe der Engländer setzt, um die Unabhängigkeit
Korsikas zu erreichen, kommt es zum Bruch. Das Haus der
Buonapartes wird von Anhängern Paolis gestürmt. Die Familie flieht vor dem Hass des aufgebrachten Volkes am 11. 6.
1793 nach Frankreich.

Wieder bei seinem Regiment zeichnet sich Buonaparte
durch seinen Einsatz als Artilleriekommandant bei Toulon
aus. Er vermag die Aufmerksamkeit des Volksrepräsentanten
Barras, als einflussreicher »Politkommissar« der eigentliche
Befehlshaber der französischen Truppen vor Toulon, zu erregen. Barras wird ihn entscheidend die nächsten Jahre prote-
gieren. Am 22. 12. 1793 wird Buonaparte Brigadegeneral.
Wegen seinem Naheverhältnis zu Robespierres jüngerem
Bruder Augustin wird er kurzzeitig in Antibes eingesperrt.
Nach seiner Enthaftung sucht der junge General in Paris eine
geeignete neue Beschäftigung. Die beabsichtigte Einteilung
bei der Westarmee, um aufständische Royalisten in der Vendée
unter dem Kommando des gleichaltrigen Hoche zu bekämpfen, ist allerdings nicht nach seinem Geschmack. Er meldet

sich krank und wird von der Liste der aktiven Generäle gestrichen.

Das Stiftsfräulein de Chastenay begegnete dem noch unbekannten General Buonaparte im Mai 1795 in Châttilon. Sie hat in ihren Memoiren seine damaligen Ansichten für die Nachwelt festgehalten: »*Wie ich mich zu erinnern glaube, hatte ich bei dieser Unterhaltung bald entdeckt, daß der republikanische General weder republikanische Grundsätze noch Glauben besaß. Ich war sehr erstaunt, er aber gab sich in dieser Hinsicht sehr offen gegen mich (...) Ich glaube – und Buonaparte kümmerte sich wenig darum, ob man ihn im Verdacht haben könnte – er wäre emigriert, wenn die Emigration für ihn wirklich Aussicht auf Erfolg gehabt hätte. Vielleicht hätte Toulon in ihm einen Verteidiger gefunden, wenn nicht pekuniäre Interessen mit im Spiel gewesen wären. Dieser junge Soldat war damals im Begriff, sich ein Vermögen zu gründen; halb Abenteurer, durfte er nur durch seine Siege vorwärtsschreiten. Der General teilte mir mit – und er hatte völlig recht –, daß die große Masse der Soldaten vollkommen unschuldig an den blutigen Ereignissen sei, deren Schauplatz das unglückliche Frankreich gewesen; sie wüßte sie zum Teil kaum.*«

Die Schwäche und Unbeliebtheit des Konvents ermutigt zurückgekehrte Emigranten und Royalisten, mit Unterstützung von 30 der 48 Pariser Sektionen (also Parteigänger der »Linken«; die Unterscheidung in »rechte« und »linke« Politiker stammt übrigens aus der damaligen Zeit), gewaltsam gegen den in den Tuilerien tagenden Konvent vorzugehen. Am 13. Vendémiaire (5. Oktober) 1795 marschieren 20 000 Royalisten (teilweise leicht bewaffnet) auf die Tuilerien zu. Barras hat als Kommandant der Armee des Inneren die Verteidigung des Konvents zu leiten. Sein Adjutant ist der Artilleriegeneral Buonaparte, der 1803 Mme. de Rémusat über seine Mühen von den Volksvertretern den Schießbefehl zu bekommen, erzählen wird: »*Eines Abends war ich im Theater, es war der*

12. Vendémiaire. Ich höre sagen, daß man für den nächsten Tag eine Aktion erwarte, sie wissen, daß war die gewohnte Ausdrucksweise der Pariser, die sich daran gewöhnt hatten unbewegt die verschiedenen Regierungswechsel zu beobachten solange sie nicht ihre Geschäfte, ihr Vergnügen, und nicht ihr Diner störten. Nach der Schreckensherrschaft war man froh, daß man leben konnte. Man erzählte vor mir, daß die Assemblée in Permanenz tage; ich begab mich hin und sehe nicht als Verwirrung und Zögern. Im Hintergrund des Saales erhob sich eine Stimme, die fragte: ›Weiß jemand die Adresse des Generals Buonaparte, man bittet ihm zu sagen, daß er in der Assemblée erwartet wird.‹ Ich habe es immer geliebt die Zufälligkeiten des Schicksals auszunützen; das hat meinen Entschluß bewirkt; ich ging zum Ausschuß. Dort fand ich mehrere Deputierte, alles verängstigt, darunter auch Cambacérès (…) Man bat mich um Rat, ich antwortete damit, daß ich Kanonen verlangte. Dieser Vorschlag erschütterte sie, die ganze Nacht verging ohne Entscheidung. Am Morgen standen die Angelegenheiten ziemlich schlecht. Also mengte ich mich in die Sache, und endlich fing man an zu beraten, ob man das Recht habe Gewalt mit Gewalt zurückzuschlagen. ›Ja, denkt ihr denn‹, sagte ich darauf, ›daß euch das Volk erst die Erlaubnis geben wird, auf das Volk zu schießen? Ich bin nun schon kompromittiert durch meine Ernennung, also bitte laßt mich jetzt auch machen.‹«

Buonaparte kann nun endlich sein Rezept zur Behandlung der »canaille« vom 20. 6. 1792 in die Tat umsetzen und lässt mit Kartätschen den Quai Voltaire und das Gelände vor der Kirche St. Roch beschießen. Nach 300 Toten ist die Republik gerettet, Buonaparte zwar unbeliebter »Général Vendémiaire«, dafür aber Divisionsgeneral und ab 26. 10., als Nachfolger des zum Direktor gewordenen Barras, Kommandant der Armee des Inneren. Mme. de Rémusat schildert Buonapartes Erinnerungen weiter: »*Aber ich hatte Pariser Blut vergossen.*

Das war ein Sakrileg. Man musste die Wirkung dieses Ereig-
nisses abkühlen lassen. Mehr und mehr fühlte ich mich zu einer
anderen Aufgabe berufen. Ich verlangte das Kommando der
Armee von Italien.«

Sein einflussreicher Gönner vermag auch diesen Wunsch
durchzusetzen. Bei Barras lernt der heiratslustige junge General schließlich eine von dessen ehemaligen Geliebten, die
Witwe Rose-Josefine Beauharnais (damals Geliebte des Generals Hoche), kennen und lieben. Auf Rat von Barras heiraten
die beiden am 9. 3. 1796. Bereits am 11. 3. verlässt Bonaparte
(wie er sich jetzt französisiert nennt) Paris, um sein neues
Kommando anzutreten.

6. Im Westen nicht viel Neues – Die ersten Kriegsjahre 1792 bis 1795

Die französischen Armeen, die nach den Freiwilligenheeren
1792 und 1793 ihre Soldaten hauptsächlich dem strengen Re-
krutierungssystem Carnots (der »levée en masse« – einer Vor-
wegnahme der heutigen allgemeinen Wehrpflicht) verdanken,
verfügen zwar über wenig Disziplin, Geld und Ausrüstung,
jedoch über einen fast unerschöpflichen Zustrom an Soldaten.
Der Mangel an Ausbildung muss dadurch ausgeglichen werden, dass an statt in komplizierten linearen Formationen in
dichten Massen der Durchbruch mit dem Bajonett gesucht
wird. Eine Taktik, die so erfolgreich ist, dass sie in den nächsten Jahren und Jahrzehnten von fast allen europäischen Hee-
ren nachgeahmt werden wird. Lediglich die Engländer bleiben
bei ihrer »thin red line«. (»Die dünne rote Linie« wird sogar
zum Kosenamen für die disziplinierte, schnell und genau
schießende englische Infanterie.) Die Österreicher werden

erst nach 1866 angesichts der hohen Verluste der Infanterie-massen (»Masse« war der Ausdruck für diese Art Aufstellung) durch die preußischen Hinterlader in der Schlacht von König-grätz davon wieder abgehen.

Die österreichische Taktik ist noch nach den pedantischen Formen des Siebenjährigen Krieges ausgerichtet. Die unteren Kommandanten haben kaum Gelegenheit zu eigener Initiati-ve. Alle Aktionen sind daher von Schwerfälligkeit und For-malismus geprägt. Infolge der lebenslänglichen Dienstzeit ist bei Kriegsbeginn 1792 überdies ein großer Prozentsatz der Soldaten überaltert und größeren Strapazen nicht mehr aus-setzbar. Das Werbesystem ist umständlich und wenig effektiv, sodass die Kommandanten bestrebt sind, Kämpfe (und damit Verluste von Soldaten) zu vermeiden.

Die französische Armee hingegen besteht im Wesentlichen aus patriotisch motivierten, jungen Männern, die in den Kriegsjahren nach 1792 ausreichend Gelegenheit finden werden, sich alle im Krieg erforderlichen Erfahrungen anzueignen. In Verbindung mit einem modernen Kommandosystem (Unter-teilung in Korps, Divisionen und Brigaden) sowie jungen, wa-gemutigen (mit der Aussicht im Falle eines Misserfolges hin-gerichtet zu werden), unkonventionell und rasch agierenden Generälen ist diese Armee in der Lage, doppelt bis dreifach so rasch zu manövrieren wie die Österreicher oder Preußen. Train und Bagage, welche die herkömmlichen europäischen Armeen so belasten, werden durch Requisition und systematische Plünderung (manchmal allerdings auch durch Hungern) er-setzt. Die durchschnittliche Marschleistung der Infanterie von ca. 10 bis 15 km pro Tag (unter Kaiser Napoleon sogar 20 bis 30 km) stellt damals eine absolute Rekordleistung dar.

In seinem ausdrücklich als »ersten Versuch« bezeichneten Werk »Über den Krieg mit den Neufranken; Durch einen österreichischen Offizier; im Herbste 1795« zeichnet der 24-jährige Erzherzog Karl, bereits erfolgreich am Beginn seiner militärischen Karriere stehend, ein sehr kritisches Bild über die österreichische Generalität: »*Hat ein solch ein Corps commandierender General so viel Truppen beysammen als er sich nur immer verschaffen konnte, so glaubt er sich nun sicher. Nie benützt er seine Stärke, die Schwäche des Feindes, die Blößen, so dieser gibt, – er müßte dann so zu sagen dazu gezwungen werden – der Feind mag gegen das neben ihm stehende Corps unternehmen was er will, er wird ihn lieber siegen lassen als das mindeste wagen, wo er vielleicht unglücklich sein könnte, um seinen Kameraden zu degagieren* (d. h. aus einer bedrohlichen Situation zu helfen). *Dies ist leider die traurige Schilderung, wie unsere braven Truppen überhaupt, einige wenige Generals ausgenommen, angeführt werden.*

Unwissenheit – Unthätigkeit – Egoismus – sind Schuld an unserem Unglücke. – Sie sind die Ursache des Ruins von Armeen, des Untergangs der Staaten.«

Nach anfänglichen Erfolgen der Verbündeten marschiert der Herzog von Braunschweig mit 130 000 Mann auf Paris. Sein berühmtes Manifest mit der Drohung, die Stadt niederzubrennen, falls König Ludwig XVI. etwas zustoßen sollte, erweckt die nationale Begeisterung der Franzosen, die sich in Scharen freiwillig melden, zur Verteidigung des Vaterlandes, welches am 22. Juli bereits offiziell als »in Gefahr befindlich « proklamiert wird. Bei Valmy stellt sich der französische General Kellermann mit 82 000 Mann den Alliierten entgegen. So kommt es am 20. 9. 1792 zur berühmten »Kanonade« (der Ausdruck »Schlacht« wird mangels ernsterer Gefechte diesem Ereignis von der Geschichte verweigert). Die preußisch-österreichischen Truppen müssen sich demoralisiert zurückziehen. Goethe hat sich in seiner »Campagne in Frankreich« anlässlich dieser Kanonade etliche Jahre später die großen Worte in den Mund gelegt: »Von hier und heute geht eine neue Epoche der Weltgeschichte aus, und ihr könnt sagen, ihr seid dabeigewesen.«

Gegen Ende des Jahres 1792 sind bereits Mainz und die österreichischen Niederlande (die zur »Batavischen Republik« werden) in französischer Hand. Nach dem Beitritt des Königs von Sardinien, Viktor Amadeus III., zur Koalition besetzen die Franzosen Savoyen und Nizza.

Ein französischer Vorstoß unter General Dumouriez bei Neerwinden wird durch den Bruder des neuen Kaisers Franz, Erzherzog Karl, aufgehalten. Der französische General hat guten Grund, angesichts der Aussicht seinen Misserfolg vor dem Revolutionstribunal zu erklären, um sein Leben zu fürchten und schlägt den Österreichern vor, die Feindseligkeiten einzustellen. Er beabsichtigt mit seinen Truppen kehrtzumachen, um in Paris für »Ordnung« zu sorgen. Obwohl er – wie sein Kollege Lafayette im Vorjahr – die als »Politkommissare« bei der Armee befindlichen Volksrepräsentanten verhaften lässt, bleiben die Truppen loyal. Dumouriez flieht am 5. 4. 1793 mit einigen Tausend Mann und dem Ex-Herzog von Chartres (Sohn des Herzogs von Orléans, der sich damals Philippe Égalité nannte und 1830 als Louis-Philippe den französischen Thron besteigen wird) zu den Österreichern. Die Festung Mainz wird von den Alliierten am 23. 7. 1793 zurückerobert und Belgien von den Franzosen geräumt. Die Teilnahme an der zweiten polnischen Teilung (April 1793 Vertrag mit Russland) lässt jedoch das Interesse Preußens an den Ereignissen im Westen erlahmen. Im Verlauf des Jahres 1794 erobern die Franzosen nach der Schlacht von Fleurus am 26. 6. die gesamten österreichischen Niederlande zurück und rücken wieder bis Mainz vor.

Als es, nach der gewaltsamen dritten polnischen Teilung, zum Vertrag vom 3. 1. 1795 zwischen Österreich und Russland kommt, ist das benachteiligte Preußen verstimmt und schließt am 5. 4. 1795 in Basel unter Preisgabe des linken Rheinufers einen Separatfrieden mit der französischen Republik. Auch Neapel, Portugal und Spanien beenden den

Krieg mit den Franzosen. Trotzdem Österreich nun alleine am Kontinent den Franzosen gegenübersteht, gelingt es den Kaiserlichen wieder jenseits des Rheins (in der Pfalz) Fuß zu fassen. Auch Oberitalien ist Ende des Jahres 1795, mit der Hilfe des verbündeten Piemont, bis zu den französischen Alpenpässen fest in der Hand der Österreicher. Die britische Flotte beherrscht nach wie vor die Meere.

II.

Von Nizza nach Leoben
(Der Italienfeldzug)

1. Reiche Provinzen, große Städte 1796

Der französische Kriegsminister Carnot plant für das Jahr 1796 eine große Entlastungsoffensive. Es soll gleichzeitig in Deutschland die Donau entlang, sowie von Oberitalien und weiter über Kärnten und die Steiermark auf Wien vorgestoßen werden. Zwischen Düsseldorf und Koblenz befindet sich unter General Jourdan die Sambre-Maas Armee (ca. 75 000 Mann). Bei Straßburg ist die Rhein-Mosel Armee (ca. 80 000 Mann) unter General Moreau versammelt. Diesen beiden Armeen stehen in Deutschland am Niederrhein unter Erzherzog Karl über 90 000 Berufsoldaten, sowie 80 000 unter Feldzeugmeister Latour am Oberrhein gegenüber. In Italien führt der 72-jährige Feldzeugmeister Beaulieu das Kommando über 30 000 Österreicher und 40 000 unzuverlässige Piemontesen. Seinem 27-jährigen französischen Kontrahenten Buonaparte, der außer über die Italienarmee von ca. 40 000 Mann auch noch über die französische Alpenarmee von 25 000 Mann verfügen kann, ist er lediglich an Erfahrung »überlegen«.

Der ehemalige Adjutant des Brigadegenerals Buonaparte und spätere Marschall des Kaiserreiches, Marmont, nahm am Feldzug 1796/97 teil und erinnert sich in seinen Memoiren: *»Wir waren alle sehr jung, vom Oberkommandierenden angefangen bis zum Letzten der Offiziere, alle brillant an Kraft, Gesundheit, und aufgefressen von der Begierde nach Ruhm. Unsere Ambitionen waren nobel und rein: keine Gier, keine niedere Leidenschaft befand sich in unseren Herzen; eine wahre Freundschaft einte uns, die manchmal bis zur Unterwürfigkeit ging. Vollständig sicher über unsere Zukunft, und eine grenzenlose Zuversicht über unsere Bestimmung, ergab dies die Philosophie, die so sehr zu den Siegen beiträgt. Eine* *beständige Harmonie, niemals getrübt, formte aus einer Versammlung von Kriegern eine wirkliche Familie (...)*

Vom Augenblick an, als Bonaparte an der Spitze der Armee erschien, hatte er eine Autorität, die jedermann imponierte; obwohl ihm eine gewisse natürliche Würde abging und er manchmal fast linkisch in seinem Verhalten und seinen Gesten wirkte, hatte er den Herrn und Meister in seinem Auftreten, seinem Blick, seiner Art zu sprechen und jeder fühlte es und fand sich in der Position des Gehorchenden. In der Öffentlichkeit ließ er nichts aus um diese Veranlagung zu erhalten, zu vermehren und zu vertiefen. Im engeren Kreis, bei seinem Stab, war er von großer Gemütlichkeit, eine »Bonhommie«, die bis zum Familiären ging. Er liebte die Scherze und hatten diese nichts Bitteres an sich: sie waren geschmackvoll und fröhlich. Er pflegte sich auch öfters an unseren Spielen zu beteiligen. Seine Arbeit war leicht, seine Arbeitsstunden nicht geregelt und er war anbetungswürdig in der Mitte der ihn umgebenden Ruhe. Aber, einmal zurückgezogen in sein Kabinett, war jeder nicht dienstlich begründete Zutritt untersagt (...) Man behauptete, daß er wenig geschlafen hätte, das ist falsch; im Gegenteil er schlief viel, er hatte sogar einen sehr großen Schlafbedarf, wie es bei nervösen Leuten mit einem sehr aktiven Geist vorkommt. Ich habe oft erlebt, daß er zehn bis elf Stunden im Bett verbrachte. Wenn aber Wachsein erforderlich war, wusste er dies zu ertragen und sich später dafür zu entschädigen. Er konnte sogar im Vorhinein bei zu erwartenden Strapazen auf Vorrat schlafen; schließlich hatte er die wertvolle Gabe jederzeit einschlafen zu können. Einmal von seinen Pflichten befreit, lieferte er eine brillante Konversation und war Niemand charmanter als er. Er zeigte mit Leichtigkeit Ideenreichtum und Vielfalt. Er wählte seine Themen und Gedanken mehr auf dem Gebiete der Moral und Politik als im Bereich der Wissenschaften, wo – egal, was man darüber gesagt hat – seine Kenntnisse nicht sehr tief waren. Er liebte kräftige

Körperanstrengungen, saß oft zu Pferde, ritt zwar ziemlich schlecht, aber viel. Endlich, in dieser glücklichen Zeit, so ferne, hatte er einen Charme, dem sich Niemand entziehen konnte. Das war Bonaparte während des erinnerungswürdigen Italienfeldzuges«.

Am 27. 3. 1796 übernimmt Bonaparte in Nizza das Kommando über die (wie alle anderen französischen Armeen) schlecht verpflegte und mangelhaft ausgerüstete Italienarmee, seine damalige Ansprache zeigt den genialen Propagandisten (91)[9]: *»Soldaten! Ihr seid nackt, schlecht genährt; die Regierung ist euch viel Geld schuldig, sie kann euch nichts geben. Bewunderungswürdig ist eure Geduld, ist euer Mut, den ihr inmitten dieser kahlen Felsen gezeigt habt; aber damit erwerbt ihr euch keinen Ruhm, keinen Glanz. Ich will euch in die fruchtbarsten Ebenen der Welt führen. Reiche Provinzen, große Städte werden in eure Hände fallen; dort werdet ihr Ehre, Ruhm und Reichtümer finden. Soldaten der Italienischen Armee, sollte es euch an Mut und Standhaftigkeit fehlen?«*

Es gelingt seinen flexiblen und wesentlich rascheren sowie unbekümmert vordringenden Divisionen bald, die im gebirgigen Gelände zersplittert aufgestellten Österreicher, nach zwei Gefechten bei Montenotte und Millesimo, zum Rückzug zu zwingen. Der österreichische General Provera muss am 14. April mit seiner abgeschnittenen Truppe mit 2000 Mann bei Cossaria kapitulieren. Die Verbindung zwischen den Österreichern und den verbündeten Sardiniern ist unterbrochen.

Der Turiner Hof ist durch den raschen Vormarsch der Franzosen so eingeschüchtert, dass er eiligst am 28. 4. in Cherasco einen Waffenstillstand abschließt (und in weiterer Folge am 15. 5. Savoyen und Nizza an die Republik abtritt). Der auf die öffentliche Meinung in Paris sorgfältig bedachte Bonaparte lässt seinen ersten Adjutanten, Oberst Murat, mit der Waffenstillstandsurkunde und 21 Fahnen eiligst nach Paris abreisen, wo seine sichtbaren Erfolge auch entsprechend bejubelt werden. Die Plünderungen und zwangsweisen Requisitionen der französischen Armee führen zu Zwischenfällen mit der einheimischen Bevölkerung, deren anfängliche Sympathien für republikanische Errungenschaften bald im Keime erstickt werden. Aufstände werden erbarmungslos niedergeschlagen. Pavia wird nach Unruhen am 24. Mai für sechs Stunden der Plünderung preisgegeben. Sogar Greise, Frauen und Kinder werden gnadenlos ermordet, sinnlose Zerstörungen von der betrunkenen Soldateska angerichtet. Im benachbarten Städtchen Binasco befiehlt Bonaparte, den Ort anzuzünden und lässt die fliehenden Bewohner zu Hunderten von den Soldaten abschießen.

Auf St. Helena wird Napoleon (Mémorial von Las Cases) meinen, dass er schon nach drei Stunden die (für 24 Stunden geplante) Plünderung abgebrochen habe, um die Unordnung seiner Truppe zu verhindern. Angesichts der brutalen Vorgangsweisen mutet es geradezu zynisch an, wenn er meint: *»Die Plünderung ist nicht französischer Brauch. Es wäre französischen Soldaten unmöglich 24 Stunden lang zu plündern. Viele würden in den letzten Momenten beginnen die Schäden, die sie verursacht haben, wieder zu mildern. In ihren Heimen würden sie sich gegenseitig Vorwürfe machen über die begangenen Exzesse und die, deren Taten zu gehässig waren, mit Verachtung und Misstrauen strafen.«*

Der toskanische Gesandte Graf Miot de Mélito begegnete Bonaparte im Juni 1796 in Brescia: *»Ich war von seinem Anblick seltsam berührt. Nichts entsprach dem Bilde, das sich meine Phantasie von ihm gemacht hatte. Mitten unter dem zahlreichen Generalstabe bemerkte ich einen Mann unter Mittelgröße und von außerordentlicher Magerkeit. Seine gepuderten Haare, die auf eine ganz besondere Weise unterhalb des Ohres winkelrecht geschnitten waren, fielen ihm auf die Schultern herab. Er trug einen losen, bis zum Hals zugeknöpf-*

ten und mit einer sehr schmalen Goldstickerei besetzten Rock und einen Hut mit einer dreifarbigen Feder. Auf den ersten Blick schien mir sein Gesicht nicht schön, aber die stark ausgeprägten Züge, das lebhafte, forschende Auge, seine raschen, belebten Bewegungen verrieten einen kühnen Charakter, und die breite sorgenvolle Stirne, einen tiefen Denker (…) Er schritt durch die Zimmer, in welchen er mich empfangen hatte, und gab seinen Adjudanten Murat, Lannes, Junot und den anderen Offizieren seiner Umgebung einige Befehle. Alle standen vor ihrem General in außerordentlich respektvoller Haltung, ja man könnte sagen, sie waren voller Bewunderung für ihn. Ich bemerkte zwischen ihm und seien Waffengefährten keinerlei Zeichen von Vertraulichkeit, die ich anderweits beobachtet hatte und die durch die republikanische Gleichheit begünstigt ward. Er hatte bereits seine Stellung markiert und ihnen den Unterschied bemerkbar gemacht.«

Obwohl Erzherzog Karl am 15. Juni 1796 bei Wetzlar die Sambre-Maas Armee Jourdans zurückschlägt, muss er sich vor der Rhein-Moselarmee des Generals Moreau, die am 25. 6. den Rhein bei Kehl überschreitet, an die Donau auf die Festung Ingolstadt zurückziehen. In Italien sieht sich Beaulieu gezwungen, mit seiner, ohne die Piemontesen, zahlenmäßig wesentlich schwächeren Streitmacht von nur mehr ca. 15 000 Mann nach Tirol zu marschieren. Bonaparte beginnt am 19. Juli die Belagerung der wichtigen österreichischen Festung Mantua.

Mitte Juli 1796 bricht der österreichische Feldmarschall Wurmser – ebenfalls ein Held aus den Theresianischen Kriegen – mit 25 000 Mann Verstärkung vom Oberrhein auf. Über Tirol will er gemeinsam mit den mittlerweile auf 20 000 Mann verstärkten Truppen Beaulieus, nach Süden vorstoßen, um Mantua zu entsetzen. Die französischen Belagerungstruppen unter Bonaparte weisen eine Stärke von ebenfalls ca. 45 000

Soldaten auf. Dadurch muss Bonaparte am 5. August die Belagerung aufheben (was einen Rückschlag um mehrere Monate und den Verlust wertvollen Materials bedeutet) und sich
den österreichischen Truppen stellen. Bei Castiglione versucht
er mit 30 000 Mann 25 000 Österreicher aus einer günstigen
Stellung, bei den Hügeln zwischen Solferino und Monte Me-
dolano, fast frontal anzugreifen. Als nach blutigen Kämpfen
der linke Flügel der Österreicher zurückgedrängt wird, zieht
sich Wurmser mit ca. 3000 Mann Verlust (Franzosen ca. 1500
Mann) nach Peschiera zurück. Es gelingt ihm aber, Mantua mit
Proviant zu versorgen und die Garnison um 16 000 Mann zu
verstärken, sodass ein weiterer Widerstand möglich ist.

Am 3. September werden bei Würzburg die unter Jourdan
in Richtung Bayern vorgestoßenen 30 000 Franzosen (Sambre-Maas Armee) von Erzherzog Karl besiegt. Jourdan weicht
über den Rhein zurück und legt sein Kommando nieder. Erzherzog Karl wendet sich nunmehr dem südlich der Donau auf
München zumarschierenden Moreau zu. Dieser zieht es daraufhin vor, ebenfalls den Rückzug über den Rhein anzutreten
(den er auch Ende Oktober überschreitet – lediglich Kehl und
Hüningen verbleiben als französische Stützpunkte am rechten
Rheinufer). Der von Moreau den Österreichern vorgeschla-
gene Waffenstillstand, der es Erzherzog Karl erlaubt hätte
zum Entsatz von Mantua abzurücken, wird aber von Wien
(Kaiser Franz und Minister Thugut) abgelehnt. Die Franzosen entsenden trotzdem 14 Halbbrigaden (Regimenter) nach
Italien.

Nach einem zweiten Entsatzversuch wird Wurmser durch
das ungünstig verlaufene Gefecht bei Bassano am 8. September in die Festung Mantua (mit seinen ihm verbliebenen ca.
25 000 Mann) zurückgedrängt. Bonaparte berichtet über die
Lage am 1. 10. (1055) dem Direktorium: »*Es ist derzeit unmöglich an die Belagerung von Mantua zu denken. Durch die
Regenfälle wird dies erst im Jänner möglich sein. Derzeit ver-*

fügt der Kaiser über eine mächtige Armee in Tirol und im Friaul; in letzterem Gebiet hat er bereits 6000 Mann zusammen gezogen, er hat 6000 Mann nach Bozen kommen lassen. Die Armee von Italien kann den Aktivitäten des Reiches nichts gleichwertiges entgegensetzen um sich zu verstärken (...)

Ich habe also 18 900 Mann bei der Observationsarmee; 9000 Mann bei der Belagerungsarmee. Ich überlasse es Ihnen sich vorzustellen – wenn ich keine Verstärkungen erhalte – wie ich diesen Winter dem Kaiser widerstehen kann, der in sechs Wochen über 50 000 Mann verfügen wird.«

An den deutschen Kaiser schreibt er am 2. 10. (1061): »*Majestät, Europa will den Frieden. Dieser verheerende Krieg dauert bereits viel zu lange. Ich habe die Ehre Eurer Majestät mitzuteilen dass, wenn Sie keine Unterhändler nach Paris entsenden würde um Friedensverhandlungen zu beginnen, das Exekutivdirektorium mir befohlen hat, den Hafen von Triest zu sperren und die Niederlassungen Eurer Majestät im Adriatischen zu zerstören (...)*

Ich hoffe, dass Eure Majestät mit den Leiden, die Ihre Untertanen bedrohen, Mitgefühl haben werde und Ruhe und Friede der Welt zurück gibt.«

Anfang November versuchen die österreichischen Generäle Davidowitsch (mit 18 000 Mann von Norden durch das Etschtal) und Alvintzi (mit 28 000 Mann von Osten in der Po-Ebene) neuerlich das belagerte Mantua zu entsetzen. Alvintzi drängt bei Caldiero zunächst französische Kräfte nach Verona zurück. Bonaparte sendet Davidowitsch ca. 10 000 Soldaten unter Vaubois entgegen mit dem Auftrag, diesen möglichst lange aufzuhalten. Vor Mantua belässt er nur 9000 Mann, um die eingeschlossenen 28 000 Österreicher unter Wurmser am Ausbruch zu hindern, und umgeht Alvintzi mit 18 000 Mann im Südosten bei Arcole, um dadurch seine Verbindungslinien abzuschneiden. Alvintzi kehrt um und sendet ca. 9000 Mann ostwärts des Flusses Alpone und 4000 Mann westlich davon den Franzosen entgegen. Die Österreicher wollen die wichtige Brücke bei Arcole besetzen, um dadurch Bonaparte zu hindern, weiter nach Osten (über den Nord-Süd verlaufenden Fluss) vorzudringen. Am späten Nachmittag gelingt es einer französischen Kolonne von 3000 Mann über eine Furt südlich von Arcole den Fluss zu überschreiten und am Abend die linke Flanke der Österreicher zu bedrohen. Ein Vorstoß über die Brücke von Arcole (bei welchem Bonaparte, der sich in vorderer Linie befindet, von der Brücke in den Sumpf gedrängt wird) bringt die Österreicher in arge Not, bis die Nachricht, dass Vaubois nach Bussolongo zurückgedrängt wurde, die Franzosen zum Rückzug bewegt. In der Nacht vom 15. zum 16. November verschanzen sich die Österreicher in Arcole und dem westlich davon gelegenen Porcile. Am nächsten Tag erobern die Franzosen Porcile, vermögen aber nicht Arcole zu nehmen. Mittlerweile zieht sich der österreichische Train, einige Kilometer nördlich davon, eiligst nach Osten Richtung Verona zurück. In der Nacht zum 17. erreichen weitere 3000 Mann von der französischen Belagerungsarmee vor Mantua die Truppen Bonapartes, der keine weiteren alarmierenden Nachrichten über Davidowitsch erhält, und daher am nächsten Tag einen dritten Versuch macht, Alvintzi anzugreifen. General Masséna lockt den österreichischen rechten Flügel bei Porcile in einen Hinterhalt und schlägt ihn. Anschließend stürmt er über die Brücke in die Stadt Arcole – unterstützt von General Augereau, der mittlerweile über eine Furt den Alpone überquert hat und Arcole von Osten her umgeht. Alvintzi entschließt sich daraufhin zum Rückzug nach Norden und erreicht einigermaßen sicher über die Hauptstraße das ostwärts gelegene Vicenza. Die Österreicher verlieren bei dieser Schlacht 7000 Mann, die Franzosen 4500. Das Vorhaben Alvintzis – die Vereinigung mit den Truppen von Davidowitsch und die Befreiung von Mantua – ist gescheitert. Bonapartes damaliger Adjutant, und späterer Marschall, Marmont, der gemeinsam mit seinem Adjutantenkollegen Louis Bonaparte, seinen Oberkommandierenden aus dem Sumpf ziehen musste, kommt 1831 wieder an Ort und Stelle: *»Arcole, wo wir drei Tage gegen dreimal stärkere Streitkräfte (gerechnet zuzüglich der Truppen von Davidowitsch und Wurmser) kämpften, sowie die Stelle, wo ich unter dem Beistande Ludwig Bonapartes den General en chef aus einem mit Wasser gefüllten Graben zog, in den er in Folge der durch einen Augenblick übereilten Rückzuges entstandenen Unordnung und Verwirrung gefallen war. Ich sah die Überbleibsel des Denkmals wieder, das Eugen* (de Beauharnais, Napoleons Stiefsohn und späterer Vizekönig von Italien) *zum Gedächtnis der rein erfundenen Waffentat des Überganges über die Brücke von Arcole errichtete. Dieses Monument ist auf österreichischen Befehl hin seiner Inschriften beraubt worden, nicht weil sie ein eingebildetes Ereignis, sondern eine für uns ruhmreiche Waffentat verewigten. Sonach ist in diesen beiden einander entgegengesetzten Zwecken Alles Charlatanismus, wie in so vielen Handlungen der Menschen.«*

Der Übergang über die Brücke von Arcole wird nach der Machtergreifung durch Bonaparte zu einer Ikone seiner Propaganda werden, und in zahlreichen Stichen wird der kühne Oberbefehlshaber, mit der Fahne in der Hand, an der Spitze seiner Truppen, immer wieder dargestellt.

Am 18. 11. 1796 schreibt Bonaparte an den mit der Armeeversorgung beschäftigten Bürger Garrau (1201): *»Die Armee ist ohne Schuhe, ohne Finanzen, ohne Kleider, überall fehlen Spitäler; unsere Verwundeten sind ohne Karren und erleiden die fürchterlichsten Entbehrungen. Das alles kommt vom Mangel an Geld.«*

Bonaparte versucht nun bei Dolce am 21. 11. mit seiner Hauptmacht den isolierten Davidowitsch zu schlagen. Trotz Eilmärschen gelingt es diesem jedoch sich über Trient nach Tirol zurückzuziehen. Nach dem Erfolg von Arcole schlägt das Direktorium in Paris – seinem allzu erfolgreichen und populären Feldherrn in Italien schon etwas misstrauend – Kaiser Franz Friedensverhandlungen vor. Der Optimismus des Wiener Kabinetts und der Einfluss englischer Subsidienzahlungen ist aber noch ungebrochen. Ebenso wie in Paris glaubt man, dass die Entscheidung am Rhein und nicht auf dem »Nebenkriegsschauplatz« Italien fallen wird – der Krieg geht weiter.

Am 6. Dezember ersucht Bonaparte wie üblich das Direktorium um Verstärkung (1235): *»Meine jetzige Armee, verstärkt um 10 000 Mann vom Rhein und 10 000 vom Ozean* (d. h. von der Armée de l'Océan, die zur Küstenverteidigung eingesetzt war), *die Ihr mir angekündigt habt, reicht für Tirol und Italien. Die 10 000 Mann, welche Mantua belagern, und bald 12 000 sein werden, mit den 20 000 die ich von Euch verlange, werden die Armee von Friaul bilden: Mit diesen zwei Armeen werde ich nach Wien gehen oder wenigstens den gesamten nächsten Feldzug in den Staaten des Kaisers durchführen, auf seine Kosten leben, seine Untertanen ruinieren, den Krieg und den Aufruhr nach Ungarn tragen (...) ihr könnt mit Recht dann Millionen erwarten, Erfolge und einen guten Frieden. Von Triest nach Wien sind es 100 Meilen, ohne befestigte Plätze ohne vorbereitete Verteidigung: Dieses Land war noch nie Kriegsschauplatz.«*

Ein weiterer Bericht Bonapartes an das Direktorium (1319) mit interessanten Details über die Nachrichtenübermittlung von damals und der Beteuerung der politischen Zuverlässigkeit seiner Italienarmee (angesichts des Wiedererstarkens der Jakobiner) wird am 28. 12. nach Paris geschickt: *»Mantua ist mit der größten Sorgfalt eingeschlossen. Am 2. d. M. überraschte der General Dumas einen Spion der in die Stadt eindrang; es ist ein österreichischer Kadett, der aus Trient von Alvicini abgesendet worden ist. Nach mehreren Ausreden gestand er, dass er der Überbringer von Depeschen sei und,* *tatsächlich, nach 24 Stunden übergab er (nachdem er zur Garderobe [d. h. Toilette] gegangen war) einen kleinen Zylinder, wo der beiliegende Brief des Kaisers eingeschlossen war. Da diese Methode, Nachrichten zu verschlucken, noch nicht hinreichend bekannt war, werde ich Ihnen, nach Befragung meiner Generäle, noch nähere Details schicken, da sich die Österreicher häufig dieser Methode zu bedienen pflegen. Normalerweise behalten die Spione den Gegenstand mehrere Tage im Körper. Wenn der Magen dadurch irritiert wird, so müssen sie den Zylinder mit einem Elixier neuerlich verschlucken. Der Zylinder ist in spanisches, mit Essig versehenes, Wachs getaucht. Aus dem Brief des Kaisers ersehen Sie, dass Wurmser am Ende sein muss. Die Garnison ernährt sich nur mehr von Polenta und Pferdefleisch; aber es kann möglich sein, dass sich die Übergabe noch verzögert. Die Österreicher setzen alle ihre Hoffnung auf diese Festung und ist es nicht erstaunlich, wenn sie Alles bis zum Äußersten versuchen bevor sie kapitulieren (…) Es bahnt sich, nach dem Brief des Kaisers, ein Kampf im Jänner an. Erreichen Sie wenigstens, dass die gegen Alvicini, den wir durch den Sieg von Arcole vorerst selbst zurückhalten konnten, geplanten Unterstützungen bald eintreffen. Ihr würdet sonst die Armee opfern, welche am meisten der Sache der Verfassung zugetan ist und die, was auch immer die Feinde des Vaterlandes für Anstrengungen unternehmen werden, der Regierung und der Freiheit mit dem selben Eifer und der gleichen Unerschrockenheit verbunden sein wird, die sie gezeigt hat um Italien der Republik zu erhalten.*

Ich sage dies mit ehrlicher Genugtuung; es gibt kaum eine Armee die so sehr vor allem die Erhaltung der geheiligten Verfassung, der einzigen Zuflucht der Freiheit und des französischen Volkes, wünscht. Man ist hier bereit die gehaßten neuen Revolutionäre, was auch immer deren Ziel sein mag, zu bekämpfen. Keine Revolution mehr – das ist der innigste Wunsch des Soldaten.«

Am 10. 1. 1797 kapituliert am Rhein die von Erzherzog Karl belagerte Festung Kehl. Angesichts der schwankenden Haltung der deutschen Fürsten erscheint dem Wiener Kabinett ein Erfolg am Rhein wichtiger als die Verhinderung einer Niederlage in Italien. (Tatsächlich wäre ein rascher, erfolgreicher Vormarsch »à la Bonaparte« nach Paris sicherlich Anlass für das Direktorium gewesen, eiligst Truppen aus Italien abzuziehen.)

Ein vierter Versuch der Österreicher, die Festung Mantua zu entsetzen, scheitert in der Schlacht bei Rivoli am 14. Jänner: General Alvintzi marschiert diesmal mit 28 000 Mann die Etsch entlang nach Süden. Nach dem Gardasee stellt sich Bonaparte mit seinen letztlich auf 20 000 Mann verstärkten Truppen auf einem Hochplateau vor Rivoli dem Vormarsch entgegen. Nach harten Gefechten, dem Versuch der Österreicher die Franzosen zu umgehen und Vorstößen gegen das französische Zentrum entzündet ein Zufallstreffer einige Munitionswagen der Österreicher. Die Explosion führt zu Verwirrung und Unordnung der Angreifer. Ein energischer Gegenangriff wirft die geschockten Österreicher zurück. In der allgemeinen Auflösung der Schlachtordnung werden 3000 Mann abgeschnitten und gefangen genommen. Insgesamt verliert Alvintzi, der sich nach Trient zurückziehen muss, an die 14 000 Mann (bei französischen Verlusten von ca. 5000 Mann).

Ein Teilnehmer auf französischer Seite, der Grenadier (und spätere Kapitän) Putigny, erinnert sich in soldatischer Kürze: *»Gegen 10 Uhr haben die Österreicher von Alvintzi in einer mächtigen Formation angegriffen und unsere 85. und 29. Halbbrigade mußten dem Feind einen Teil des Plateaus überlassen. Ich bin in zweiter Linie; Kurze Kommandos, der Tambour schlägt, und schon habe ich vor meinem Gewehr wieder die altbekannten Österreicher mit ihren kräftigen Staturen und ihren Uniformen von guter Qualität. Ich stelle fest, daß sie guten Mutes sind. Ein starker Schlag, ich bin taub, ich*

wanke, eine weitere Kugel hat sich im Leder meines Patronen-
gurtes verfangen. Ich bemerke, daß eine Kugel meinen Hut
durchlöchert hat und setze ihn stolz wieder auf. Endlich geben
sie nach. Die 85. und die 29. versammeln sich hinter uns. Die
Österreicher drängen sich wie eine Hammelherde entlang der
steilen Pfade. Die Verfolgung wird schwieriger als der Sieg.«
Die auf Mantua mittlerweile von Osten anmarschierende ca.
9000 Mann starke Kolonne des österreichischen Generals Provera wird am 15. 1. knapp vor Mantua bei La Favorita zur Kapitulation gezwungen.

Nach insgesamt achtmonatiger Belagerung muss Mantua
am 2. Februar wegen Lebensmittelmangel kapitulieren (auch
die sechs Kompanien des Wiener Freiwilligenbataillons [Ad-
justierung: grüne Röcke mit schwarzer Egalisierung] geraten
in Gefangenschaft). Bonaparte berichtet dem Direktorium am
3. 2. (1448): *»Ich habe mich bemüht gegenüber dem General*
Wurmser die französische Großzügigkeit zu beweisen. Wurm-
ser ist ein General von 66 Jahren, gegen den das Glück auf die-
sen Feldzug sehr grausam war, der aber trotzdem, wie die Ge-
schichtsschreibung festhalten wird, Mut und Beständigkeit
gezeigt hat.«

In Deutschland hingegen – für Wien noch immer Haupt-
kriegsschauplatz – bleiben die Österreicher erfolgreich. Am
5. Februar muss sich die letzte französische Festung am rechten Rheinufer, Hüningen, ergeben. Nunmehr sollen 20 000
Mann von der in Deutschland stehenden Armee nach Italien
abrücken. Erzherzog Karl, der nach seinen Erfolgen ein an-
erkannter Feldherr ist und als »Retter Germaniens« auf
Tüchern und Medaillen gefeiert wird, soll jetzt das Kommando in Italien übernehmen. Formal bleibt er allerdings auch
Kommandant der Rheinarmee. General Mack, damals noch
von Erzherzog Karl hochgeschätzt, wird Chef des General-
quartiermeisterstabes der Rheinarmee. Gleich Bonaparte ist
auch die durch die Ereignisse erzwungene Wahl Erzherzog

Die Kaiserhymne (uraufgeführt am 12. Februar 1797) von Joseph Haydn (Ausgabe um 1820)

Karls, wegen seiner großen Popularität, kein Anlass zu ungetrübter Freude für die eigene Regierung.

Erzherzog Karl trifft am 11. Februar im Hauptquartier der österreichischen Südarmee in Conegliano ein und findet die Überbleibsel der Armee des Feldmarschall Alvintzi noch hinter der Piave und, wie er Kaiser Franz berichtet, »in dem elendsten Zustand und so desorganisiert wie möglich«. Anschließend begibt er sich nach Wien, um persönlich Bericht zu erstatten.

krANz! Gott! er = hal-te Franz den Kai-fer, Unfern gu-ten Kai-fer.

Chor.

Franz! Gott er = halte Franz den Kaifer, Unfern gu-ten Kai-fer Franz!

Gott! erhalte Franz den Kaifer,
Unfern guten Kaifer Franz!
Lange lebe Franz der Kaifer
In des Glückes hellftem Glanz!
Ihm erblühen Lorberreifer,
Wo Er geht, zum Ehrenkranz!
Gott! erhalte Franz den Kaifer,
Unfern guten Kaifer Franz!

Lafs von Seiner Fahnen Spitzen
Strahlen Sieg und Furchtbarkeit!
Lafs in Seinem Rathe fitzen
Weisheit, Klugheit, Redlichkeit;
Und mit Seiner Hoheit Blitzen
Schalten nur Gerechtigkeit!
Gott! erhalte Franz den Kaifer,
Unfern guten Kaifer Franz!

Ströme deiner Gaben Fülle,
Über Ihn, Sein Haus und Reich!
Brich der Bosheit Macht; enthülle
Jeden Schelm-und Bubenftreich!
Dein Gefetz fey ftets Sein Wille;
Diefer uns Gefetzen gleich.
Gott! erhalte Franz den Kaifer,
Unfern guten Kaifer Franz!

Froh erleb' Er Seiner Lande,
Seiner Völker höchften Flor!
Seh' fie, Eins durch Bruderbande,
Ragen allen Andern vor!
Und vernehme noch am Rande
Später Gruft der Enkel. Chor:
Gott! erhalte Franz den Kaifer,
Unfern guten Kaifer Franz!

Zur Hebung der Moral soll auch Österreich, nach dem ausdrücklichen Vorbild des englischen »God save the king«, eine Hymne an den Monarchen erhalten. Haydn, der zwar erst kurz davor in seiner »Missa in tempore belli« (die besonders durch einen – damals kühn neuartigen – pochenden, drohenden Paukenwirbel beeindruckt) eine eher pessimistische Haltung zu den Kriegsereignissen gezeigt hatte, kennt das mitreißende englische Thema aus seinen Londoner Tagen zur

Genüge. Im Verein mit seinem Freund, Gottfried van Swieten, sowie dem Innenminister Graf Saurau (der den Textdichter Lorenz Haschka aussucht), kommt es zur Komposition der unsterblichen Kaiserhymne: »*Gott! Erhalte Franz den Kaiser, unsern guten Kaiser Franz! Lange lebe Franz der Kaiser in des Glückes hellstem Glanz! Ihm erwachsen Lorbeer-Reiser, wo Er geht, zum Ehrenkranz! Gott! Erhalte Franz, den Kaiser, unsern guten Kaiser Franz!*«

Zum Geburtstag Franz II. am 12. Februar soll zum ersten Mal im Burgtheater beim Eintreffen des Kaisers die Hymne gesungen werden. Anschließend steht die populäre Oper »Doktor und Apotheker« von Dittersdorf auf dem Programm. Da der sonst sehr pünktliche Monarch (aus Bescheidenheit?) zu spät kommt, wird die Hymne in die erste Pause verlegt. Nach einmaligem Vorspielen der Musik erhebt sich das Publikum (den Text hatte man vorsorglich auf die Sitze legen lassen) und singt dem gerührten Kaiser die Huldigung vor. Helle Begeisterung soll anschließend für längere Zeit die Fortsetzung des Stückes verhindert haben. (Haydns, dem damaligen Staatsoberhaupt des Deutschen Reiches gewidmete mitreißende Hymne ist noch heute – mit dem Text von Hoffmann v. Fallersleben: »Deutschland, Deutschland über alles« – durchaus folgerichtig und keineswegs den Österreichern »gestohlen« die offizielle Hymne der Bundesrepublik Deutschland.)

Bonaparte hat Anfang 1797 eine Verstärkung durch 20 000 Soldaten erhalten. Die vom Rhein anmarschierenden Verstärkungen der Österreicher sind hingegen erst für Mitte April zu erwarten. Ein von österreichischer Seite nur halbherzig unternommener Versuch, durch die Entsendung des Generals Vincent Waffenstillstandsverhandlungen in Italien zu beginnen, scheitert an dessen unzureichenden Vollmachten.

In Schottwien am Semmering erhält am 21. 2. 1797 der anreisende Erzherzog Karl die Order, wieder zu seiner Armee nach Italien zurückzukehren. Er entschließt sich aber trotzdem nach Wien weiterzureisen, wo er – zum Missfallen seines kaiserlichen Bruders und des einflussreichen Ministers Thugut – am gleichen Tag noch eintrifft. Die Wiener hingegen sind von der Rückkehr ihres (einzigen) Kriegshelden begeistert und bejubeln ihn, als er am Abend an der Seite von Kaiser Franz im Burgtheater erscheint. Es wird zu Ehren des Helden eine von Alxinger geschriebene und von Hofkapellmeister Weigl vertonte Kantate aufgeführt. Die Stadt wird an zwei aufeinanderfolgenden Tagen festlich illuminiert. Sehr wohl dürfte sich der Feldherr dabei allerdings nicht gefühlt haben. Als ihm der berühmte Grandseigneur Fürst de Ligne gratuliert, soll er erwidert haben, dass sich der Fürst in einem Irrtum befände. Der siegreiche General heiße Bonaparte, von ihm wäre Italien erobert worden und dieser habe vier Armeen vernichtet. Nach einigen Gesprächen mit dem Kaiser und seinen Beratern erhält Erzherzog Karl klare Anweisungen, mit dem Feind keineswegs in politische Kontakte (etwa durch Abschluss eines Waffenstillstandes) zu treten: »(...) zumalen, wenn es Ihnen um militärische Gegenstände zu tun wäre, sie es auch schriftlich mit Dir ausmachen könnten, die anderen Geschäfte zu schlichten Dir aber nicht zustünden.«

Erzherzog Karl trifft am 4. März wieder bei seiner Armee ein, deren Hauptquartier sich bereits in Udine befindet. Angesichts der zahlenmäßigen Überlegenheit der Franzosen, die nicht gewillt sind, das Eintreffen der österreichischen Verstärkungen abzuwarten, kann Erzherzog Karl nur den Rückzug antreten.

Bonaparte trifft am 9. 3. in seinem Hauptquartier in Bassano ein. Für seine begeisterten, siegreichen 43 000 Soldaten stellen demoralisierte 30 000 Österreicher kein ernstzunehmendes Problem dar. Bonaparte kann sogar seinem Gegner schmeicheln: »Bisher habe ich Armeen ohne Feldherrn bekämpft; jetzt eile ich einen Feldherrn ohne Armee zu

bekämpfen.« und erlässt – wie üblich – am 10. 3. 1797 eine
Proklamation an die Soldaten der Armée d'Italie (1552):»*Die
Einnahme von Mantua hat einen Feldzug beendet der euch
ewigen Anspruch auf Anerkennung durch das Vaterland gegeben hat. Ihr habt in 14 Schlachten und 70 Gefechten den Sieg
errungen; Ihr habt mehr als 100 000 Gefangene gemacht, dem
Feind 500 Feldgeschütze, 2000 großkalibrige Kanonen und
4 Brückenequipagen abgenommen. Die Kontributionen der
Länder haben Euch ernährt und unterhalten und die Armee
während des Feldzuges besoldet; ihr habt, darüber hinaus,
30 Millionen dem Finanzminister, zur Erleichterung der Staats-
ausgaben, übersendet. Ihr habt das Museum von Paris um
mehr als 300 Kunstschätze, Meisterwerke des alten und neuen
Italien, die in 30 Jahrhunderte geschaffen wurden, bereichert
(…) Von allen Feinden, die sich verschworen haben die Republik im Kindbett zu ersticken, bleibt nur mehr der Kaiser alleine übrig. Der hat sich selbst aus dem Rang einer Großmacht
degradiert und sich in den Sold der Londoner Kaufleute begeben; es gibt keine Politik mehr, keinen Willen außer den dieser
perfiden Inselbewohner, die, ungerührt von den Schrecken des
Krieges, lächeln über die Leiden des Kontinents (…) Es gibt
keine andere Hoffnung auf Frieden, als ihn im Herz der Erb-
länder des Hauses Österreich zu suchen. Ihr werdet dort ein
tapferes, durch den Krieg gegen die Türken und den jetzigen
Krieg, abgehärtetes Volk finden. Die Einwohner von Wien
und den österreichischen Staaten stöhnen unter der Blindheit
und der Einseitigkeit ihrer Regierung, es gibt nicht einen, der
nicht überzeugt ist, daß das Gold Englands die Minister
korrumpiert hat. Ihr werdet ihre Religion und ihre Sitten re-
spektieren, ihr Eigentum schützen. Ihr werdet der ungarischen
Nation die Freiheit bringen. Das Haus Österreich, welches,
seit drei Jahrhunderten, in jedem Krieg einen Teil seiner Macht
verloren hat, welches seine Völker gegen sich aufbringt indem sie diese ihrer Privilegien beraubt, wird sich am Ende*

dieses sechsten Feldzuges (zu dem es uns zwingt) selbst ge-
zwungen sehen den Frieden anzunehmen, den wir ihm zubil-
ligen und wird auch in Wirklichkeit zu der zweitrangigen
Macht absteigen, zu der es sich bereits selbst gemacht hat,
indem es sich unter die Bezahlung und die Verfügung Eng-
lands gestellt hat.«

2. »Ich bin vor den Toren Wiens« –
Der Vormarsch 1797

Am 12. März 1797 beginnt der Vormarsch der Franzosen auf
Wien. Im Sinne des Carnotschen Planes eines gleichzeitigen
Marsches auf Wien, fordert Bonaparte am 17. 3. in einem Brief
an das Direktorium (1590) den Vormarsch der am Rhein sta-
tionierten Truppen und gibt eine zutreffende, wenn auch
etwas die Kräfte seines Gegners übertreibende Schilderung
der Lage: *»Befehlen Sie, ich bitte Sie darum, den Übergang*
über den Rhein, es ist nämlich unmöglich, daß ich mit 50 000
Mann Allen gegenüber treten kann. Wenn die Rheinarmeen
prompt losmarschieren und in den Kampf eingreifen, ist der
Kaiser verloren. Der letzte Feldzug hat seine Ressourcen er-
schöpft; er hat hierher sogar schon die Garnison von Wien ge-
schickt; er hat keine Truppen mehr im Inneren seiner Staaten.
Wenn man mich aber allein läßt, so habe ich keine andere
Möglichkeit als mich nach Italien zurückzuziehen und Alles
wäre verloren. Der Prinz Karl hatte 22 000 Mann bei der
Schlacht am Tagliamento und sind 14 000 auf dem Marsch ihn
in 5 Tagen einzuholen. Ebenso viele hat er in Tirol. Der Kaiser
hat wenigstens 30 000 Mann vom Rhein abgezogen, alle guten
Offiziere sind hier; befehlen Sie, daß unsere Armeen den
Rhein überschreiten und der Frieden ist unser, das ist es was

wir wollen. Ich bin hier Wien näher, als der General Moreau, wenn er in Regensburg wäre.«

Das Direktorium ist aber ebenso wenig, wie die Generalskollegen der beiden am Rhein stehenden Armeen, daran interessiert, die Erfolge des ehrgeizigen Volkshelden allzu groß werden zu lassen. Der Übergang über den Rhein findet vorläufig nicht statt. General Joubert wird am 20. 3. in Erwartung des Vormarsches der Rheinarmee mit ca. 18 500 Mann von Bonaparte nach Tirol geschickt, um mit seinen Truppen die Verbindung zu General Moreau herzustellen.

Der verlustreiche Rückzug der Österreicher setzt sich fort. Über das Gefecht bei Tarvis am 22./23. 3. schreibt Erzherzog Karl zutreffend, die eigenen Kräfte etwas untertreibend an seinen Bruder: *»Ich hatte weder Bitten noch Belohnungen, noch Drohungen gescheut um unsere Leute beisammen zu halten, ich hieb sogar unter sie hinein, dass ich meinen Degen brach als ich sah, dass sie anfingen auseinanderzulaufen, aber alles war umsonst. Sie flohen, ohne dass man sie weder in Defillees noch an Brücken oder Steigen halten konnte und zerstreuten sich in den Schluchten und auf den Felsen.«* Die deprimierte Stimmung des österreichischen Befehlshabers zeigt sich auch in einem anderen darauffolgenden Schreiben an Kaiser Franz: *»(...) so würde ich Dir von der traurigen Lage reden, in welcher ich mich befinde, eine Armee zu kommandieren, mit der man Ehr und Reputation verliert, ohne den mindesten guten Dienst leisten zu können, mit welcher man überall davon laufen muß, bei welcher man wünschen muß, totgeschossen oder verwundet zu werden, um die Schande nicht zu überleben, sich so retten zu müssen und bei einer Armee gedient zu haben, so den Namen von Österreichischen Soldaten verunehrt.«* (Durch den Rückzug über das Laibacher Becken vermeidet Erzherzog Karl die direkte Verfolgung der über Tarvis und Villach nachrückenden Franzosen. Insgesamt werden aber die Verluste der Österreicher bis Leoben an die 15 000 Mann betragen).

Bonaparte schreibt am 25. 3. aus Görz an das Direktorium: »*Bis jetzt hat der Prinz Karl schlechter manövriert als Beaulieu und Wurmser; er hat auf Schritt und Tritt Fehler gemacht, sogar große Dummheiten; das hat ihm viel gekostet, aber es hätte ihm noch mehr gekostet, wenn nicht die Reputation die er hatte, mich in gewisser Weise behindert hätte, und mich abgehalten hat diese Fehler als solche zu erkennen, da ich ihnen einen anderen Sinn bzw. Gesichtspunkt unterlegte, den es in Wirklichkeit gar nicht gab.*« (Der französische General en chef will mit diesem Schreiben allfällige Kritik an seinem kühnen Vordringen in das Kernland Österreichs dadurch entkräften, dass er den Gegner als ungefährlich darstellt).

Die Franzosen ziehen am 28. in Villach und am 30. (knapp nachdem Erzherzog Karl die Stadt verlassen hat) in Klagenfurt ein. Bonaparte – durch über das Ausbleiben der Offensive am Rhein, die Aufbietung des Tiroler Landsturms sowie durch Erhebungen der geplünderten Landbevölkerung in Venetien und der Lombardei (Bergamo 12. 3., Brescia 17. 3., Salo 24. 3., Cremona 28. 3.) verunsichert, richtet an Erzherzog Karl ein Waffenstillstandsangebot. Erzherzog Karl – mittlerweile gewitzigt, dass politische Ratschläge von seiner Seite in Wien unerwünscht sind – sendet das Waffenstillstandsangebot mit der lapidaren Bemerkung an seinen Bruder weiter: »*Ich sehe es als meine Schuldigkeit an Dir bemerken zu machen, dass Judenburg auf 12 nicht starke Märsche von Wien entfernt ist.*«

Das wissen allerdings mittlerweile auch die Wiener. In Wien führt das Heranrücken der Franzosen immer mehr zur Beunruhigung. Teile des Adels und reiche Bürger fliehen nach Ungarn oder Böhmen. Das 1796 eingeführte Papiergeld wird gegen Münzen eingetauscht, was zu Geldknappheit führt – die Banken müssen kurzzeitig ihre Schalter schließen. Kaiser Franz erlässt am 5. April ein Manifest, in welchem er seinen Friedenswillen beteuert. Die Franzosen erreichen Murau. Bonaparte trifft (über den Neumarkter Sattel kommend) in Judenburg ein. Dort erhält er am 7. 4. eine positive Antwort auf sein Waffenstillstandsangebot.

In Wien ergeht mittlerweile eine Aufforderung an alle Untertanen, sich ohne Verzug als Freiwillige zur Verteidigung des Vaterlandes einschreiben zu lassen. Diese Einschreibungen finden im Rathaus und bei den jeweiligen Grundgerichten statt:

8. 4.: Die Wiener Bürger werden aufgefordert ihre Gewehre und Pferde abzuliefern. Den Witwen gefallener Bürger wird vom Kaiser eine Pension (damals keine Selbstverständlichkeit) versprochen.

10. 4.: In Wien findet eine Sammlung von Altkleidern zugunsten der Freiwilligen statt.

12. 4.: Eine Aufforderung der für Wien zuständigen Niederösterreichischen Landesregierung besagt, dass Leinwand und andere Verbandstoffe im Augustinerkloster abzugeben sind.

13. 4.: Den Wiener Hauseigentümern wird per Dekret der Ersatz allfälligen, bei einer Belagerung der Stadt entstehenden, Schadens zugesichert. Von der niederösterreichischen Landesregierung wird ein allgemeines Aufgebot erlassen. Heu und Stroh sind in die staatlichen Magazine abzuliefern.

14. 4.: Listen über vorhandene Pferde und Wagen sind der Stadthauptmannschaft zu übergeben. Auf dem Glacis, zwischen Stuben- und Kärntnertor, finden »Waffenübungen« der Universitätsbrigade statt.

In dem von den Franzosen besetzten Leoben findet am 15. 4. im Gartenpavillon des Radgewerken Josef Egger von Eggenwald (in der Vorstadt Mühlthal unweit der Stadtpfarrkirche St. Jakob) ein erstes Gespräch zwischen den Österreichern und Franzosen über einen Waffenstillstand statt. Der damalige Leobner Bürgermeister Dirnböck berichtet über seine »Gäste«: *»Die französische Armee war schlecht behoßt und beschuht und hielt sich sehr unreinlich. In ihren Kleidungen herrschte* *ungeachtet der bey Ihnen beliebten Egalité die größte Ungleichheit; einer hatte blaue Strümpfe mit Weibsbilder Zwickeln, ein anderer einen lodernden Bauern-Rock, einer wieder einen andern Hut, und so gieng es untereinander. Auf dem Platz allda war täglich große Wacht Parade, wobei sich allezeit die türckische Musick hören ließ, von hier marschierten dann die Abtheilungen auf ihre Posten. In denen Gässen sah man nichts als blaue und grüne Röckeln, den vom Civil war Niemand, außer der im Dienste der Stadt war, zu sehen. Alle Gässen waren voll Stroh, und ein abscheulicher Gestanck herrschte überall, daher man auch nach ihren Abzug auf der Stelle die allgemeine Reinigung der Häuser befahl, und zur Säuberung der Gässen und der öffentlichen Gebäude mit Aufbietung so vieler Menschen Hände, als nur immer möglich war, schritt.*

Die Kranckenwärter, die man in das französische Spital stellte, sind größtentheils gestorben, ohne Kranckheit kam fast keiner davon. Die französischen Schildwachen wissen sich gut zu helfen, wenn es nicht beliebt auf und nieder zu gehen, so sezt sich die Wache nieder, reiniget sich auch allenfalls von lästigen Bewohnern der Kleider. Gegen Abend war mit denen Franzosen schon gar nichts mehr anzufangen, weil sich um diese Zeit die Trunkenheit größßtenteils einstellte.«

Am 16. 4. (Ostersonntag) übergibt Kaiserin Maria Theresia, die zweite Gattin von Kaiser Franz, an den Grafen Saurau von eigener Hand gestickte Fahnenbänder zur Ausfolgung an die Truppen. Bonaparte schreibt an diesem Tag aus Leoben an das Direktorium (1735): »*Ich bin vor den Toren Wiens; dieser insolente und hochmütige Hof hat Unterhändler in mein Hauptquartier geschickt. Die Rheintruppen müssen kein Blut in den Adern haben. Wenn sie mich alleine lassen, werde ich mich nach Italien zurückziehen. Ganz Europa wird den Unterschied im Verhalten der beiden Armeen beurteilen können. Sie (die Rheinarmeen) werden dann alle Truppen des Kaisers am Hals haben. Das ist dann ihr eigener Fehler.*«

Tatsächlich hat mittlerweile die Sambre-Maas Armee unter dem Nachfolger Jourdans, General Hoche, der auch als »Bonaparte Deutschlands« gefeiert wird, bei Düsseldorf über den Rhein gesetzt. Auch General Moreau überschreitet bei Kehl den Rhein. Die Wiener Freiwilligen marschieren am 17. 4. in ein Lager bei Klosterneuburg ab.

Bonaparte – in der Abtei Göß über den Bischofsgemächern untergebracht – macht sich mittlerweile Gedanken über die Moral der als Verstärkung von der Rheinarmee zu ihm beorderten Division Bernadotte. Die, wegen ihres angeblich »vornehmen« Benehmens von den Kameraden als »Messieurs« bezeichneten Soldaten werden hievon – ebenso wie ihr General Bernadotte – wenig begeistert gewesen sein (1742): *»Alle Frauen, die nicht von den Verwaltungsräten zugelassen sind, haben sich binnen 24 Stunden von der Division zu entfernen: falls nicht, werden sie von den Bataillonskommandanten verhaftet, schwarz angestrichen und 2 Stunden lang auf den öffentlichen Plätzen zur Schau gestellt. Der General en chef hat erfahren, dass die Unordnungen, die begangen wurden, von diesen abscheulichen Frauen veranlasst worden sind, welche die Soldaten zur Plünderung angestiftet haben.«*

Am 18. 4. kommt es zum Abschluss des »Vorfriedens von Leoben«. Für die Franzosen unterschreibt Bonaparte, für die Österreicher unterzeichnen Graf Cobenzl, Baron Dengelmann, General Merveldt und der neapoletanische Gesandte in Wien, ein Vertrauter der Kaiserin Maria Theresia, Marquis de Gallo. Österreich soll Belgien an Frankreich, die Lombardei an die von Bonaparte neugegründete Cisalpinische Republik abtreten und dafür den Großteil der von den Franzosen teilweise noch zu besetzenden Gebiete der Republik Venedig erhalten. Die Abhaltung von definitiven Friedensverhandlungen soll erst später stattfinden. (Bonapartes angeblich zur Unterzeichnung des Vertrags verwendete Feder wird noch heute im Stadtmuseum von Leoben aufbewahrt. Egger wird am 24. 8.

1798 einen Friedensengel in seinem Garten zur Erinnerung an dieses Ereignis aufstellen lassen.) Bürgermeister Dirnböck weiß noch eine rührende Geschichte hiezu der Nachwelt zu überliefern: »*Fröhlichkeit lag auf den Gesichtern der Frieden-*

Zeitgenössische französische Karikatur auf Österreich, welches gezwungen ist, einem (Vor-)Friedensschluss zuzustimmen. Kupferstich

stifter. *Während der Unterzeichnung begaben sich mehrere französische Offiziere mit Frauen in den gegenüberliegenden Leobener Pfarrhof zu dem Herrn Hilfspriester Brenner und brachten ein Kind und sagten, da jetzt eben die wichtige Begebenheit in gedachten Garten vor sich gehe, so solle er gleich jetzt das Kind taufen. Sie waren voller Freude über den Frieden und verlangten, daß dem Kinde der Name Pacificus in der hl. Taufe beigelegt werde, welches auch geschah. Nach vollendeter hl. Handlung küßten sie das Kind, unterschrieben das Tauf-Protokoll und waren voll inniger Freude, daß das Kind in dem beglückten Augenblick der Friedensunterzeichnung getauft worden sei.«*

In seinem Bericht an das Direktorium vom 19. 4. 1797 versucht Bonaparte – im Bewusstsein die Befugnisse eines Armeekommandanten sehr weit ausgedehnt zu haben und die Vorteile seines Gegners maßlos übertreibend – seine Handlungsweise zu erläutern (1745): »*Ich habe Ihnen durch den Generaladjudanten Leclerc mehrere Vereinbarungen übersendet die nach Wien gesendet worden sind und worüber die Abgesandten Weisungen erwarten (…) Schließlich müssen wir uns klar sein, dass – obwohl unsere militärische Position brilliant ist – wir kaum die Bedingungen diktiert haben. Der Hof hat Wien geräumt; Prinz Karl und seine Armee haben sich auf die vom Rhein zurückgezogen; das Volk Ungarns und in den Erblanden erhob sich in Massen und ist sogar ihre Spitze bereits an unseren Flanken. Der Rhein wurde nicht überschritten; der Kaiser wartete nur diesen Moment ab um Wien zu verlassen und sich an die Spitze der Armee zu setzen. Wenn sie die Dummheit begangen hätten mich zu erwarten, so hätte ich sie geschlagen; aber sie haben sich immer vor uns zurückgezogen; sie hätten sich mit einem Teil der Rheinarmee vereint und mich abgeschnitten. Der Rückzug wäre schwierig geworden, der Untergang der Armee von Italien hätte den der Republik mit sich ziehen können. Auch war ich entschlossen in den Vorstäd-*

ten von Wien eine Kontribution einzuheben und keinen Schritt
weiter zu machen. Ich habe insgesamt 4000 Kavalleristen und,
statt wie versprochen 40 000 Mann, sind nur 20 000 eingelangt
(…) wenn ich mich darauf versteift hätte nach Wien zu gehen,
so hätte ich vielleicht die Republik ins Verderben gestürzt (…)
Die Verleumdung wird sich vergeblich bemühen mir perfide
Absichten zu unterstellen. Meine zivile Karriere wird wie
meine militärische sein – einfach (…) ich ersuche (…) um Ur-
laub um mich nach Frankreich zu begeben.« Die damaligen –
vom Kriegsministerium in Paris wohl einigermaßen nachprüf-
baren – Zahlenangaben Bonapartes sind, im Gegensatz zu
seinen Briefen als Kaiser, meist zutreffend. Insgesamt dürften
sich bei Leoben, nach ca. 10 000 Mann Verlust und dem Einlangen der oben geschilderten Verstärkungen, ca. 40 000 Franzosen befunden haben. Die Stärke des Erzherzogs Karl ist
zum Zeitpunkt des Waffenstillstandes mit ca. 36 000 Mann,
2700 Reitern und 178 Kanonen sowie mit der erwartenden
Verstärkung von ca. 12 000 Mann und 2700 Reitern anzunehmen. Zahlreiche Aufstände in Oberitalien (Bergamo 12. 3.,
Brescia 17. 3., Cremona 28. 3.) bedrohen die rückwärtigen
Verbindungen. Angesichts der österreichischen Absicht, erst
am Semmering stärkeren Widerstand zu leisten und vor Wien
eine entscheidende Schlacht zu liefern, ist – ohne entscheiden-
des Vorrücken der Rheinarmee – Bonapartes Situation also
tatsächlich, wie im Brief geschildert, keineswegs so günstig,
wie es in der Erinnerung seiner späteren Triumphe dargestellt
werden wird.

3. »Hat Franz Männer?«
Das Wiener Aufgebot 1797

»*Ein Bonaparte stolz und kühn,*
wagt sich ins Österreich;
Der Feldherr zielt sogar auf Wien,
welch ein verwegner Streich!
Er glaubt, daß Franz nicht Männer hat,
die ihm entgegen gehn,
Nein, Bonaparte, die Kaiserstadt
wirst Du gewiß nicht sehn!«

Dieses Wienerlied singen im Frühjahr 1797 Harfenisten, Heurigensänger und Bratlgeiger. Die äußere Bedrohung durch die sich nähernden Franzosen lässt jeden Gedanken an interne Probleme vergessen und führt zu einer Stimmung von trotzigem Patriotismus. Karoline Pichler hat dies für die Nachwelt festgehalten: »*Die französische Armee unter General Bonaparte rückte aus Italien immer näher heran, eine Schlacht nach der anderen ging für uns verloren, und die Feinde standen Ende März bereits in der Steiermark. Ein allgemeiner Schrecken bemächtigte sich der ganzen Hauptstadt. Die wilden Scharen der jungen Republik hatten in Deutschland und Italien auf eine Art gehaust, daß alles vor ihnen zitterte und an Flucht, Rettung und Verteidigung dachte. Was wurde damals im Frühjahr 1797 nicht alles erzählt, gefürchtet und mit dem verkehrtestem Sinne entworfen und ausgeführt; Alles wollte fliehen; alles nur fort, nur fort aus der von allen möglichen Schrecken bedrohten Stadt! Wie schlecht die Wege, wie schwer die Pferde zu haben, wie elend die Unterkunft auf den überfüllten Poststraßen nach Böhmen und Ungarn sein mochten; was den Geflüchteten an den zum Aufenthalt erwählten*

Orten bevorstehen konnte, wenn der Sieger seine Eroberungen verfolgen, sie vielleicht auch von jenen Zufluchtstätten vertreiben würde und sie sich dann ohne Geld, ohne Schutz unter Fremden befänden – das alles wurde nicht bedacht. Man wollte nur fort, und die unsinnigsten Erzählungen fanden den Glauben, wenn sie zu der ruhelosen Angst stimmten, die damals die Bevölkerung von Wien großenteils ergriffen hatte.

Indessen muß man zur Entschuldigung sagen, daß die Sachen um uns herum ernst und drohend aussahen. Es wurden Anstalten zur Verteidigung der Stadt gemacht, und im Anfange davon gesprochen, die Linien zu verteidigen (…) Die jüngeren Beamten der Landesregierung wurden zur Organisation dieser Scharen verwendet, und auch meinem Mann ein Bezirk, nämlich die Jägerzeile, angewiesen. Während all dies uns in steter ängstlicher Bewegung aufregte, erhielt mein Vater Befehl, sich mit den Zöglingen des k. k. Theresianums, dessen Oberleitung ihm damals anvertraut war, von Wien wegzubewegen. Erwünscht schien meinen Eltern die Gelegenheit, um sich mit ihrer Familie dieser Reise anzuschließen. Die militärischen Vorkehrungen, welche schon vor unserer Abreise begonnen, waren während derselben fortgesetzt worden, indem wirklich einige ausgezeichnete Militärs an die Möglichkeit einer dauernden Verteidigung geglaubt hatten, und ein gewisser General Zopf oder Zapf, der mit dem Kommando in der Stadt beauftragt war, sich geäußert hatte, er werde die Wiener schon lehren, Pferdefleisch essen; Die Stadt trug wirklich bei unserer Zurückkunft noch manche Spuren dieser Anstalten und sah etwas verändert aus. Aber bald verschwand dieser fremdartige Schein, der denn auch, nach der Meinung aller vernünftigen vorurteilslosen Menschen nur ein Schein war, und keine Realität und Dauer haben konnte, wenn es wirklich zu einer Belagerung oder nur zu einer kurzen Verteidigung kam, wie es die Erfahrung im Jahre 1809 bewies. Am 17. April (richtig: 3. Mai) wurde das gesamte Wiener Aufgebot, welches ziemlich zahlreich und, wie man allgemein bemerkte, von einem guten Geiste beseelt war, auf dem Glacis aufgestellt und feierlich entlassen, wobei denn jede Abteilung von ihren Kommissären mit einer kleinen Rede haranguiert wurde.«

Neben der bestehenden Wiener Bürgermiliz (ca. 7000 Mann), die zum Verbleib in der Stadt und zur Übernahme des Garnisonsdienstes (Bewachung der Stadttore und verschiedene polizeiliche Funktionen) an Stelle des abrückenden Militärs bestimmt ist, wird 1797 auch ein Freiwilligenaufgebot gestellt. Dieses Wiener Aufgebot hat insgesamt eine Stärke von 8476 Mann. Es besteht aus 16 Bataillonen Linieninfanterie, einem Jägerbataillon und einer Abteilung Kavallerie. Das Studentenkorps wird als Universitätsbrigade bezeichnet und besteht aus zwei Bataillonen zu fünf Kompanien zu ca. 100 Mann. Die ärmeren Soldaten erhalten täglich 15 Kronen Besoldung. Zwar haben die Soldaten für die Bekleidung zwar selbst aufzukommen, es gibt jedoch Spenden und Unterstützungsfonds. (Teilweise bleiben allerdings ärmere Freiwillige bis zur Auflösung des Aufgebotes ohne Uniform).

Karl Kübeck (später Hofkammerpräsident, Präsident des Reichsrates und Berater Kaiser Franz Josefs I.) studiert in Wien Rechtswissenschaften. Er erinnert sich in seinen Memoiren: *»Ich habe mich kurzweg entschlossen, mich zum Aufgebot einzuschreiben, und man hat mich angenommen. Wir ziehen seitdem täglich, in unseren Kleidern, mit Musik durch die Stadt, und lernen vormittags am Glacis exerzieren. Man hat uns Studenten in Kompagnien abgeteilt. Diejenige, der ich angehöre, kommandiert ein Militärhauptmann, namens Fratz. Die anderen Ober- und Unteroffiziere der Kompagnien werden, wie man sagt, aus uns gewählt. Der Hauptmann behandelt uns alle mit dem Titel ›Herr‹ und ›Sie‹ und ist sehr artig. Er hat mich zum Exerziermeister gemacht, weil ich die Handgriffe und das Hin- und Hermarschieren in einigen Tagen mir ziemlich aneignete. Von meinen Eltern habe ich noch keine*

Da die k. k. N. Oe. Regierung das Unterbieten jeder einzelnen Unterthanen, der für das Wohl seiner Mitbrüder wirken will, mit hohen Wohlgefallen annimmt, so hat dieselbe Unterzeichneten die gnädige Erlaubniß ertheilet, unter der Control des Hrn. Hofsilberjuweliers Ignaz Würth in der Stadt, und in die Vorstädte Wiens eine Sammlung aller Arten von Kleidungsstücken zu unternehmen, welche zur Unterstützung, und Vertheilung der sich nun freywillig zur Vertheidigung des Vaterlandes anerbieten, der ärmeren Volksklasse einigermaßen dienen soll.

Voll Vertrauen auf die Bereitwilligkeit, mit welcher die Bewohner Wiens sowohl männlichen als weiblichen Geschlechts Unternehmungen die Nächstenliebe zum Grunde haben, zu unterstützen suchen, bitten Unterzeichnete im Namen ihrer leidenden Mitbrüder ihnen die Freude nicht zu versagen, ihre Sammlung, wozu jeder das entbehrlichste Kleidungsstück von aller Art liefern kann, recht nahmhaft zu machen.

Unterzeichnete rechnen besonders auf die Güte unserer Mitbürgerinnen, welche ihre patriotische Gesinnung besonders dadurch zeigen können, wenn sie uns mit den am wenigst entbehrlichen Artikel, welcher Leinwäsche ist, versehen möchten. Da alles dieser Art sehr gut zu verwenden ist, so nimmt man alles ohne Unterschied mit größtem Danke an, es sey von Leinen, Barchet, oder Zwilch.

Da gewiß jeder unserer biederen Mitbürger etwas Entbehrliches in seinem Kleidungsvorrathe finden kann, besonders da man alles ohne Unterschied sammelt, es mögen getragene Schuhe, Stiefeln oder Czismen, Beinkleider, Röcke, Gilets, Capots, Mänteln, Hemter, Strümpfe, Leintücher oder Tischtücher seyn, so hoffen Unterzeichnete mit aller Zuversicht, daß ihre Sammlung, die einen so edlen Zweck hat, durch sie reichlich vermehret wird.

Die Sammlung wird künftigen Montag den 10. April um 8 Uhr früh ihren Anfang auf hiesigen Rathhause nehmen. Wien den 8ten April 1797.

Graf Caracciolo

k. k. Kämmerer und Hauptmann.

Ignaz Würth

des äußern Raths, und k. k. Hof-Silberjuwelier.

Circulare 1797

Antwort. Sie werden meinen Schritt nicht gut nehmen, ich hätte früher ihre Bewilligung einholen sollen; die hätten sie mir aber nicht gegeben, und es drängte mich unwiderstehlich dazu.«

April bis Mai. *» Wir sind am 17. April von Wien ausgezogen. Der Herzog von Württemberg war Feldherr des ganzen Aufgebotes. Früh vor 6 Uhr stellten wir uns am Glacis auf, wo ein großes Zelt errichtet war und ein feierlicher Gottesdienst verrichtet wurde. Darauf ritt der Kaiser alle Reihen ab und wir defilierten vor ihm. Eine Masse Menschen umgab und begleitete uns. Es war ein begeisternder Tag. Erst gegen Mittag waren alle diese Feierlichkeiten vorüber und unser Marsch bequemer. Der Tag war schön und sehr warm. Wir zogen durch die Nußdorfer Linie, an der Donau nach Klosterneuburg und Kritzendorf, wo das akademische Korps, wie man die Studenten hieß, die erste Station hatte.*

Wir kamen erst gegen 5 Uhr nachmittags an, und waren alle, insbesondere aber ich, sterbensmüde. Nachdem wir abgefüttert waren, warf ich mich auf das für mich bereitete Stroh und schlief bis Mitternacht, wo ich durch den Lärm erwachte, den die lustige und viel vom ungewohnten Wein erhitzte Einquartierung im ganzen Dorfe machte. Gegen Morgen wurde es ruhiger.

Am 18. hatten wir Rasttag und sollten am 19. nach Tulln fortziehen. Da kam Haltbefehl, und es verbreitete sich die Nachricht, man habe zu Leoben einen vorläufigen Frieden mit der französischen Republik, und eigentlich mit dem General Bonaparte geschlossen. Der Enthusiasmus erkaltete mit dieser Nachricht, und wohl auch infolge der Unbequemlichkeiten, Entbehrungen und strengeren Disziplin. Es wurde täglich zweimal exerziert und sonst alles militärisch eingerichtet. Am 24. April kam unser Korps nach Klosterneuburg, wo wir den Dienst des Hauptquartiers bei dem Herzog von Württemberg versahen. Bei dieser Gelegenheit machte ich mit einigen Reli-

giosen des dortigen Stiftes Bekanntschaft, das ich in allen sei-
nen Bestandteilen und Einrichtungen kennen lernte. Ich
mußte auch viel spielen, und gewann viel Geld. Ich mußte
auch Tabak rauchen. Mir ward darüber einigemal bis zur
Ohnmacht übel, doch überwandt ich den Ekel bald, und konn-
te vor dem Rückmarsch schon recht gut einige Pfeifen des
Tages rauchen.

An dem ersten Tage des Monats Mai kam ein Befehl, der un-
sere baldige Auflösung verkündete. Der Kaiser und der Her-
zog dankte uns für unsere Aufopferung. Wir werden zum An-
denken jeder eine silberne Medaille am schwarz und gelben
Bande erhalten, mit der wir unsere Brust zieren dürfen, und
am 17. April soll jährlich das Aufgebotsfest gefeiert werden.
Am 3. Mai zogen wir geschmückt mit grünen Reisern wieder
nach Wien zurück, wo keine Eleonore ihren Wilhelm vermiß-
te, und darum mit Gott nicht zu hadern brauchte. Wir stellten
uns am Glacis auf; der Kaiser ritt mit dem Herzog von Würt-
temberg die Reihen ab; und die Trommel, dann die türkische
Musik machten einen betäubenden Lärm. Nun wurden Kar-
rees formiert. Die Offiziere traten vor, und erhielten von den
Korpskommandanten die Order zur Auflösung. Jeder ging,
wohin er wollte.«

Der Student Ignaz Castelli dient damals gleichfalls in der
Universitätsbrigade. An seiner plastischen und humorvollen
Schilderung erkennt man den künftigen Schriftsteller: »*Als der*
Kaiser zu den Waffen rief, als die Jünglinge sich in den Uni-
versitätssaal drängten, um sich einschreiben zu lassen und die
Waffen mit ihren Büchern zu vertauschen, da war von keinem
Scherz die Rede, es war bitterer Ernst, der auch blutiger hätte
werden können. Manche zärtliche Eltern suchten ihren gelieb-
ten Söhnen die Gefahr vorzustellen, welcher sie entgegengin-
gen, aber der vaterländische Eifer der Jünglinge wirkte mäch-
tiger, und sie ließen sie ziehen mit ihrem Segen. Ich habe
manche meiner damaligen Schulkameraden weinen gesehen,

weil man sie, da sie zu klein und zu schwach waren, zurück-
wies. Sie studierten Philosophie, waren also doch gewiß Philo-
sophen, und sie haben geweint. Es wurde die Uniform für die
Universitätsbrigade bestimmt, welche sich die Vermöglicheren
gleich anschafften, den Ärmeren wurde sie später von den Bri-
gadegeldern angeschafft. Diese bestand aus hechtgrauen Bein-
kleidern, grünen Westen, grauen Fracks mit grünen Um- und
Aufschlägen und einem dreieckigen Hut, in dessen Kokarde
ein fingerlanges grünes Band mit der Aufschrift ›Universitäts-
brigade‹ befestigt war. Die Gewehre mit ellenlangen Bajonet-
ten erhielten wir aus dem kaiserlichen Zeughause. Wir zogen
fort aus den Mauern Wiens. Am 17. April, morgens 5 Uhr,
rückten wir schon ganz in militärischer Haltung auf das Gla-
cis. Dort erschienen der Kaiser und die Kaiserin. Die letztere
verteilte Fahnenbänder, welche sie selbst gestickt hatte. Diese
wurden an die Fahnen gebunden und dann zur Weihe ge-
bracht. Nach der Fahnenweihe leisteten wir den Militäreid
(wobei wohl manchem das Herz etwas stärker pochte), wohn-
ten dann einer Feldmesse bei und zogen mit klingendem Spie-
le fort nach unserem ersten Stationsplatze Klosterneuburg.
Wer Zeuge dieses Auszuges gewesen wäre, der müßte beken-
nen, es war nicht ein Gang zu einem Freudenfeste. Hier nahm
ein Freund rührenden Abschied von seinem Freunde, dort be-
gleitete eine Mutter ihren Sohn bis zur Barriere und weinte
bittere Tränen, weil sie fürchtete, der Teuere könnte ihr nicht
wiederkehren. Manches Liebchen winkte noch dem Herzge-
liebten mit nassen Äuglein zu und drückte ihm ein Andenken
in die Hand. Damals verging sowohl uns als den Zuschauern
alles Lachen, und niemand hätte gedacht, daß dieser kummer-
vollen Zeit einst mit höhnischem Lächeln gedacht werden
könne (...)
  Als wir nach Nußdorf kamen, wurde uns kurze Ruhe ge-
stattet. Wir waren seit 5 Uhr morgens auf den Beinen, der Tag
war sehr warm, wir marschierten im Staube, Gesang und Ju-

belgeschrei hatten uns die Kehlen trocken gemacht, was Wunder, daß wir jungen Burschen jetzt Flüssigkeiten suchten, wo welche zu bekommen waren. Mehrere stellten ihre Gewehre zusammen, um in die Schenken zu springen, andere eilten, um Wasser herbei zu schleppen, einige wollten sogar Wasser aus der Donau trinken, als mit einmal die Stentorstimme unseres Führers erscholl: ›Habt acht! Richt euch! Man wird Karree schließen! Wer noch einen Schritt weiter tut, wird krumm geschlossen!‹ Wir wußten nicht, warum dieser Befehl gegeben wurde, wir hielten ihn in dem gegenwärtigen Augenblicke, wo wir unsern Durst stillen wollten, für grausam, aber wir gehorchten und schlossen das Karree. Da trat Professor Watteroth in die Mitte und hielt uns eine halb ernste, halb komische Anrede über das Trinken in der Hitze, und wie es uns dann noch viel besser schmecken werde, wenn wir im Nachtquartiere sein werden, und dabei haranguierte er uns so geschickt, wir sollten bedenken, daß wir keine Kinder, sondern Soldaten seien, daß wir es uns gefallen ließen, dem Redner ein Hurra brachten und – freilich etwas stiller – weiter marschierten. Als wir die Türme des Stiftes Klosterneuburg vor uns sahen, war das Vergnügen, nun zum Essen, Trinken und zur Ruhe zu kommen, in allen Gesichtern zu lesen. Wir machten auf dem Platze der Stadt halt, und unsere Führer begaben sich zu den Autoritäten der Stadt, um unsere Einquartierung zu bewerkstelligen. Sie blieben lange aus, und es wurde schon ein kleines Murren unter unserer Truppe laut. Als sie zurückkamen, stellten sie sich mit Herrn Professor Watteroth zusammen und schienen zu deliberieren; und endlich hieß es wieder: Habt acht! Man wird ein Karree schließen! Watteroth trat wieder in die Mitte und teilte uns mit, wir müßten noch eine halbe Stunde weiter nach dem Dorfe Kritzendorf marschieren, da hier in Klosterneuburg keine Nachtquartiere zu finden seien. In der obern Stadt war uns nämlich das Korps der Kaufmannschaft zuvorgekommen, und in der untern war das allgemeine Auf-

gebot der umliegenden Gegend einquartiert, welches aber am folgenden Tage weiter marschieren mußte, wo wir dann von Kritzendorf sogleich wieder hierher zurückkehren würden.

Da wurde nun das allgemeine Murren lauter, wir vergaßen, daß wir Soldaten waren und blind gehorchen müßten. Man will uns arme schwache Jünglinge gleich am ersten Tag zugrunde richten, meinten einige, andere waren gar so kühn, ihre Gewehre wegzuwerfen und zu sagen: ›Wir gehen nicht weiter!‹ Aber schnell stellten sich unsere Führer an die Spitze, die Trommeln wirbelten, unser guter Watteroth schrie mit seiner hellen Stimme: ›Wer ein braver Kerl ist, der folge mir!‹ Wir stimmten das alte Burschenlied: ›Gaudeamus igitur‹ – freilich mit trübseliger Miene – an, und nach einer halben Stunde marschierten wir in Kritzendorf ein, wo wir Nachtquartier fanden.

Es war das erstemal in meinem Leben, daß ich auf einem Bunde Stroh schlief, aber es weckte mich doch erst um sieben Uhr die Trommel, die uns zur Musterung rief. Wir wurden vollzählig befunden bis auf einige wenige kleine, schwache Jungen, welche mit Bewilligung der beiden Brigadekommandanten in Klosterneuburg zurückblieben, weil sie schon marode waren. Wer nach der Musterung so im Dorfe herumgegangen wäre und beobachtet hätte, der würde folgendes gesehen haben: Hier lagen einige auf dem grünen Abhang vor einem Hause und erzählten sich, wie schlecht ihr Nachtlager war, und wie sie des Morgens den Kaffee sehr vermißt hätten, wie sie überhaupt schon jetzt bemerkten, daß die Sache ganz ernsthaft genommen, und, daß das Soldatenleben denn doch nicht so lustig sei, als sie geglaubt hätten. Dort waren andere beschäftigt, ihre Stiefel und Kleider selbst zu putzen, was sie früher nie getan hatten und jetzt mit untermischten Seufzern vollführten. In allen Gesichtern las man die Besorgnis, wie es denn ferner gehen werde, der Enthusiasmus war etwas abgekühlt, und wenn dort und da einer sein Gewehr mit dem langen Bajonette betrachtete, so konnte man ihm ansehen, daß er sich dachte; wenn es dazu kommen muß, daß ich mit einem solchen Dinge h i n schießen muß, so wird man auch auf mich h e r schießen. Bei der Jugend dauert aber weder Freude noch Besorgnis lange. Als wir zu Mittag gegessen hatten (wir hatten jetzt noch keine Soldaten-Menage, und da wir noch Mutterpfennige besaßen, so aß jeder für sein Geld, was er eben bekommen konnte), liefen einige von uns zum Schullehrer, borgten ein paar Violinen aus, spielten Tänze auf, und wir tanzten unter freiem Himmel mit den Bauernfrauen und -töchtern, daß es eine Lust war (...)

In Klosterneuburg fing nun ein geregeltes, militärisches, aber auch ein lustiges Leben an. Des Morgens mußten wir täglich exerzieren. Dies geschah auf den beiden Wiesen vor dem Stifte; auf der einen Wiese war unser Exerzierplatz, auf der anderen jener der Kaufmannschaft. Wir akademische Soldaten waren mit den kaufmännischen Soldaten immer etwas gespannt, wir hielten nämlich diese für lauter Gemeine, bei unserer Brigade aber jeden Gemeinen für einen Kadetten. Ich weiß mich zu erinnern, daß einmal, als eben unsere beiden Korps exerzierten, Ochsen vorbeigetrieben wurden, und, daß mehrere Stimmen aus dem Kaufmannkorps laut schrien: ›Da kommen Studenten aus der Fremde!‹ Derlei kleine Neckereien gab es immer, sie arteten aber doch nie in einem bedeutenden Exzeß aus (...)

Wir hatten auch schon eine Musikbande, welche abends bei unserem Zapfenstreiche schöne Musikstücke produzierte und unseren Marsch spielte, welchen Süßmeyer[10] *besonders für uns komponiert hatte. Wir bekamen viele Besuche aus Wien und durften auch selbst welche in Wien machen, nur war es bei uns mit einigen Schwierigkeiten verbunden. Wir mußten nämlich stets einen vom Kommandanten unterschriebenen Passierschein bei der Linie vorzeigen, sonst wurden wir nicht hineingelassen, und durften nie oder nur in ganz außergewöhnlichen Fällen, über die Nacht wegbleiben. Wie dann so ein Student*

diesen Tag in Wien herumstolzierte, sein Gesicht in martiali-
sche Falten legte, den Säbel besser hinabschnallte, damit er auf
dem Pflaster rechten Lärm machte, sich bei allen seinen Be-
kannten zeigte und schon jetzt von sich kleine Heldentaten,
und waren es auch nur negative, nämlich Entbehrungen aller
Art, erzählte, auch sogar wenn er einem Mitglied des land-
ständischen Korps begegnete, dasselbe nur über die Achsel
ansah, weil es noch nicht aus Wien gekommen war, davon wird
man sich selbst ein kleines Genrebild entwerfen können (...)
Das Schießen wurde uns Helden aber bald verboten. Es er-
eigneten sich nämlich durch Unvorsichtigkeit ein paar Un-
glücksfälle, welche dieses Verbot herbeiführten.« [11]Mit Unterzeichnung des Vorfriedens von Leoben wird das Wiener
Aufgebot schleunigst wieder nach Wien beordert und am
28. 4. aufgelöst.

Am 3. 5. 1797 ziehen die 18 Bataillone und die Kavallerie-
abteilung durch die Nußdorferlinie zur Abschiedsparade vor
dem Kaiser um 15 Uhr auf dem Glacis zwischen Schotten- und
Burgtor.

4. *»... weil ein Bonaparte betrunken war.«*
Das Ringen um den Frieden

Der Präsident der niederösterreichischen Landesregierung
verkündet am 23. April offiziell den Friedensschluss. Ausnahmsweise haben die Österreicher sogar in Paris eine gute
Presse; die Zeitung »L'Éclair« schreibt am 24. Floreal des Jahres V der französischen Republik (13. 5. 1797): *»Wien,*
24. April. Gestern, am Nachmittag, hat M. Graf von Saurau,
Präsident der Regierung, öffentlich bekannt gegeben, dass
Vorbedingungen eines Friedens unterzeichnet worden sind.

Bürgergefühl.

Gesungen im k. k. Augarten

am 21. May 1797.

Theure Vaterlandesbrüder!
Lobet Gott, und freuet Euch;
Denn die Ruhe nah't sich wieder
Unserm lieben Oesterreich.
Oesterreich bedarf nur Frieden;
O, dann ist an Glück kein Reich
Auf dem Erdenball hienieden
Unserm Vaterlande gleich.

* *
*

Hoher Muth war unser Retter;
Schon war die Gefahr uns nah' —
Drohend stand das Kriegeswetter
Ueber unsern Häuptern da,
Als wir Alle uns ermannten,
Uns vereinten, Hand in Hand,
Und von Kampfbegier entbrannten
Für das theure Vaterland.

»Bürgergefühl«, gesungen im k. k. Augarten am 21. 5. 1797. Ein improvisierter »zweiter« Text zu der kurz zuvor uraufgeführten Kaiserhymne Haydns

Diese Neuigkeit verursachte bei den Bewohnern dieser Stadt große Freude, und jeder segnete den wohltätigen Monarchen der, nachdem er mit Festigkeit und Ausdauer einen gerechten Krieg geführt hat, nunmehr es für seine Aufgabe ansah, einen Akt der Liebe für seine Untertanen und die Menschheit setzen zu müssen. Am Abend begab sich S. M. in das Nationaltheater, wo Akklamationen und tausendfache ›Vivat‹-rufe im Saal erschallten (…) Man behauptet, daß Bonaparte bereits begonnen hat seine Truppen aus der Steiermark zurückzuziehen.«

Der sich noch immer rechtfertigende Bonaparte schreibt am 30. 4. 1797 aus Triest an das Direktorium (1756): »*Der Plan ist vollends durch die Untätigkeit der Rheinarmee gescheitert. Wenn Moreau marschieren hätte wollen, hätten wir den erstaunlichsten Feldzug geliefert und die Situation Europas geändert. Stattdessen ist er nach Paris gegangen (…) ich glaubte den Feldzug für verloren und zweifelte nicht, daß wir einzeln Einer nach dem Anderen geschlagen würden.«*

Unter dem für eine revolutionäre, republikanische Armee erstaunlichen Vorwand, dass »*durch die Verhaftung der Inquisitoren und den Aufruhr des Volkes, das Eigentum in der Stadt, ohne eine französische Streitmacht gefährdet wäre*« (Brief an das Direktorium [1793] vom 13. 5. 1797), lässt Bonaparte 5000 Infanteristen in die Stadt Venedig einmarschieren. Überdies soll dadurch auch das Tauschobjekt für den Frieden mit dem Kaiser gesichert werden.

Drei Tage später kommt es zum Friedensschluss mit der Republik Venedig. In einem geheimen Zusatzabkommen heißt es (1804): »*Art. 5.: Die Republik Venedig übergibt den hiezu bestimmten Kommissaren – nach Auswahl des General en chef – 20 Gemälde und 500 Manuskripte.*« Wenngleich nicht vertraglich vereinbart, müssen auch die von Venedig, vor ca. 600 Jahren beim vierten Kreuzzug aus Byzanz geraubten Pferde des Hypodroms, ihren Platz auf dem Markusdom verlassen und die Reise nach Paris antreten. Die Venezianer, deren

Eigentum auf diese Weise geschützt werden soll, sind naturgemäß nicht sehr begeistert. Putigny war damals dabei: *»Ich
fühle mich seltsam entwurzelt von soviel Licht, Kanälen, Kir-
chen und Palästen. Selbst zwei auf kaltem Marmor verbrachte Nächte können meine Begeisterung nicht abkühlen (...)
Schließlich verstreichen drei Monate ›Farniente‹ und Träumen.
Ich gleite in einer Gondel auf gut Glück durch die Kanäle (...)
Diese großartigen Piraten haben am Ufer der Lagune Jahrhundert für Jahrhundert alle ihre Beutestücke angehäuft. Ihr
Lager ist ein Märchenland, welches wir auf unsere Weise plündern; Gemälde fahren nach Paris, (venezianische) Kriegsschif-
fe nach Toulon. Als Weihnachtsgeschenk, mit vielen Seilen und
Winden, entreißen wir dem Portal von Sankt Marco die vier
vergoldeten Pferde. Sehr unzufrieden beobachten die Venezianer diese Aktion. Sie massieren sich auf dem Platz, dessen
harmonische Architektur Bonaparte ›den schönsten Salon Europas‹ genannt hat. Wenn er den Platz heute sähe, würde er ihn
zum Platzen voll mit einer gemischten und vor allem drohenden Menge sehen. Es stimmt ja, wir nehmen ihnen ihre
Schmuckstücke weg – unter den Schutz von starken bewaffneten Abteilungen, da wir schon erahnten, dass es Schwierigkeiten geben könnte. Am Abend schläft die Truppe, aus Vorsicht,
ganz angezogen.«*

Bonaparte ist vom Direktorium zu den Friedensverhandlungen bei Udine entsendet worden. Er bewohnt ein Landhaus des letzten Dogen (Lodovico Manin), die Villa Manin,
ca. 20 Kilometer südwestlich von Udine bei Passariano. Die
österreichische Delegation wohnt in Udine in den Palazzi An-
tonini und Florio. Die Gespräche finden abwechselnd in den
jeweiligen Residenzen statt. Über seine Verhandlungspartner
schreibt er am 22. Juni an das Direktorium (1947): *»Sie sehen
was für eine langwierige und unbestimmte Wendung die Verhandlungen nehmen (...) M. Thugut hat noch immer das Vertrauen des Wiener Kabinetts. Ich glaube aber nicht, dass er auf*

einen Abbruch aus ist. Diese Herren machen nichts als langsam und beschwerlich (...) Der Kaiser ist faul und unerfahren; Thugut, von schlechter Laune, alt und von den Großen (des Reiches) drangsaliert, bietet immer wieder seine Demission an, die man nicht wagt anzunehmen, aber die, glaubt man, nur akzeptiert werden wird um M. de Cobenzl an seinen Platz zu setzen.«

Ein ungeduldiger Bonaparte an das Direktorium (2018) am 17. Juli: *»Es ist offensichtlich, dass der Hof in Wien nicht guten Willens ist. Man zieht alles in die Länge um die innenpolitischen Klärungen abzuwarten.«*

Der österreichische Konferenzminister Cobenzl hat bei den Verhandlungen mit seinem französischen Visavis jedoch auch seine Probleme; in seinen Aufzeichnungen schreibt er: *»Bonaparte erhitzte sich sehr, klagte uns des Mißtrauens, der Doppelzüngigkeit an, sagte, er sei zu leicht zugänglich gewesen, er hätte uns ferner die empfindlichsten Schläge versetzen sollen, man beraube ihn rücksichtslos seiner Zeit, er hielte sich allen Fürsten für ebenbürtig, man unterhalte ihn mit falschen Auslegungen der Präliminarien. Ich suchte soviel wie möglich mein kaltes Blut zu bewahren und sagte ihm, kein Mensch könne in den Handlungen des Kaisers jemals einen Mangel an Biederkeit finden (...) Folglich seien wir die am besten geeigneten Gesandten, eine so bedeutende Angelegenheit zu beenden, wenn man nur wolle; dies könne aber nicht der Fall sein, wenn man den bereits eingegangenen, sehr klaren und verständlichen Verpflichtungen, eine so erzwungene Auslegung gäbe.«* (Es ging dabei im Wesentlichen um die Art der nicht unpeinlichen Übergabe Venedigs – Österreich wollte dabei möglichst reine Hände behalten und unbeteiligt wirken – sowie um die Abfolge der Räumung der Festung Mainz durch die Österreicher und der italienischen Festungen durch die Franzosen. Die Österreicher versuchten weiters einen allgemeinen Friedenskongress in Bern zu erreichen beziehungsweise die Verhandlungen über den Frieden mit dem Deutschen Reich in Rastatt gleichzeitig zu führen).

Bonaparte, ungeduldig an das Direktorium (2047) am 28. Juli: *»Noch immer nichts Neues bei den Verhandlungen. Es ist unmöglich sich mit, noch weniger Scham, über uns lustig zu machen.«* Bonaparte noch ungeduldiger (2107) am 16. August: *»Diese Leute sind so langsam! Nach ihrer Ansicht muss ein derartiger Friede mindestens drei Jahre verhandelt werden (...) Je später der Friede geschlossen wird, desto besser für den Kaiser, der dann seine Armeen reorganisiert haben wird (...) Ich lasse für die Unterhändler des Kaisers schöne Geschenke vorbereiten für den Fall des Friedensschlusses. Es sind dies Diamantengarnituren in der Form von Ölzweigen, die man auf 80–90 000 Ecu schätzt.«* (1 Ecu entspricht ca. 3,3 Francs; es handelt sich also um riesige Summen. Näheres siehe Fußnote 12)

In Paris hat man andere Sorgen. Es findet wieder einmal ein Staatsstreich statt. Diesmal von der Regierung gegen die Volksvertretung (Staatsstreich vom 17. Fructidor = 3. 9. 1797). Nachdem die Wahlen im April eine royalistische Mehrheit gebracht hatten, fürchtet das Direktorium um seine Macht. Die beiden Heerführer, die am ehesten bereit sind gegen die Royalisten vorzugehen, Bonaparte und Hoche, werden um Truppenabordnungen ersucht. Hoches 9000 Mann ziehen bald wieder, auf Weisung des gesetzestreuen Kriegsministers Carnot, ab. Bonapartes entsendeter »Mann fürs Grobe«, der erzrepublikanische Divisionsgeneral Augereau, lässt sich aber nicht lange bitten. Mit der Mitteilung, er sei gekommen, um Royalisten zu töten, lässt er die beiden gesetzgebenden Häuser besetzen und verhaftet die nicht genehmen Abgeordneten. Das Direktorium lässt 177 Mandate für ungültig erklären. 65 Abgeordnete werden deportiert und 42 Zeitungen verboten – Bonaparte ist nunmehr nicht nur wegen seiner militärischen Erfolge ein entscheidender innenpolitischer Machtfaktor geworden.

Einer der österreichischen Unterhändler, Ignaz Baron Dengelmann, schreibt aus Udine an Minister Thugut (Wien St. A. [Staatsarchiv], Friedensakten 3. 9. 1797): *»Es ist nur zu sicher, daß alles von Bonaparte abhängen wird (...) die Gewalt des Genies dieses Mannes wird auf den Verhandlungen lasten, wie er sich überhaupt aller Dinge bemächtigt, sowie er Einfluß gewinnt. Ich bin nicht sein Bewunderer und bedaure sogar, daß es Leute dieses Schlages gibt wie des seinen, aber es ist selten, einen Mann zu sehen, für den Natur und Schicksal mehr getan hätten. Er besitzt einen scharfsinnigen und weltumfassenden Geist, einen energischen Charakter, der sich auf die Kraft und Folgerichtigkeit seiner Gedanken stützt und zeigt sich aber immer der augenblicklichen Stunde angemessen (...) Wenn er sich einmal entschließt schlecht zu handeln wird er es systematisch zu tun wissen (...) Wenn er wieder Krieg beginnt, so kann man wetten, daß er ihn glücklich führen wird. Er fühlt dies voraus und seine Armee desgleichen. Die Hochachtung seiner Generale grenzt an Kult. Er hat mir gesagt: ›Sie haben nur Rekruten, ich aber habe Soldaten, die seit drei Jahren in Wechselfällen und Siegen erzogen sind.‹ Bonaparte gibt zu, gute Studien in Mathematik gemacht zu haben und das erklärt die richtige Arbeit seines Geistes. – Ich glaubte Euer Exzellenz den General schildern zu müssen, damit sie den Mann kennenlernen, der vielleicht im Augenblick die Schicksale Europas in den Händen trägt.«*

Bonaparte, der keine Lust hat, einen Winterfeldzug in den Alpen zu führen, und der befürchten muss, dass bei Fortsetzung des Krieges die Deutschlandarmee (nun unter dem tatkräftigen Augereau) schneller als er in Wien wäre, wird noch viel ungeduldiger. 6. September (2153): *»Es ist unmöglich eine Verhandlung von dieser Bedeutung mit noch schüchterneren, unlogischen und von weniger Ansehen bei ihrem Hof versehenen Leuten zu führen (...) Alle sprechen wenig, haben kaum Fähigkeiten und keinerlei Dialektik.«*

Cobenzl schreibt am 10. Okrober an Thugut nach Wien (Privatbrief, St. A. Wien): »*Ich fühle mich wie im Kot, im Schlamm ob eines niederträchtigen Vertrages dessen Unterzeichnung man mir zumutet (...) Ich hatte eben nur die Wahl zwischen Frieden und Krieg. Mein Fehler ist, dass ich nicht gewagt habe, die Parteinahme für letzteren auf mich zu nehmen. Man stelle sich nur vor, was es heißt, mit einem Bonaparte verhandeln zu müssen.*« Obwohl die Österreicher für den Abend des 10. Oktobers nach Passariano bestellt sind, läßt sich Bonaparte durch einen Adjutanten entschuldigen, er werde erst am nächsten Tag zu Mittag eintreffen. Die Unterhändler warten am 11. Oktober bis 20.00 Uhr auf Bonaparte. Als er kommt, setzt er sich zunächst zu Tisch, speist und trinkt ein Glas Punsch nach dem anderen, während er seinen selbstgeschriebenen Entwurf der Friedensbedingungen vorliest. Die ersten zwei Artikel werden angenommen, bei den Bestimmungen über die Grenze zwischen Frankreich und dem Deutschen Reich kommt es jedoch zu Meinungsverschiedenheiten. Bonaparte schimpft daraufhin zornig, wie Cobenzl weiter berichtet: »*Das Reich ist eine alte Dirne, an der seit langer Zeit jedermann Notzucht übt. Sie nehmen seine Verfassung nur zum Vorwand, um meinen Forderungen auszuweichen. Immer heftete sich der Sieg an die Fahnen des französischen Heeres und wird sie auch weiterhin begleiten. Sie sprechen zu Frankreich als wären Sie der Sieger und sind doch der Geschlagene. Sie, Graf Cobenzl, haben sogar kürzlich im Hause des Marchese di Gallo den Vortritt vor mir genommen, obwohl ich doch der Oberbefehlshaber der italienischen Armee bin. Ich erachte mich höherstehend als alle Könige und kann ein solches Betragen nicht länger dulden.*« Bei dem raschen Hin- und Herrasen stößt dabei der aufgeregte (oder so spielende) General auch eine Porzellanvase um. Schließlich unterschreibt er sein Friedenspapier mit den Worten: »Ihr wollt den Krieg? Gut, Ihr sollt ihn haben!«. Anschließend verlässt er tobend den Raum, verfolgt von beschwichtigenden Franzosen und dem Marchese Gallo. Cobenzl (dessen Bericht über diese Szene hier folgt – Bericht an Thugut im St. A.) wörtlich: *»Bonaparte hat sich benommen wie jemand, der aus dem Narrenhaus entsprungen ist. Darüber sind sich seine eigenen Leute einig (…) aber soll die Schlächterei nur deswegen wieder anfangen, weil ein Bonaparte betrunken war?«* Napoleon schildert übrigens die Szene im Mémorial de St. Hélène ähnlich, erweitert sie aber dadurch, dass er selbst die Vase zerschmettert habe mit den Worten: *»Der Krieg ist erklärt! Aber denken Sie daran – in weniger als drei Monaten habe ich ihre Monarchie so zerschmettert, wie dieses Porzellan.«*

Am 18. Oktober um ein Uhr morgens kommt es in Passariano zum Abschluss des Friedensvertrages. Man wählt als Ort des Vertragsabschlusses, wo allerdings lediglich die unterschriebenen Dokumente (durch Sekretäre) ausgetauscht werden, ein Haus im nahe gelegenen Campo Formido (wo sich bis heute die Osteria »Al Trattato« [= Zum Vertrag] befindet). Die Schreibweise in den offiziellen Texten wird zu »Campo Formio« vereinfacht. Die Vereinbarungen des Vorfriedens von Leoben werden bestätigt. Österreich verpflichtet sich weiters geheim zu Zugeständnissen bei den Gebietsverschiebungen am Rhein. Diese sollen auf einem weiteren Friedenskongress in Rastatt geklärt werden. Die Hofdame Madame de Rémusat berichtet in ihren Memoiren von einer typischen Äußerung Napoleons im Mai 1808: *»Ich glaube, ich würde sehr schlecht gehorchen. Ich erinnere mich noch sehr gut, daß wir, Herr von Cobenzl und ich, zur definitiven Abschließung des Friedens von Campo Formio in einem Saale zusammenkamen, wo man nach österreichischer Sitte über einem Sessel einen Baldachin errichtet hatte, der den Thron des Kaisers von Österreich darstellen sollte. Als ich den Saal betrat, fragte ich was das bedeute und sagte nachher zu dem Gesandten: Ehe wir beginnen, lassen Sie diesen Sessel da wegnehmen, denn ich habe niemals*

»Die Garanten des öffentlichen Glücks«, gezeichnet von St. Quentin, gestochen
~~o~~n Née und Masquelieu 1774. Kupferstich mit allegorischen und klassischen Moti-
~~v~~en anlässlich der Heirat Marie Antoinettes mit dem zukünftigen Ludwig XVI.

2 Leopoldo II. Imperatore (1747–1792), ein zeitgenössischer Kupferstich

3 Franciscus II. Rom. Imp., Punktierstich, von J. F. Bolt verfasst Berlin 1792

Barras, Membre du Directoire Exécutif, à Paris J. Chéreau, dargestellt in der Amts-
racht eines Direktors, kolorierter Kupferstich um 1795

5 Bonaparte setzt Kanonen
gegen die Aufständischen
vor der Kirche St. Roch ein.
13. Vendémiaire 1795, Stahlstich
um 1830

Buonaparte.
General en chef des armées de la
République Française en Italie.

6 Bonaparte als Chef-
general der Armeen der
französischen Republik in
Italien, zeitgenössischer
Punktierstich

7 Bonaparte auf der Brücke von Arcole, Stahlstich nach H. Vernet von Sichling um 1830

Die Revolte von Pavia, Kupferstich nach C. Vernet von Coiny/Dambrun (aus Consulat et Empire, Campagnes des Français«, Paris um 1830), die erste Ausgabe erfolgte bereits 1906

9 Schlacht von Rivoli, Kupferstich nach C. Vernet von Duplessi-Bertaux/Delignon (aus »Consulat et Empire, Campagnes des Français«, Paris um 1830)

10 Der Abtransport der Pferdestatuen des Markusdoms durch die Franzosen in Venedig, Kupferstich nach C. Vernet von Duplessi-Bertaux/Delignon (aus »Consulat et Empire, Campagnes des Français«, Paris um 1830)

11 Landständisches Freicorps und Wiener Freiwillige 1797, Farbdruck aus Täuber-Ottenfeld, »Die Österreichische Armee von 1700 bis 1867«, Wien 1895

12 Die Unterzeichnung des Vorfriedens von Leoben, Stahlstich nach Lethiere von Lechard. EH Karl, der hier mit dem Kreuz des Deutschen Ritterordens abgebildet ist, war damals noch nicht Großmeister dieses Ordens und auch bei den Verhandlungen und der Unterzeichnung nicht anwesend.

13 »Die Einschiffung der
k. k. Truppen nach Venedig
am 18. Jiner (sic!) 1798«,
Kupferstich von H. Löschen-
kohl, Wien Februar 1798

14 Erzherzog Karl, englischer
Punktierstich um 1800

Besondere Beylage zur Wiener-Zeitung N°· 98.
Sonnabends den 9. December 1797.

Friedens = Traktat,
geschlossen zwischen Sr. Majestät dem Römischen Kaiser, Könige von Ungarn
und Böhmen, und der Französischen Republik, zu Campo Formido,
bey Udine, den 17. October 1797.

Se. Maj. der Römische Kaiser, König von Ungarn und von Böhmen, und die
Französische Republik, in der Absicht den Frieden zu befestigen, dessen Grund
durch die Präliminarien gelegt worden ist, die im Schlosse zu Eckenwald, bey Leoben, in Steyermark, den 18. April 1797 (den 29. Germinal des fünften Jahres
der Französischen einen und unzertheilbaren Republik) unterzeichnet worden sind, haben
zu ihren Bevollmächtigten ernannt, nämlich:
Se. Majestät der Kaiser und König:
Den Herrn Don Marius Matrilli, Edlen Neapolitanischen Patrizier, Marquis
de Gallo, Ritter des Königl. Januarius = Ordens, Kammerherrn Sr. Maj. des
Königs beyder Sicilien, und dessen außerordentlichen Bothschafter am Wiener Hofe;
den Herrn Ludwig, des heil. Röm. Reichs Grafen v. Kobenzl, Großkreuz des
Kön. St. Stephans = Ordens, wirklichen geheimen Rath besagter K. K. apost.Majest.
und Dero außerordentl. Bothschafter bey Jhro Kaif. Majest. aller Reussen; den Herrn
Maximilian Grafen v. Merveldt, Ritter des deutschen Ordens und des militarischen
Maria Theresia = Ordens, Kammerherrn und Generalmajor der Reiterey, in den Ar-
meen besagter Maj. des Kaisers und Königs, und Herrn Ignaz Baron v. Degel-
mann, bevollmächtigten Minister besagter Majestät bey der Helvetischen Republik.
Und die Französische Republik:
Bonaparte, kommandirender General der Französischen Armee in Italien.
Welche, nach Auswechslung ihrer gegenseitigen Vollmachten, folgende Artikel
festgesetzt haben:
I. In Zukunft und für immer, soll ein fester und unverbrüchlicher Friede zwischen
Sr. Majestät dem Römischen Kaiser, Könige von Ungarn und Böhmen, seinen Erben
und Nachfolgern, und der Französischen Republik bestehen. Die kontrahirenden Thei-
le werden mit größter Sorgfalt unter sich und ihren Staaten eine vollkommene
Eintracht zu erhalten suchen, und nicht erlauben, daß von nun an weder einer
noch anderer Seits Feindseligkeiten irgend einer Art, zu Wasser oder zu Lande, aus
welcher Ursache, oder unter welchem Vorwande es auch seyn möge, ausgeübt werden;
und man wird sorgfältig alles verhüten, was in Zukunft die glücklich hergestellte
Einigkeit unterbrechen könnte. Es soll weder unmittelbar noch mittelbar denjenigen
Beystand und Schutz geleistet werden, welche einem oder dem andern der kontrahirenden Theile einigen Nachtheil zufügen wollten.
II. Sogleich nach Auswechslung der Ratifikationen des gegenwärtigen Traktates,
werden die kontrahirenden Theile jeden Beschlag aufheben lassen, der auf die Güter,
Rechte und Einkünfte der in dem gegenseitigen Gebiethe, und in den damit vereinig-
ten Ländern wohnenden Privatpersonen, so wie der darin gelegenen öffentlichen Anstalten, gelegt worden ist, Sie verbinden sich alles zu entrichten, was sie für
Fonds

Friedens-Traktat, besondere Beilage zur *Wiener Zeitung* Nr. 98, Sonnabends den 9. Dezember 1797

einen Sitz gesehen der höher als die anderen war ohne, daß
mich die Lust anwandelte, mich darauf zu setzen.«
Der seiner Sache noch keineswegs so sichere Bonaparte
übersendet die Friedensbedingungen mit einem vorsichtigen

Begleitschreiben (2307) an den Außenminister Talleyrand: *»Ich zweifle nicht, daß sich die Kritik rasch an den Vertrag, den ich unterschrieben habe, heften wird. Alle die, welche Europa kennen, werden überzeugt sein, daß es unmöglich ist einen besseren Vertrag zu erhalten, ohne daß man sich neu schlagen müsste und ohne dem Haus Österreich nicht noch zwei oder drei Provinzen abzunehmen. Wäre das möglich? Ja. Wahrscheinlich? Nein (...) Sie haben 150 000 Mann am Rhein. Ich habe in Italien nur 50 000. Der Kaiser hingegen hat 150 000 Mann gegen mich, 40 000 in Reserve und 40 000 bei Ulm (...) Die Österreicher sind schwerfällig und geizig; kein Volk ist weniger intrigant und weniger gefährlich für unsere inneren Angelegenheiten als das österreichische Volk. Der Engländer hingegen ist großzügig, intrigant und aktiv.«*

Der unterschriebene Vertrag wird – publikumswirksam – von Generalstabschef Berthier und dem Mathematiker Monge (der damals Mitglied der Kommission zur Auswahl der nach Paris zu entsendenden Kunstschätze bei der Italienarmee war) nach Paris gebracht. Wenngleich sich, hinsichtlich noch weitergehender geforderter Garantien für Italien, der ungeduldige Bonaparte über die Anweisungen des Direktoriums hinwegsetzt, ist angesichts der Kriegsmüdigkeit der französischen Bevölkerung die Ratifizierung durch das Direktorium nur eine Formsache.

In Rastatt beginnen am 28. November die Friedensverhandlungen mit dem deutschen Kaiser und den deutschen Staaten. Der nach Paris zurückgekehrte Bonaparte wird am 11. 12. 1797 feierlich vom Direktorium empfangen. Der damalige preußische Gesandte Alfons von Sandoz-Rollin schildert dieses Ereignis aus eigener Wahrnehmung: *»Niemals sah man eine größere Menschenmenge versammelt als gestern Morgen bei der öffentlichen Audienz des Generals Bonaparte. Die Straßen nach dem Luxemburg (Das Palais de Luxembourg war die Residenz der Direktoren.) waren unzugänglich. Niemals hatte*

Der Empfang Bonapartes durch das Direktorium nach Abschluss des Friedens von Campo Formio, Stahlstich um 1830

man so begeisterte Beifallsrufe gehört, und das ›Vive Bonaparte‹ und das ›Vive le Directorium‹ hallten einstimmig wieder. Um ein halb ein Uhr erschien der General, von dem Minister der auswärtigen Angelegenheiten geführt und von seinem Generalstab begleitet, auf dem zu seinem Empfang bereit gehaltenen Platze im Luxenburg. Als er näher kam, erhob sich das Direk-

torium. Zuerst anhaltendes Schweigen, darauf brachen allent-halben Beifallsrufe aus, die weit von dem Volke wiederholt wurden. Die vom General Bonaparte nach der Ansprache des Ministers der auswärtigen Angelegenheiten gehaltene Rede ist nur von wenigen gehört worden, da der Platz zu ausgedehnt und die Menge zu lärmend war. Der Direktor Barras hat dar-auf mit Bewegung und Würde geantwortet, diesenselben Ge-neral wiederzusehen, der auf seine Wahl hin, unbemerkt zum Kommando der italienischen Armee aufgebrochen war und nun sieges- und ruhmbedeckt zurückkehrte.«

Der gestürzte spätere Direktor Gohier wird nach dem Putsch vom 18. Brumaire mit seinem Freund Brunetière ver-bittert ein Gespräch über die Rückkehr Bonapartes führen, welches die Generalin Junot, Duchesse d'Abrantès in ihren Memoiren festgehalten hat. Gohier meint dabei, dass das Di-rektorium 1797 Bonaparte vor Gericht stellen hätte sollen. Auf den Einwand Brunetières, dass es »*unmöglich gewesen sei, einen Mann, der so mit Lorbeer beladen war, daß er kaum gehen konnte, vor ein Kriegsgericht zu bringen, wegen irgend-welcher Kleinigkeiten*« meint Gohier: »*Und die Kontributio-nen die er in Italien eingehoben hat! Dafür sollte er nicht be-langbar sein? – Mein lieber Freund, das ist lachhaft. Masséna, Brune und zwanzig andere haben noch mehr gemacht als er. Denn, insgesamt, ist er nicht der Reichste. Die Cisalpinische Republik hat ihm persönlich, dem General Bonaparte, sehr schöne Diamanten gegeben, die er ohne Gewissensbisse akzep-tieren konnte. Also – eine Anklage wäre nicht leicht zu machen gewesen. Also – dann hätte man eben seinen Rücktritt anneh-men müssen, als er ihn anbot. Rewbell (damaliges Mitglied des Direktoriums, Jakobiner) war der einzige der den Mut hatte: er bot ihm die Feder und sagte: Sie wollen sich vom Dienst zurückziehen, General? Die Republik wird damit ohne Zwei-fel einen tapferen und tüchtigen General verlieren, aber sie hat noch genug Kinder die sie nicht verlassen.*« »*Das Resultat die-*

ser Kühnheit war«, setzte Gohier fort, *»dass Bonaparte nicht die Feder nahm, dass er nicht seinen Abschied wollte und, dass er nach Ägypten fuhr und die Elite unserer Truppen, die Blüte unserer Literatur, unsere besten Wissenschafter und unsere ganze Marine mitnahm.«*

Die Fußnote der Herzogin von Abrantès verdient ebenfalls Beachtung: *»Es ist nicht wahr, daß er (Bonaparte) drei Millionen*[12] *von der Italienarmee zurückbehalten hat. Ich habe die exakte Summe gewußt, bis auf den Centime genau; aber ich habe meine Notizen darüber verloren; jedenfalls kann ich mit gutem Gewissen versichern, daß diese Summe nicht mehr als eine Million betrug. Allerdings muß man zugeben, daß dies wenig Unterschied macht.«*

Jedenfalls kommen Bonaparte, der mit Joséphine und seinen Verwandten in Schloss Mombello bei Mailand wie ein König residiert hat, und sein Anhang mit Schmuck, Schätzen und Geld reichbeladen aus Italien zurück. Um etliche Millionen erwirbt er in der Rue Chantereine ein elegantes Landhaus mit Garten.[13]

Auch in Österreich wird der Abschluss des Friedensvertrages freudig begrüßt. Nach den Rückschlägen der letzten fünf Jahre erscheint der Erwerb Venedigs als erfolgreicher Abschluss einer schweren Prüfung. Dankadressen der erleichterten Bürger, Illuminationen, Feste und Feuerwerke bilden in Wien den Abschluss einer nun – scheinbar – überstandenen, kriegerischen Epoche. Lediglich die eingetauschten Venezianer, die niemand um ihre Meinung gefragt hat, sind naturgemäß über ihr Schicksal nicht begeistert. Der Venezianer Lorenzo Da Ponte, der nach bewegten Opernjahren in Wien (Libretti zu Mozarts *Hochzeit des Figaro, Don Giovanni* und *Cosi fan tutte*) und London, im November 1798 wieder in seine Heimat zurückkehrt, berichtet darüber in seinen Memoiren: *»Der folgende Tag, der achte November, war für mich mit denkwürdigen Begebenheiten angefüllt. Ich ging zeitig*

aus dem Haus, ich wollte Venedig von allen Seiten her sehen.
Auf dem Markusplatz fand ich nicht mehr Menschen als am
Morgen vorher. Ich betrat ein Café, dessen Wirt mich kannte,
und bestellte Kaffee. Es waren noch sechs oder sieben Men-
schen darin, die auch Kaffee tranken und von Politik redeten.
Ich hörte gespannt zu. ›Mit unseren neuen Herren‹, sagte der
eine, ›sind wir übel dran‹. Gerade in diesen Tagen waren die
Deutschen in Venedig eingezogen. ›Das Fleisch hat noch eben
acht Soldi das Pfund gekostet, jetzt wird es um achtzehn ver-
kauft. Der Zoll für den Kaffee ist auf das Doppelte erhöht, für
die Flasche Wein gab man früher drei Soldi, jetzt gibt man
mindestens sechs. Und es heißt, daß Tabak, Salz und Zucker
mit sechzig Prozent versteuert werden sollen.‹ ›Das ist alles
noch gar nichts‹, sagte der nächste, ›Denkt an die zwei Millio-
nen, die sie von uns verlangen!‹ ›Wohl zwei Millionen Aus-
ternschalen!‹ ›Zwei Millionen Silberpiaster!‹ So machte einer
nach dem anderen seinem Ärger Luft. Der Wirt geriet darüber
außer sich, sprang auf und sagte mit bebender Stimme: ›Um
Himmels willen, meine Herren, keine solchen Gespräche
mehr! Ich habe keine Lust, den Stock vom Korporal zu spüren,
und auch keinen von euch wird danach gelüsten.‹ Dann führ-
te er uns in ein kleines Kabinett, schloß Fenster und Türen und
erzählte uns von einem Vorfall vom Abend vorher. Nahe bei
seinem Café hatten ein paar junge Venezianer höchst munter
miteinander gespaßt. Da waren einige deutsche Soldaten vor-
übergegangen, bildeten sich ein, die jungen Leute stritten sich,
packten zwei, die am lautesten waren, schimpften ihr ›Potz-
tausendsackerment!‹ hieben mit dem Stock auf sie los und nah-
men sie mit auf die Wache. Weil aber dort keiner italienisch
verstand, hielt man sie bis zum Morgen fest.‹ Als ich dieses
Café verließ, war mir trauriger zumute als einem Sohn, der
vom Begräbnis seiner Mutter kommt (...)
    Ein alter Mann, bleich abgezehrt, der Bart vom Rauchen
braun – er sah wirklich wie ein Bettler aus – (...) meinte, ich

wolle Fisch kaufen, und erbot sich, ihn mir nach Hause zu tragen. Ich wandte mich ihm zu und wollte gerade antworten, da trat er hastig einen Schritt zurück und rief bestürzt: ›O, Gott, wen sehe ich! Lorenzo Da Ponte! (...) Ihr wisst‹, begann er, ›daß meine Familie Dogen hervorgebracht hat, Prokuratoren von San Marco, Armeegeneräle, bedeutende Prälaten und hochberühmte Richter. Mein Onkel war Staatsinquisitor, mein Großvater Botschafter (Lorenzo Domenico Tiepolo, 1667 bis 1737) *in Konstantinopel. Aber keiner in meiner Familie war jemals reich; alles was einer von uns besaß, waren die Einkünfte aus den Ämtern, die er in der Republik innehatte. Als die Republik fiel, fielen mehr als dreihundert Familien gleich der meinen in Not und Erniedrigung, wie Ihr an mir seht, denn sie alle bezogen ihren Hauptunterhalt aus der gleichen Quelle. Ich bin schlimmer dran als alle sonst, weil ich in meiner Jugend lasterhaft, liederlich und wenig gebildet war. Daher vegetiere ich jetzt dahin ohne einen Beruf, ohne ein Talent, lebe mittellos mit einer schönen, ehrbaren Frau und vier Kindern und hatte bislang noch meine Schwester zu erhalten. Wäre nicht die Mildtätigkeit guter Menschen und dieser kleine Korb, mit dem ich Fisch austrage und zwei, drei Lire am Tag verdiene, würden wir Hungers sterben. Ach, Signor Lorenzo, ich bitte Euch, verlaßt diese Stadt so rasch wie möglich. Ein rechtschaffener Mann wie Ihr könnte nicht ohne Gefahr hier leben. Das, was Ihr hier seht, ist nicht mehr Venedig. Früher hatte man gezittert, sobald der Staatsinquisitor auch nur genannt wurde: jetzt zittert man, sobald das Wort Soldat fällt. Und wo der Venezianer früher drei Inquisitoren auf dem Buckel hatte, hat er jetzt deren dreitausend mit Bajonetten und Gewehren, während der Bote der Inquisition immerhin, wenn er Gehorsam heischte, nur die rote Mütze auf dem Kopf hatte, oben darin die Zechine mit dem Markuslöwen. Außerdem sind wir von einem Haufen Leute umgeben, die aus Angst und Haß allen Handel zugrunde gerichtet haben* (gemeint sind die venezianischen Jakobiner, die eine Republik nach französischem Muster einzurichten gehofft hatten). *Sie haben die Manufakturen vernichtet, die Bevölkerung dem Mangel überliefert und ihr alle Mittel, ihm abzuhelfen, entzogen. Sie haben tausend Meinungen geschaffen, tausend Interessen, tausend verschiedene Parteien, haben die Bürger dahin gebracht, daß sie Rivalen wurden, sich heimlichem Groll, Feindschaft, Mißtrauen überließen (...) Hier bleiben nur Frauen, Kinder, Kranke und Alte. Und was tut man, um sie zu ernähren? Das, was ich tue, und manchmal sehr viel Schlimmeres. Da habt Ihr unser Venedig!‹«*

III.

Von Kairo bis Steyr

(Der zweite Koalitionskrieg 1799 bis 1801)

1. Rastatt, Katzenseuche und die Trikolore in Wien

Nach dem Frieden von Campo Formio ist Österreich wieder in trügerische Ruhe verfallen. Der Krieg und die Revolution scheinen der Geschichte anzugehören. Der Rheinländer Graf Clemens von Metternich, der als Gesandter der westfälischen Grafenbank am Friedenskongress von Rastatt teilnimmt (allerdings nicht ganz unbeachtet, da sein Vater Franz Georg als Vertreter des deutschen Kaisers eine prominente Position inne hat), schreibt am 13. 12. 1797 an seine Gattin: *»Ihr habt keine Idee vom Lärm den hier die Katzenseuche in Wien macht. Alle seit einigen Tagen eingelangten Briefe sprechen davon und man wirft schon den Wienern vor, daß sie, in einer Zeit die so interessant ist wie die Gegenwart, an nichts Anderes denken.«*

Dennoch sitzen den Wienern die Furcht und der Abscheu vor den Revolutionären in Frankreich noch tief im Herzen. Für den Großteil der Bevölkerung – auch für die ärmeren Schichten – sind die Farben der Revolution ein »rotes« Tuch.

Als gemäß der Bestimmungen des Friedens von Campo Formio auch die diplomatischen Beziehungen wieder aufgenommen werden sollen, wird der Divisionsgeneral Bernadotte zum neuen Botschafter in Wien bestimmt. Wenngleich man in Wien diese Wahl begrüßt (Cobenzl an das Kabinett in Wien: *»(…) doch einer der umgänglichsten, die man uns schicken konnte, hat auch immer gegen die, mit welchen er zu thun hatte, sich am anständigsten benommen. Aber es gilt nur zu sehr von diesen Leuten, daß auch der beste nichts taugt.«*), so erscheint doch der Status eines Botschafters unbequem, und man versucht auf bewährte Weise, d. h. durch langandauernde Verhandlungen, dieses Problem zu lösen. Zur großen Überraschung der Wiener Staatskanzlei wird dieser am 9. 2. 1798 gemeldet, dass sich der neue Botschafter bereits seit dem Vortag in der Stadt befände. Bernadotte hatte von dem reichen Armeelieferanten Wimmer das geymüllersche Haus in der Wallnerstraße 8, gleich neben dem Palais Liechtenstein, gemietet. Der Kontakt mit den lokalen Größen lässt daher auch erwartungsgemäß eine gewisse Kühle erkennen. Ein Affront nach dem Versuch des Botschafters, dem beliebten Erzherzog Karl eine Antrittsvisite zu machen, wird rasch Stadtgespräch und gibt Anlass zu neuer Empörung. Bernadotte hatte nämlich seinen Besuch für einen Montag angekündigt, an dem der Erzherzog verhindert war. Auf dessen Antwort, dass es ihm eine Ehre sei, den Gesandten der französischen Republik am Dienstag zu empfangen, lässt der gekränkte Botschafter erwidern, dass er selbst am Dienstag verhindert sei und daher auf die Zusammenkunft verzichten müsse. Am 30. März hat Bernadotte erneut Grund zur Beschwerde an das Wiener Kabinett: Die in Wien zahlreich vertretenen französischen Emigranten lassen es sich nicht nehmen mit ihren königlichen (in Frankreich verbotenen) Orden vor der Botschaft auf und ab zu spazieren, um so – wie es Bernadotte formuliert – »einen Akt offener Rebellion gegen die Republik zu verüben«. Allerdings bildet die französische Botschaft sehr wohl einen Anziehungspunkt für intellektuelle Außenseiter und Bewunderer der demokratischen Ideen. Der sicherlich die Ideen von »Freiheit, Gleichheit und Brüderlichkeit« damals bewundernde Ludwig van Beethoven besucht ebenfalls den Salon Bernadottes. Dieser soll ihn sogar dazu inspiriert haben, seine dritte Symphonie Bonaparte zu widmen.[14]

Auf Weisung des Direktoriums soll das Botschaftsgebäude durch eine Tafel mit einer allegorischen weiblichen Figur im dreifarbigen blau-weiß-rotem Gewande (siehe Umschlagbild) geziert werden. Der Versuch, diese Tafel bei einem Wiener Maler in Auftrag zu geben, scheitert allerdings kläglich – ob aus Unvermögen oder politischem Feingefühl des Künstlers kann nicht gesagt werden. Daher wird eine Tafel aus Paris angefordert. Als ein Bote am 13. April nach Paris gesendet werden soll, beabsichtigt der Botschafter, diesem bereits einen Bericht über die patriotische Ausschmückung des Gebäudes überbringen zu lassen, und ordnet daher um 18 Uhr an, eine dreifärbige Fahne im ersten Stock des Gebäudes anzubringen. (Das Hissen von Fahnen an ausländischen Botschaften war damals noch nicht üblich.) Bald schon versammelt sich um dieses verhasste Zeichen eine erregte Menschenmenge. Der Polizeidirektor van der Leyen versucht den Botschafter zur Abnahme der Fahne zu bewegen – vergeblich. Gegen 20 Uhr sendet Bernadotte zu Minister Thugut und beschwert sich über die Untätigkeit der Polizei. Um 20.30 Uhr fliegen die ersten Steine gegen die Fenster des Botschaftsgebäudes. Schließlich gelingt es einem vierzehnjährigen Rauchfangkehrerlehrling mit Namen Rugler, mit Hilfe einer Räuberleiter an die Fahne zu gelangen und diese herunterzureißen. Die Trikolore wird im Triumphzug auf die nahe Freyung getragen und dort verbrannt. Die kümmerlichen Reste werden dem Offizier der Hofburgwache feierlich überreicht.

Doch damit nicht genug – das Tor des Gebäudes hält der Masse nicht stand – die Menge dringt in den Hof und in die Wohnräume Bernadottes. Dieser hat sich mit seinen Sekretären und Adjutanten verschanzt und versucht mit Drohungen und Vorhaltungen die Leute zu beruhigen. Die Wagen der Botschaft und die Kücheneinrichtung im Parterre werden mit dem Ruf »Es lebe der Kaiser!«, demoliert. Neuerlich wird an Thugut geschrieben und Genugtuung verlangt. Mittlerweile hat die österreichische Regierung aus den Vorstädten Militär anmarschieren lassen und räumt das Botschaftsgelände.

In einem dritten Schreiben gegen 23 Uhr verlangt Bernadotte seine Pässe. Gegen drei Uhr morgens des folgenden Tages langt schließlich die Antwort Thuguts ein, der lediglich lakonisch meint, dass man eine Untersuchung einleiten und die Schuldigen bestrafen werde. Die am nächsten Tag von Bernadotte erhobene Forderung, man müsse die Trikolore durch die österreichische Regierung wieder anbringen lassen, wird abgelehnt. Am 15. April, einem Sonntag, erfolgt eine kurze, von Grenadieren geschützte Abschiedsaudienz beim Kaiser. Anschließend fährt das französische Botschaftspersonal, umgeben von berittenen Adjutanten Bernadottes, mit vier Wagen, vorbei an einer schweigenden Menschenmauer, nach Rastatt.[15] Beide Nationen befürchten nun einen neuen, beiden gleichermaßen unerwünschten Krieg. Erst als sich das Direktorium und der eilends aus Toulon, wo er die Abreise nach Ägypten vorbereitet, herbeigerufene Bonaparte überzeugen, dass der Vorfall keineswegs absichtlich von Österreich provoziert wurde, beruhigen sich die Gemüter. Es bleibt bei einem formellen Protest und bei einer deutlichen Kritik von Bonaparte, Außenminister Talleyrand und dem Direktorium an dem undiplomatischen Diplomaten. Der hat seinerseits allerdings nie ein Hehl daraus gemacht, dass ihm eine militärische Funktion wesentlich besser liege, als der unerwünschte Posten in Wien. Der geistreiche Spötter, Fürst de Ligne, kommentiert in seinen Erinnerungen das Ereignis sarkastisch: *»Dieser Vorfall beweist, dass man statt einer Polizei, die man zu haben glaubt und die genug Geld kostet, tatsächlich nur Spione hat. Man weiß niemals wer in den Strassen gerade gemordet oder gestohlen hat. Man stellt nie die Beute sicher. Man hat die rote und schwarze (sic!) Fahne und die Stein – und Kugelmagazine ignoriert. Aber man weiß, ob ich bei einem Souper in meinem Haus gesagt habe, dass ein Minister ein Dummkopf ist oder unfähig, oder, dass ein anderer gesagt hat, dass die Kaiserin eine rote Nase hat.«*

2. Ägyptisches Zwischenspiel

Anfang 1798 wird – mehr um die Engländer zu beeindrucken als tatsächlich in der Absicht eine Landung durchzuführen – Bonaparte zum Kommandanten der Englandarmee ernannt. Er beschäftigt sich durchaus ernsthaft mit den Vorbereitungen. Am 23. Februar schreibt er an das Direktorium: *»Die Englandexpedition erscheint erst nächstes Jahr möglich. Es ist weiters möglich, daß die auf uns zukommenden Schwierigkeiten auf dem Kontinent dagegenstehen. Der richtige Augenblick für diese Expedition ist verloren, vielleicht für immer.«*

Differenzen zwischen dem Sultan der Türkei, als formellen Oberherrn Ägyptens, und den dort herrschenden Mameluken lassen die Gelegenheit günstig erscheinen, durch eine Besetzung Ägyptens den englischen Verbindungsweg nach Indien zu bedrohen. Bonaparte, der nach der Aufgabe der Landungspläne in England begierig nach neuen Taten ist, gelingt es, gemeinsam mit dem neuen Verbündeten Talleyrand, seinen Protektor Barras zu überzeugen, dass eine Expedition nach Ägypten die Engländer empfindlich treffen könnte.

Am 19. 5. 1798 fährt die französische Flotte von Toulon aus zunächst nach Malta und besetzt diese, dem souveränen Ritterorden gehörige Insel. Nach der Landung bei Alexandrien werden die Mameluken in der Schlacht bei den Pyramiden am 21. Juli geschlagen und Kairo besetzt. Der »undankbare« Sultan weiß allerdings die französische Hilfe keineswegs zu schätzen, lässt den »Heiligen Krieg« ausrufen und schickt auf dem Landweg Truppen Richtung Ägypten. Die Vernichtung der französische Flotte durch Admiral Nelson bei Abukir (1. und 2. 8. 1798) lässt das Unternehmen bereits scheitern. Wenngleich Bonaparte in Folge weitere feindliche Truppen (Türken und Mameluken) zurückschlagen kann, endet seine

Kleinasienexpedition vor der Festung Akko. Pestkranke, zahlreiche Tote durch Hunger und Durst, Rebellion der Truppe und die skrupellose Ausbeutung der einheimischen Bevölkerung sind das Resultat dieses Debakels. Die Landung der Engländer führt nach der zweiten Schlacht von Abukir am 22. 3. 1801 zur Kapitulation der Franzosen unter Menou. Propagandistisch und wissenschaftlich hingegen ist die Expedition nach Ägypten ein voller Erfolg. Ägyptische Motive werden in der Kunst, Mode und Möbeltischlerei »en vogue«. Der (später von den Engländern den Franzosen abgenommene) Stein von Rosette ermöglicht die Entzifferung der Hieroglyphen durch Champollion. Die Engländer sind damals übrigens keineswegs nur mit Ägypten beschäftigt: In Irland wird 1798 eine von Frankreich unterstützte Revolution brutal niedergeschlagen. Im Zeitraum 1793 bis 1801 werden weiters 69 englische Linieninfanterieregimenter (mehr als nach 1808 in Spanien) in der Karibik eingesetzt (Eroberung von Jamaica, Trinidad, Einsatz in Santo Domingo etc.). In Indien wiederum hat Lord Wellesley, der zukünftige Duke of Wellington, zwischen 1797 und 1805 in zahlreichen Kämpfen mit örtlichen Machthabern reichlich Gelegenheit, sich die für das Armeekommando in Spanien erforderlichen Feldherrnqualitäten zu erwerben.

Innenpolitisch ist das Direktorium angesichts der immer stärker werdenden Strömungen von rechts (Royalisten) und links (Jakobiner) stark angeschlagen. Nach einem Wahlgewinn der Jakobiner müssen die Direktoren neuerlich einen Verfassungsbruch begehen (Staatsstreich vom 22. Floreal) und erklären 106 Mandate für ungültig. Immer mehr erscheint den »Bourgeois« ein starker Mann als notwendig, um ihre materiellen Errungenschaften abzusichern.

Die Okkupation Maltas, Frankreichs Übergriffe auf die Schweiz und Holland, die Besetzung des Kirchenstaates und Neapels, sowie die Zahlung von beträchtlichen Subsidiengeldern machen es den Engländern leicht, Russland und Österreich zum Krieg gegen Frankreich zu bewegen. Zar Paul I., von etwas eigentümlicher Psyche, aber politisch durchaus ernsthaft agierend, lässt sich vom Priorat Wolhynien zum Großmeister des Malteser Ritterordens wählen und versucht dadurch, für die russische Flotte einen Stützpunkt im Mittelmeer zu gewinnen. Der französischen Republik stehen somit der Papst und der Sultan, der orthodoxe Zar, der römisch-katholische Kaiser und der anglikanische König mit ihren jeweils eigenen Interessen gegenüber – Konflikte erscheinen demnach unvermeidbar.

Der Kriegsplan der Alliierten ist einfach: Erzherzog Karl soll in Süddeutschland die Franzosen über den Rhein zurückdrängen. Der österreichische General Bellegarde soll in die Schweiz vordringen und eine russisch-österreichische Armee, unter dem russischen General Suwarow, Oberitalien erobern.

3. Die Russen kommen –
Erste alliierte Erfolge 1799

Ohne eine formelle Kriegserklärung abzuwarten, und während der Friedenskongress von Rastatt noch tagt, besetzt Bernadotte am 1. 3. 1799 Mannheim. Zur selben Zeit überschreitet Jourdan mit ca. 55 000 Mann bei Basel und Kehl den Rhein. Am 17. März erklärt Österreich Frankreich den Krieg. Bereits am 25. 3. besiegt Erzherzog Karl Jourdan bei Stockach. Am Rhein stehen nun 95 000 Österreicher, die durch 30 000 Russen unter Korsakow verstärkt werden. Die Franzosen ziehen sich unter dem Verlust von ca. 5000 Mann wieder über den Rhein zurück. Auf Befehl des Wiener Kabinetts darf Erzherzog Karl jedoch nicht die Verfolgung aufnehmen, wodurch sich sein Einmarsch in die Schweiz, welcher General Masséna mit 30 000 Soldaten verteidigen soll, um zwei Monate verzögert. In der deutschen Öffentlichkeit wird dieser Erfolg begeistert aufgenommen. Damen der Gesellschaft tragen feingearbeitete Emailkreuze um den Hals (sog. Stockachkreuze), auf welchen Erzherzog Karl wieder einmal als »Retter Germaniens« gefeiert wird.

In Oberitalien stoppen die Österreicher am 7. April den französischen Vormarsch des Generals Scherer (55 000 Mann) bei Magnano. General der Kavallerie Melas übernimmt am 9. 4. das Kommando über die ca. 80 000 Mann starken österreichischen Truppen in Italien. Der russische General Suwarow trifft am 17. 4. mit 30 000 Russen in Verona ein, wo ihm Melas den Oberbefehl abtritt. Die junge Gräfin Lulu von Thürheim, später eine der gefeierten Schönheiten des Wiener Kongresses, malt in ihren Erinnerungen ein lebendiges Bild vom Besuch des legendären russischen Oberbefehlshabers[16] in Wien: »*Wir waren gerade in Wien, als die Kosaken ankamen. Man führte uns außerhalb der Stadt, um diese Soldaten vorbereiten zusehen, die mir sehr häßlich vorkamen. Ihr Erscheinen rief überall das gleiche Gefühl hervor; sie flößten mehr Furcht als Vertrauen ein, und man war froh, als sie unter der Führung Suworows nach Italien zogen. In den Provinzen war der Eindruck dieser rauhbärtigen Gesellen mit ihren langen Lanzen noch nachhaltiger; man erzählte sich, daß sie dort Enten und Truthähner lebend an den Spieß steckten, über welche Neuerung die armen Tiere Ach und Wehe gerufen. Die Frauen berichteten, daß die Kosaken manchmal aus Versehen Kinder für Geflügel ansahen und ihr Anführer eines oder das andere, ohne es zu beachten, ganz roh oder gebraten verzehrte. Er wird sich wohl nur in einer Beziehung geirrt haben, nämlich in bezug auf das Braten, denn der russische General war nicht der Mann dazu die Zeremonie des Bratens erwarten zu können. Sicher ist, daß er bei den großen Diners, die ihm zu Ehren der russische Botschafter Graf Rasumoffsky in Wien gab, ebensowenig Umstände machte und wie ein Vielfraß von den Speisen, die auf der Tafel waren, aß, ohne auf jemand zu warten. War er satt, so erhob er sich und ließ die Gäste allein. Dieser Mensch, ein Nachzügler der Horden Attilas, hatte noch so ziemlich die Sitten dieser mongolischen Helden. Er verschmähte ein schönes und gutes Bett, das man ihm im Gesandtschaftshotel bereitet hatte und hüllte sich in seinem Mantel ein. Er legte sich einfach auf den Boden, worauf er sich Stroh gebreitet hatte und hüllte sich in seinen Mantel ein. Als er später in Italien, den Säbel in der Faust, an der Spitze seiner Soldaten marschierte, und mit ihnen die Strapazen teilend die Sommerhitze erduldete, kam er an einem Sumpf vorüber. Da riß er seine Kleider herab und wälzte sich wie ein Schwein ganz nackt in dem schmutzigen Wasser. War er fertig, so zog er seine Uniform mit feierlicher Miene an und stieg auf sein Pferd. Neben dieser Ungeschlachtigkeit besaß er aber eine große Geistesfrische, die bis zur Verschlagenheit ausartete, wenn er etwas erreichen wollte (...)*

Seine geheime Absicht war, ganz nach eigenem Gutdünken vorzugehen, ohne sich um den Hofkriegsrat in Wien zu kümmern, für den er eine souveräne Verachtung hegte und den er nur mit dem Worte ›Unbestimmt‹ bezeichnete. Dennoch mußte er des Scheines halber sich mit den Alliierten über den Feldzugsplan beraten. Zu diesem Zwecke führte ihn Rasumoffsky nach der Audienz bei Kaiser Franz zu dem Staatsminister Thugut, der ihn mit allen Zeichen der Achtung empfing. Nach unzähligen Verbeugungen von beiden Seiten, führte ihn Thugut in sein Arbeitskabinett und wollte nun die Beratung beginnen. Suworow aber beugte sich fast bis zur Erde und rief aus: ›Großer Minister! Großer Minister!‹ Thugut glaubte nun auch seine schönste Verbeugung machen zu müssen. Kaum hatte er seinen Vortrag wieder begonnen, als der General mit seiner schnarrenden Stimme die vorigen Worte wiederholte. Der Kaiser wurde endlich ungeduldig und sagte zu Suworow: ›Der Baron wünscht, daß Sie, Herr Marschall, sich mit ihm über den Kriegsplan verständigen.‹ – ›Ah, Eure Majestät!‹ erwiderte der General, indem er die Hände über der Brust kreuzte und sich noch tiefer verbeugte ›Seine Majestät, der Kaiser Alexander – Baron Thugut ein Aristoteles! Großer Minister, großer Minister, großer Minister!‹ Mehr war aus ihm nicht heraus zu bringen.

Diese Details habe ich von Rasumoffsky, der später mein Schwager wurde. Diesem blieb nichts anderes übrig, als nach einer Viertelstunde, den verschlagenen Possenspieler fortzuführen, der später einen Feldzugsplan nach seiner Art machte und davon geradeso wenig abging, als von seinem ›großen Minister‹. Rasumoffsky erzählte mir später einmal, er habe bei dieser Unterredung Blut und Wasser geschwitzt.«

Der österreichische Feldmarschall Fürst de Ligne, zu Zeiten der großen Katharina ebenfalls in russischen Diensten, hofft durch seinen alten Bekannten Suwarow ein neues Kommando zu erhalten: »*Ich erinnere mich von Souvaroff erwartet zu haben, daß ich mich mit ihm arrangieren könne, da er sich vielleicht daran erinnern hätte können, daß er eines Tages betrunken auf die Schulter von Katharina II. fiel, und ich sie – unter Hinweis auf die von ihm geleisteten großen Dienste – besänftigte. Aber dieser Mann, das Gift der Geschichte, der die großen Erfolge, die man ihm zuschrieb nur dem Vertrauen, welches sein Name einflößte verdankte, mit seiner Scharlatanerie, seinen extravaganten Manieren, seiner Ergebenheit, seinem Mut und seinen Verwundungen, war – wenn er etwas trank – bösartig. Er hatte bemerkt, daß ich nicht in Gunst stand, und sagte vor etlichen Leuten in seiner bekannten Art: ›Hoheit – dienen Sie noch immer Apollo so gut wie Amor?‹ Ich war piquiert, daß er nicht Mars erwähnte, da er mich am weiteren Militärdienst hinderte. Ich erwiderte daher, als er einen*

Moment später sagte, ›Es ist schon zehn Jahre her seit wir uns zuletzt sahen‹ – ›Länger‹ – sage ich ihm – ›Herr Marschall, seit dem Tage als ihr die Belagerung von Oczakoff wegen Kinbourn verlassen habt.‹ Ich erinnerte ihn dabei daran, daß er strafweise von der Armee, wegen einer Dummheit die er begangen hatte, und die uns 1000 Mann in einer Viertelstunde gekostet hat, weggeschickt worden war.« Die Anstrengungen des Feldzuges, der Ärger mit dem Kabinett in Wien und Intrigen am Zarenhof werden den Gesundheitszustand des 71-jährigen Suwarow so sehr erschüttern, dass er 1800 kurz nach seiner Rückkehr nach Russland stirbt.

Die Franzosen werden zurückgedrängt, Suwarow zieht am 29. April in Mailand ein. Für die Franzosen und Italiener stellt die russische Mentalität und Härte eine unangenehme Überraschung dar. Putigny beschreibt dies: *»Mit einigen Kameraden nehmen wir drei Offiziere fest und entwaffnen sie gewaltsam; sie flehen uns mit Zeichen an sie zu töten. Sie sind so fanatisiert, daß sie glauben – hart wie Eisen – daß sie in Rußland einen großen Ruhm ernten, wenn sie mit der Waffe in der Hand für ihren Zaren sterben. Man versichert ihnen, daß unser General sie mit einem Attest über ihre Tapferkeit zurücksenden werde. Bauern werden zusammengetrieben um die Toten zu begraben und die Verwundeten zu versorgen. Ich gehe mit ihnen. Sie heben einen russischen Offizier auf. Der Sterbende kommt zu sich, umfaßt das Bein seines Retters und beisst ihn so wild, daß ein Stück Fleisch ihm im Mund bleibt. ›Bestia maledetta‹ sagen die Italiener. Sie graben eifrig ein Loch und werfen ihn hinein, er bewegt sich noch bis ihn die Erde bedeckt und erstickt.«*

4. Der Rastätter Gesandtenmord

Ein kurzer Rückblick: Nach den Friedensbedingungen von Campo Formio sollte der Friedenskongress in Deutschland die im Norden noch offenen strittigen Fragen klären. Insbesondere die Entschädigung deutscher Fürsten für rechtsrheinische Gebietsverluste und die Säkularisierung der geistlichen Fürstentümer, sowie die Aufhebung der Reichsunmittelbarkeit kleinerer Besitzungen und der Städte (was später im Reichsdeputationshauptschluss 1803 erfolgen wird) wird eifrig beraten. Der als Vertreter der westfälischen Grafenbank tätige Clemens von Metternich – von dem man später noch viel hören wird – schreibt über die französischen Delegierten an seine Gattin: »*J'avoue que dans ma vie je n'ai rencontré de loups – garons pareils. Ils ne voient personne, sont calientrés dans leurs appartements, et plus savages que des ours blancs.*« (Ich gestehe, dass ich in meinem Leben noch nie derartige Wolfsmenschen getroffen habe. Sie schließen sich in ihren Zimmern ein, sehen niemanden und sind wilder als Eisbären.) Ihr Äußeres, nebst plumpen Schuhen, blauen groben Beinkleidern, kleinen blauen Westen, ein schlechtes Sacktuch um den Hals, lange schmutzige Haare, auf den ungestalten Hüten große Federn, beschreibt er später so: »*Ich glaube, man stürbe vor Angst, wenn man den Bestgekleideten von ihnen allein im Wald begegnete. Damit verbinden sie ein mürrisches Dreinschauen, als ob sie mit sich selbst noch unzufriedener wären als mit den anderen.*«

Auch der General Bonaparte ist in der Anfangsphase des Kongresses kurzzeitig als Gesandter des Direktoriums in Rastatt. Bonaparte, der nach Metternichs Ansicht bereits an Einfluss zu verlieren scheint, wirkt anders als die übrigen französisch-republikanischen Diplomaten. In einem Brief vom 12. 12. 1798 (aus dem Französischen übersetzt) schreibt

Metternich: »*Die französischen Deputierten sind bereits im reiferen Alter. Das Gefolge von Bonaparte ist aus jungen Leuten zusammengesetzt; er ist selbst 28 Jahre alt seit Juni* (ein Irrtum Metternichs, Bonapartes Geburtstag ist der 15. August) *und ist der Älteste vor seinen Adjudanten und Sekretären; man vermutet, daß er in ca. 8 Tagen zurückkommen werde. Alles was zu ihm gehört ist gegenüber den* (französischen) *Delegierten von äußerster Kälte; man sagt, daß er selbst sie, von seiner Größe aus, von oben herab behandelt.*«

Politischer Scharfsinn ist schon damals bei Metternich zu bemerken. In einem Brief vom 9. Dezember heißt es: »*Aber eines ist unleugbar, das Heilige Römische Reich ist beim Teufel.*«

Am 17. April erklärt der Gesandte des deutschen Kaisers, Graf Metternich sen. (der Vater von Clemens), dass Rastatt als Kongressort ausgedient habe und seine Neutralität beendet sei. Die französischen Gesandten befürchten durch ihre Abreise einen Prestigeverlust und bleiben zunächst an Ort und Stelle.

Am 25. 4. rücken österreichische Truppen auch in der Gegend von Rastatt bis an den Rhein. Das Szekler Husarenregiment (Nr. 11., schwarzer Tschako, dunkelblaue Pelze, Dolmans und Hosen) hat den Befehl, Rastatt zu besetzen. In ca. eineinhalb Stunden östlicher Entfernung befindet sich das Dragoner-Regiment Latour, zu diesem gehören zwei Eskadronen Saxe-Husaren (Ex. Nr. 4, schwarzer Tschako, dunkelblaue Pelze, Dolmans und rote Hosen) und zwei Eskadronen Bercheny-Husaren (Ex. Nr. 2, schwarzer Tschako, himmelblaue Pelze, Dolmans und Hosen), bestehend aus französischen Emigranten. Der österreichische Kommandant, Erzherzog Karl, möchte sicherstellen, dass sich keine Franzosen in seinem Aufmarschgebiet befinden und lässt durch seinen Generalquartiermeister Schmitt befehlen: (1.) Die Sperre des Brief- und Warenverkehrs und das Anhalten von Kurieren, sowie (2.) die Ausweisung der französischen Gesandten binnen 24 Stunden. Es soll dabei ausdrücklich die persönliche Sicherheit der Gesandten unter allen Umständen gewahrt werden. Die gilt aber nicht für die Behandlung dessen, was sie bei sich führen und über die Grenzen schaffen möchten:»Hier solle und könne keine Sicherstellung gegeben werden.«

Obiger Befehl wird auch von dem Korps des Generals Kospath, wo der Intimus des Erzherzogs, Oberstleutnant Mayer, Generalstabschef ist, empfangen und weitergegeben. Der Divisionskommandant General Merveldt leitet ihn an den Brigadier Görger und dieser an den Obersten der Szekler Husaren, Barbaczy, weiter. Kospath und Merveldt weisen ausdrücklich darauf hin, dass »mit aller in einem solchen Falle nötigen Vorsicht« vorgegangen werden möge. Kospath verlangt, dass »diesfalls jenen, die darum wissen, dass geheimste Stillschweigen auf Ehr und Reputation« auferlegt werden solle. General Görger meint überdies, dass, »wenn die Szekler Husaren, das Nest nicht leer finden, die Sache wohl nicht fehlen wird«. Barbaczy fragt weiters zurück, ob eine etwaige badische Eskorte als feindlich anzusehen sei, was bejaht wird. Barbacy wählt nunmehr zur Ausführung dieser »allerhöchsten Willensmeinung« den verlässlichen Kommandanten der Obersteskadron Rittmeister Burkhard aus. Dieser sendet am 28. 4. zwei Patrouillen zu je 15 Mann aus, unter dem Befehl von altgedienten Unteroffizieren.

Mittlerweile ist in Rastatt den französischen Gesandten die Aufforderung überreicht worden, binnen 24 Stunden die Stadt zu verlassen. Diese weigern sich, einem feindlichem Befehl zu gehorchen, und erklären erst einen Tag nach Ablauf der Frist abreisen zu wollen. Die Abreise wird für den späten Abend des 28. 4. festgesetzt. Vor der Abreise erklärt der französische Gesandte Bonnier: »Also gehen wir, allein ich für meine Person weiß, dass ich nicht lebend über den Rhein kommen werde.«

Um 21 Uhr des 28. 4. 1799 wird die Wagenkolonne der Franzosen (die mit Frauen, Sekretären und Dienern reisen) kurz nach Verlassen der Stadt bei Dunkelheit von ca. 30 bis 60 Reitern – die von einigen als Husaren beschrieben werden – überfallen. Der Delegierte Debry hält seinen Pass zum Fenster hinaus – er wird ihm aus der Hand geschlagen – und gefragt »Es tu Debry« (Bist du Debry). Als er bejaht, wird er niedergeschlagen. Ebenso passiert es seinen Kollegen Bonnier und Roberjot. Die übrigen Mitglieder des Konvois bleiben unbehelligt und ergreifen die Flucht. Der lediglich verletzte Debry stellt sich tot und entgeht dadurch weiteren Säbelhieben. Anschließend befinden sich ca. 30 Szekler Husaren an der Stelle des Überfalls und plündern die Wagen. Debry begrüßt sie als seine Retter. Als schließlich, von den Szeklern alarmiert, der badische Stadtkommandant, Major Harrant, erscheint, gibt dieser Befehl, die Wagen (samt den noch teilweise versperrten, teilweise aufgebrochenen Behältnissen, in welchen man Papiere vermutet) auf die Hauptwache nach Rastatt zu bringen. Sämtliche Papiere werden vom österreichischen Militär beschlagnahmt.

Der Mord ruft in ganz Europa ein großes Echo hervor. Insbesondere Preußen kann nicht umhin, die Verletzung der heiligen Gesandtenrechte immer wieder zu beklagen – war dies doch seinem Rivalen Österreich äußerst peinlich. Die folgenden Kriegsgeschehnisse überschatten jedoch bald dieses Ereignis.

In Frankreich lässt die Regierung die Gelegenheit nicht aus, hasserfüllte Tiraden gegen den – nicht einmal das Völkerrecht achtenden – Feind zu schleudern. Der junge österreichische Offizier Josef Rauch befindet sich damals zufällig als Kriegsgefangener in Besançon und kann darüber berichten: »(...) *wurde das Trauerfest der in Rastatt gefallenen Gesandten gefeiert. Es ward den Kriegsgefangenen untersagt, sich an diesem Tage in der Kirche oder auf den öffentlichen Plätzen zu zeigen; auch war dies um so weniger rätlich zu wagen, weil man an*

LE NEUF FLORÉAL DE L'AN VII,

À NEUF HEURES DU SOIR,

LE GOUVERNEMENT AUTRICHIEN

A FAIT ASSASSINER PAR SES TROUPES

LES MINISTRES DE LA RÉPUBLIQUE FRANÇAISE,

BONNIER, ROBERJOT ET JEAN DEBRY

CHARGÉS PAR LE DIRECTOIRE EXÉCUTIF

DE NÉGOCIER LA PAIX

AU CONGRÈS DE RASTADT.

Leur sang fume....il demande....il obtiendra vengeance.

Französische Proklamation. *»Am neunten Floréal des Jahres VII, um neun Uhr abends, DIE ÖSTERREICHISCHE REGIERUNG hat durch ihre Truppen ermorden lassen die Minister der französischen Republik Bonnier, Roberjot und Jean Debry, beauftragt vom Exekutivdirektorium den Frieden BEIM KONGRESS VON RASTADT zu verhandeln. Ihr Blut raucht (...) es verlangt (...) es wird Rache erhalten.«*

diesem Tage von der Seite der Regierung alles aufbot, die Wut des Pöbels gegen uns zu reizen. Dennoch fand ich Mittel, mich

unbemerkt in die Kirche einzuschleichen und einiges von die-
sem Feste aufzuhaschen, das mir zu charakteristisch, für selbi-
ge Zeiten bedünkte, um meiner Neugier nicht die Zügel
schießen zu lassen. Alles ging bei diesem Feste her, wie bei dem
oberwähnten, nur daß in der von der Kanzel gehaltenen Rede
der Redner von allen nur möglichen Verwünschungen gegen
das erlauchte Kaiserhaus und seine Satelliten – die angeblichen
Meuchelmörder der französischen Gesandtschaft zu Rastatt –
übersprudelte. Am Schlusse defilierte alles vor dem Freiheits-
altar vorüber, auf dem eine brennende Urne stand, in welche
jedermann etwas Rauchwerk streute und dabei die Worte aus-
rief, › Vengeance aux Autrichiens‹ – welchen Ruf die ganze Ver-
sammlung wie ein Waldsturm nachbrüllte. Eine ähnliche Er-
klärung stand oberhalb dem Portal der Kirche von außen mit
großen Buchstaben angeschrieben. Dies war das Merkwür-
digste jenes Festes, das es am Ende doch gänzlich seinen Zweck
verfehlte, denn niemand ließ sich über den wahren Hergang
der Sache täuschen, die Franzosen sprachen laut und freimütig
darüber in den Kaffeehäusern und insultierten keinen Öster-
reicher deshalb.« (Siehe auch eine Erörterung im Anhang: Wer
war der Mörder?)

5. Weitere alliierte Erfolge 1799

Die Österreicher unter Erzherzog Karl überschreiten am 21./
22. Mai endlich den Rhein und schlagen am 4. Juni in der ersten Schlacht von Zürich die Franzosen unter Masséna.

In der Schlacht an der Trebbia am 18./19. 6. 1799 schlägt Suwarow mit 35 000 Russen und Österreichern die 40 000 Franzosen des Generals Mac Donald (der mit der Neapelarmee zur
Unterstützung des in Oberitalien kommandierenden Moreau

herbeimarschierte). Diese schreibt in seinen Memoiren über die misslungene Vereinigung mit dem benachbarten Korps Moreau: »*Wäre ich nicht in dem Glauben gewesen, daß Moreau, unserm Abkommen gemäß, zur Vereinigung mit unterwegs sei, hätte ich nicht fortgesetzt die Hoffnung gehegt, die verbündete Armee zwischen zwei Feuer zu bringen, so würde ich mich der großen Übermacht anders verhalten haben. Es ist mir niemals gelungen von General Moreau eine Aufklärung betreffs der Verzögerung seines Aufbruchs zu erhalten, obwohl ich ihn schriftlich, und schließlich sogar, der mir gewordenen Anfeindungen wegen, öffentlich dazu aufgefordert habe. Von seiner Seite lag der Verzögerung sicher keine böse Absicht zu Grunde, denn seine Natur neigte zum Zaudern; von seinen Ratgebern denke ich aber anders. Unter denselben befand sich auch der General Gouvion St.-Cyr, welcher einen besonders starken Einfluß auf ihn ausübte. Dieser General war mir mehr als feindlich gesinnt; er haßte mich. Ich habe später erfahren, daß er es war, der das Zögern Moreaus hauptsächlich genährt hat.*«

Nach eiligem Rückzug gelingt erst am 16. Juli in Genua die Vereinigung der Korps von Mac Donald und Moreau. Die Verbündeten setzen inzwischen in Oberitalien ihren Vormarsch fort – die französische Besatzung der Zitadelle von Turin kapituliert am 21. 7. Immer mehr macht sich jedoch eine politische Verstimmung zwischen Österreich und Russland bemerkbar. Die Russen wollen, zum Missfallen des Hofes in Wien, das vertriebene sardinische Königshaus wieder einsetzen. Die politischen Streitigkeiten lähmen die weiteren Operationen. Suwarow ist auf den österreichischen Minister Thugut und den Hofkriegsrat in Wien, den er Rat »Unbestimmt« nennt, keineswegs gut zu sprechen: »*Auf 1000 Werst wollen sie die Operationen leiten und wissen nicht, daß jede Minute an Ort und Stelle dieselben zu verändern veranlaßt. Wie kann dieser Kanzleischreiber – und wenn er mit dem Schwerte*

Skanderbegs (d. h. Alexander des Großen) *umgürtet wäre – aus seinem dunklen Neste eine Armee befehligen und über die im Felde jeden Augenblick sich ändernden Umstände gebieten?*« Suwarow begnügt sich mit den Belagerungen der von den Franzosen noch gehaltenen Festungen (Kapitulation von Alessandria 21. 7. und Mantua 28. 7.). Der neue französische Oberbefehlshaber, Joubert, versucht, am 15. August gegen die Russen in Oberitalien vorzudringen, und wird in der Nähe von Alessandria bei der Stadt Novi durch das überraschende Eingreifen der Österreicher unter Melas, der mit seinen Truppen ohne Befehl auf das Schlachtfeld eilt und den rechten Flügel der Franzosen wirft, geschlagen. Joubert fällt, und die französische Italienarmee muss sich auf Genua zurückziehen.

Erzherzog Karl möchte mit Korsakow einen gemeinsamen Entlastungsangriff gegen Masséna unternehmen. Obwohl aus Wien die Weisung vorliegt, keine derartigen Aktionen zu führen, entschließt sich Karl zur Unterstützung der Russen. Der Angriff scheitert aber am 17. 8. schon in seinen Anfängen. Erzherzog Karl bleibt nur mehr übrig, die Befehle aus Wien zu befolgen und aus der Schweiz abzuziehen.

Die Reibereien zwischen Suwarow und den Österreichern führen Ende August 1799 zur Umgruppierung der Streitkräfte der Koalition. In Italien sollen nunmehr die Österreicher alleine mit 60 000 Mann unter Melas agieren. Suwarow erhält den Befehl mit seinen Truppen in die Schweiz zu marschieren – dort soll von 50 000 Russen der Hauptstoß der Alliierten geführt werden. Am Rhein soll Erzherzog Karl 25 000 Mann zur Verbindung mit den Russen zurücklassen und – nach der Einnahme von Mainz – mit einem englischen Landungskorps unter dem Herzog von York die Niederlande zurückerobern. Am 18. September gelingt Erzherzog Karl die Rückeroberung von Mannheim. Masséna, der vom Herannahen der Armee Suwarows am 20. in Kenntnis gesetzt wurde, beeilt sich, das bei

Zürich verbliebene russische Korps Korsakow anzugreifen und fügt ihm vom 25. bis 27. eine verlustreiche Niederlage zu. Dadurch gibt Suwarow seine Absicht, auf Zürich zu marschieren, auf und erreicht nach einer schwierigen Alpenüberquerung Chur, wo er Erzherzog Karl vorschlägt, gemeinsam über Schaffhausen wieder vorzugehen. Es kommt jedoch wieder zu heftigen Meinungsverschiedenheiten zwischen den Österreichern und Russen und jetzt auch zum vollen Bruch. Suwarow kehrt im November nach Russland zurück. Die ärgste Gefahr für Frankreich ist damit beseitigt.

6. Der 18. Brumaire 1799 –
Bonapartes Putsch

Die Rückschläge des zweiten Koalitionskrieges mit England, Russland und Österreich, die Einführung einer allgemeinen Wehrpflicht für alle Männer zwischen 20 und 25 Jahren (loi Jourdan), die nach wie vor drückenden Finanzprobleme (zuletzt ein Defizit von 400 Millionen bei Staatseinnahmen von 725 Millionen Francs und Aktiven von 167 000 Francs gegenüber 474 Millionen Francs Schulden), starke Inflation des Papiergeldes und hohe Arbeitslosigkeit (7/8 der Pariser Handwerker sollen arbeitslos gewesen sein) führen zu einem neuerlichen Erstarken der Linken. Im Frühjahr 1799 erringen die Jakobiner große Erfolge bei den jährlichen Wahlen. Im Westen hingegen kommt es zu royalistischen Unruhen. Die beiden Kammern (Rat der Fünfhundert und Rat der Alten) stehen immer mehr in Opposition zu den fünf Direktoren. Im Mai wird der für eine Verfassungsänderung eintretende Ex-Abbé Emanuel Sieyès, ein ehemaliger »Königsmörder«, berühmt durch seine Schrift »Was ist der Dritte Stand?«, der

allerdings nunmehr die Ausschreitungen der Schreckensherrschaft nicht neu aufleben lassen möchte, in das Direktorium
berufen. Der Ex-Jakobiner Fouché wird im Juni Polizeiminister und geht entschlossen gegen die Linke vor, während Sieyès
versucht, Unterstützung beim Militär zu finden – er sucht
einen »Säbel«. Nach dem Tod von Hoche und Joubert, den
prominentesten Generälen, dem Eintreten Pichegrus für die
Royalisten und von Jourdan für die Jakobiner, kommen nur
Bernadotte, damals Kriegsminister, und Moreau für einen innenpolitisch skrupellos durchgreifenden General in die enge-
re Wahl. Während Bernadotte jedoch ohne Hausmacht und
unentschlossen ist, und Moreau ebenfalls zögert, bietet sich
der über die militärischen und innenpolitischen Probleme
mittels ihm von den Engländern überlassener Zeitungen in-
formierte Bonaparte unaufgefordert als »Retter in der Not«
an. Er verlässt am 23. August auf der Fregatte »Muiron«
Ägypten, durchbricht die englische Blockade und landet am
16. 10. 1799 in Frejus. Obwohl er keineswegs dazu die Erlaubnis – geschweige denn einen Befehl – hat, wird er von der
Bevölkerung Frankreichs begeistert empfangen. Der von ihm
als Stellvertreter eingesetzte neue Kommandant der Armée de
l'Orient, General Kléber, schickt einen sehr klaren Bericht
nach Paris: »*Bürger Direktoren! Der Chefgeneral Bonaparte
ist am 6. Fruktidor früh nach Frankreich abgereist, ohne daß er
jemanden davon unterrichtete (…) Die Armee ist auf die Hälfte reduziert (…) Jetzt handelt es sich nicht mehr darum, wie
früher, gegen entmutigte Horden von Mameluken zu kämpfen, sondern den vereinten Angriffen der großen Mächte, der
Pforte, den Engländern, den Russen, zu widerstehen. Das Fehlen der Waffen, des Pulvers, von Eisen und Blei, stellen ein sehr
alarmierendes Bild dar. Die Truppen sind nackt und das
Fehlen von Kleidung stellt, in diesem Land, eine der aktivsten
Ursachen für Dysentherie und Augenkrankheit dar, welche
Krankheiten hier vorherrschen (…)*

Der General Bonaparte hat alle außergewöhnlichen Resourcen in den ersten drei Monaten unserer Ankunft erschöpft. Er hat soviele Kontributionen ausgeschrieben, wie das Land nur tragen konnte. Zu diesen Mitteln wieder zu greifen, wo wir von Feinden umgeben sind, wäre die Vorbereitung eines Aufstandes bei der ersten, sich bietenden, Gelegenheit. Bonaparte, bei seiner Abfahrt, hat nicht einen Sou in der Kasse – nicht irgendeinen Wertgegenstand zurückgelassen. Er hat im Gegenteil 12 Millionen Schulden hinterlassen (…)

Dies ist, Bürger Direktoren, die Situation, in der mir Bonaparte die ungeheure Bürde der Armee de l'Orient überlassen hat. Er sah die fatale Krise herankommen, Ihre Befehle – ohne Zweifel – haben ihm nicht gestattet ihr auszuweichen.« Eine Laune der Geschichte will es, dass dieser Rapport nicht mehr den Bürgern Direktoren vorgelegt werden wird, sondern bereits dem Ersten Konsul Bonaparte.

Die Herzogin von Abrantès, die Gattin von Bonapartes Weggefährten Junot, erinnert sich in ihren Memoiren an diese Zeit: *»Es gibt in keiner Sprache passende Ausdrücke, um den Eindruck zu schildern, den in Frankreich die Rückkehr von Bonaparte machte. Herr von Bourienne hat Recht, wenn er sagt, daß es ein Delirium war. Viele Leute, zumindest solche, die immer behaupten Alles besser zu wissen, haben behauptet, daß das Direktorium, wenn es mehr Festigkeit bewiesen haben würde, den Sieg davongetragen hätte. Die so sprechen, kennen weder Frankreich, noch die Position des Direktoriums. Der Enthusiasmus der Nation, derjenige der zwei Versammlungen (…) war alleine schon der Beweis, daß jeder Schritt des Direktoriums nur sein Ende beschleunigen konnte.«*

In Paris angekommen muss Bonaparte allerdings erkennen, dass die militärische Situation keineswegs mehr so kritisch ist, wie er angenommen hat. Von einem Kommando kann eben so wenig die Rede sein, wie von einer Aufnahme ins Direktorium (da er nicht das erforderliche Mindestalter von 40

Jahren aufweist). Bonaparte versucht daher zunächst einflussreiche Verbündete zu finden. Seine Brüder Lucien und Joseph,
Mitglieder des Rates der Fünfhundert, vermögen dabei entscheidende Hilfe zu leisten. Neben Außenminister Talleyrand
und Justizminister Cambacérès gelingt es auch, den Polizeiminister Fouché zu gewinnen. Einige Bankiers, darunter Collot, der sogleich mit 500 000 Francs aushilft, und Perregeaux
(dem Schwiegervater Marmonts) sowie Bonapartes Beute
aus dem Italienfeldzug schaffen eine »Kriegskasse« von ca.
1 500 000 Francs, die für Bestechungen dringend benötigt
wird. Es gelingt auch die Direktoren Sieyès und Ducos
zu überzeugen, dass jetzt der Zeitpunkt gekommen sei, eine
stabile neue Verfassung – unter Bruch der bisherigen – mit
Hilfe Bonapartes zu schaffen. Der wichtigste General, der
gegen das Direktorium eingestellte Moreau, dem Bonaparte
den Säbel des Murad Bey als Reisemitbringsel überreicht, erklärt zwar, sich nicht aktiv an der Planung einer Verschwörung beteiligen zu wollen, aber doch bereit zu sein, Bonapartes Anordnungen zu befolgen.[17] Auch die mit Moreau
befreundeten Generäle Macdonald und Beournonville kündi-
gen ihre Unterstützung an. Die Pariser Garnison besteht zum
Teil aus Veteranen des Italienfeldzuges von 1796/ 97 und
hat ihren ehemaligen Oberkommandierenden noch in bester
Erinnerung. Bonapartes aus Ägypten mitgebrachte Adjutanten Murat, Lannes und Marmont versuchen in den Kaser-
nen Mannschaften und Offiziere zu beeinflussen. Napoleon
hat 1804 gegenüber der Hofdame Frau von Rémusat seine
Haltung mit sichtlichem Stolz geschildert: *»Das Direkto-*
rium zitterte vor meiner Rückkehr. Ich hielt mich aber sehr
zurück. Es ist die Zeit meines Lebens, wo ich mich am ge-
schicktesten benahm. Ich besuchte Sieyès und versprach
ihm die Durchführung seines wortreichen Verfassungsent-
wurfes; ich empfing die Führer der Jakobiner und die Agenten
der Bourbonen, ich verweigerte niemandem meinen Rat, aber

ich gab ihn nur im Interesse meiner eigenen Pläne. Ich verbarg mich dem Volke, denn ich wusste, dass es dann im geeigneten Augenblick aus Neugierde meinen Spuren folgen werde. Jeder lief mir ins Garn, und als ich das Oberhaupt des Staates wurde, gab es keine Partei, die nicht irgend eine Hoffnung auf mich baute.«

Fast alle führenden Politiker verbindet die Überzeugung, dass die bisherige Verfassung, infolge der jährlich wechselnden Mehrheitsverhältnisse, der Pattstellung zwischen den gesetzgebenden Versammlungen und der schwachen Regierung, eine notwendige Reform verhindert und der Staat vor dem Bankrott steht. Das Erlebnis des Zusammenbruches der staatlichen Autorität in den ersten Jahren der Revolution, die Angst vor einem Wiedererstehen des linken Terrors, die gewaltige Inflation, persönliche Ambitionen und Machtansprüche verstärken zudem die Überzeugung, dass eine rasche Veränderung notwendig ist.

Am 6. November veranstalten Abgeordnete der beiden Kammern für Bonaparte und Moreau ein Festmahl im »Siegestempel« (d. i. die ehemalige Kirche Saint-Sulpice), an welchem auch der das Präsidium führende Direktor Gohier teilnimmt. Gohier hat kurz vorher Bonapartes Wunsch, zu einem der Direktoren ernannt zu werden, wegen Nichterreichen der Altersgrenze von 40 Jahren abgelehnt. Die Stimmung ist angesichts der erahnten bevorstehenden Ereignisse angespannt. Bonaparte soll, aus Angst vor Vergiftung, nur von seinen Adjutanten mitgebrachtes Essen verzehrt haben. Mme. Junot berichtet über die Stimmung in Paris: *»Während der Tage, die dem 18. Brumaire vorangingen, beherrschte eine große Unruhe Paris. Man wußte zwar nicht genau, was man zu befürchten hatte, aber man fürchtete sich. Es gab zwar nichts Beunruhigendes, aber jeder war irgendeinem Gefühl der Unsicherheit unterworfen. Hélas! Was hat uns so ängstlich gemacht? Unsere Erfahrungen.«*

Bonaparte und seine Verbündeten wollen ihre zum Teil erkaufte Mehrheit im Rat der Alten dazu benützen, wegen einer angeblichen jakobinischen Verschwörung, den Sitzungsort des Rates der Fünfhundert in das etwas außerhalb von Paris gelegene Schloss Saint Cloud zu verlegen. Geschieht dies noch im Rahmen der verfassungsmäßigen Befugnisse, so überschreitet bereits der Zusatz, dass Bonaparte die Sicherung des Umzuges und das Kommando über die 17. Division des Pariser Militärbezirks und »die Garde des gesetzgebenden Körpers« übernehmen soll, die Kompetenz dieser Kammer.

Als am 8. 11. die alarmierten Jakobiner über Gegenmaßnahmen beraten, entschließen sich die Verschwörer zum Handeln. Für den 9. 11. 1799 (18. Brumaire nach republikanischer Rechnung) werden beide Räte einberufen. Die in der Nacht geschriebenen Einladungen werden den »verlässlichen« Abgeordneten um sieben Uhr zugestellt. Die »linken« Delegierten erhalten sie erst gegen zehn Uhr. Polizeiminister Fouché lässt die Barrieren von Paris sperren, um die Verbindungen zwischen der Pariser Stadtverwaltung und St. Cloud zu unterbrechen. Zwölf Pariser Gemeinderäte werden suspendiert. Bonaparte hat die Generäle der Garnison und die Offiziere der Nationalgarde um sechs Uhr morgens in seine Wohnung gebeten und bereits einige Linienregimenter zur Parade befohlen. Dem präsidierenden Direktor Gohier kündigt er an, mit seiner Gattin zum Abendessen zu erscheinen. Zunächst verlaufen die Angelegenheiten wie geplant. Der Rat der Alten fasst (dank etlicher finanzieller Zuwendungen) in den Tuilerien den vorbereiteten Beschluss über die Verlegung des gesetzgebenden Körpers und die Ernennung Bonapartes. Um acht Uhr nimmt er das Dekret in seiner Suite entgegen und leistet einen Schwur auf die Freiheit und die Verteidigung der Republik.

Gegen elf Uhr wird er im Rat der Fünfhundert im ehemaligen Palais Bourbon allerdings erstaunt und unwillig empfangen. Sein Bruder Lucien kann jedoch als Präsident eine Debatte über die Verlegung des Rates bis zu einer Sitzung am nächsten Tag in St. Cloud verhindern. Talleyrand und Bruix gelingt es währenddessen, den Direktor Barras durch Drohungen und dank einer finanziellen Entschädigung von 500 000 Francs zum Rücktritt zu bewegen. Die nach dem Rücktritt der Mitverschwörer Sieyès und Ducos verbliebenen Direktoren Gohier und General Moulins sind damit nicht mehr in der Lage, einen Mehrheitsbeschluss des Direktoriums zu fassen. Gohier berichtet darüber in seinen Memoiren:

»Bonaparte: ›Es gibt kein Direktorium mehr!‹

Gohier: ›Was, es gibt kein Direktorium mehr! – Sie irren sich General; Sie wissen wohl, daß Sie sich verpflichtet haben, heute bei seinem Präsidenten zu Abend zu essen! Sollte das nur geschehen sein, um Ihre feindlichen Absichten besser verbergen zu können und sollte es nicht in Ihrer Macht stehen, die Zusage dieser Einladung aufrecht zu erhalten? Sie selbst haben den Tag bestimmt!‹

Bonaparte: ›Meine Absichten sind nicht feindlich. Die Republik ist in Gefahr; sie muß gerettet werden! Ich will es! – Und nur durch energische Mittel werden wir dazu gelangen. Sieyès und Ducos nehmen ihren Abschied. Barras hat gleichfalls den seinen eingereicht; Sie beide sich selbst überlassen, werden sich nicht weigern ebenfalls zu gehen!‹

Moulins: ›Erkennen Sie doch Ihren Irrtum, General! Ein französischer Soldat verläßt, selbst wenn er als vorgeschobene Wache auf dem vom Feinde unterminierten Boden steht, niemals seinen Posten aus Furcht vor einer Explosion. Einem republikanischen General kann man nicht das Benehmen zweier Deserteure als Beispiel vorführen.‹

Gohier: ›Lähmt Ihre Verabschiedung heute das Direktorium, General, so wird es morgen schon wieder vollzählig sein!‹«

Die beiden verbliebenen Direktoren werden verhaftet, und General Moreau wird mit der Bewachung in ihrem Amtssitz, dem Palais Luxemburg, beauftragt. Obzwar Sieyès – als erfahrener Revolutionär – vorschlägt, 40 jakobinische Abgeordnete »sicherheitshalber« zu verhaften, glaubt General Bonaparte, überzeugt die Unterstützung des Militärs bereits gewonnen zu haben, dass der Entwurf der neuen Verfassung nunmehr problemlos in St. Cloud, wo einige Regimenter unter seinem Waffengefährten Serrurier bereits aufmarschiert sind, beschlossen werde.

Am 10. 11. (19. Brumaire) versammeln sich die Kammern um zwölf Uhr in St. Cloud. Bonaparte sucht zunächst den in der Apollogalerie des Schlosses zusammengetretenen Rat der Alten auf. Obzwar die Mehrheit auf seiner Seite ist, kommt es zu hitzigen Debatten. Die am Vortag zu spät geladenen Abgeordneten beschweren sich über die Verletzung der Verfassung und beschließen, zunächst die Entscheidung des Rates der Fünfhundert abzuwarten. Die Volksvertreter des Rates der Fünfhundert verlieren um 14 Uhr zunächst viel Zeit damit, dass die Abgeordneten einzeln ihren Eid auf die Verfassung feierlich erneuern sollen. Als sich Bonaparte in die Orangerie zum Unterhaus begibt, ist die Stimmung der Versammlung so feindlich, dass er eingeschüchtert nur stockend und stotternd – von zahlreichen Zwischenrufen unterbrochen – seine Uneigennützigkeit beteuert (Nach der offiziellen Version des »Journal militaire«). Auf seinen Appell die Freiheit und Gleichheit zu retten, antwortet ein Mitglied des Hauses: *»Und die Verfassung?«* Hierauf gewinnt Bonaparte an Fassung und erwidert: *»Die Verfassung, alle Parteien haben sie gebrochen; sie kann das Land nicht retten, denn niemand hat noch Achtung vor ihr.«*

Nach einigen obstrusen Verschwörungstheorien beendet Bonaparte, unter Anrufung der Bajonette seiner Waffenbrüder, den unrühmlichen Auftritt und verlässt das Gebäude. Im Park wird er von den aufmarschierten Soldaten mit Hochrufen empfangen. Während im Plenum die Anhänger des Putsches eher peinlich berührt über diesen Auftritt das Weitere abwarten und über die Frage debattieren, ob der eben bekannt gewordene Rücktritt von Barras gültig sei und ob neue Direktoren gewählt werden sollen, erscheint Bonaparte neuerlich in der Begleitung von vier Grenadieren. Der damalige Abgeordnete Dounous hat die Szene festgehalten: *»Bonaparte trat, in der einen Hand den Hut, in der anderen die Reitgerte, in den Saal der Fünfhundert. Er war von vier Grenadieren begleitet, die nur ihre Säbel trugen (...) Ich befand mich in der zweiten Reihe der Abgeordneten, aber ganz im Bereich dessen, was sich in diesem Augenblick ereignete. Viele Neugierige, die gegen die Mauern der Orangerie gepreßt oder in die Fensternischen an der Parkseite eingezwängt waren, ließen zwischen sich und den Abgeordneten nur wenig Platz, so daß man nur schwer zur Rednertribüne gelangen konnte. Infolgedessen konnte Bonaparte auch nur langsam vorwärtsschreiten, und er wurde von den Jakobinern, die sich in der Nähe der Rednertribüne aufhielten, erst bemerkt, als er schon ziemlich nahe bei ihnen war. Aber kaum hatten sie ihn erblickt, als sie sich auf ihn zu stürzen versuchten, wobei sie die wüstesten Schmähungen gegen ihn ausstießen, wie ›Nieder mit dem Tyrannen! Nieder mit dem Diktator! Nieder mit dem Cromwell!‹ (...) Als Bonaparte sich so heftig angegriffen sah, zog er sich auf die vier Grenadiere zurück, die ihm folgten. Diese vier Leute, die er unter den größten und stärksten Grenadieren ausgewählt hatte befreiten ihn, nahmen ihn in ihre Mitte und bildeten einen Wall um ihn. Ohne den Rücken zu wenden, erreichten sie, Schritt für Schritt zurückgehend, die Tür, während die Jakobiner wie Bullenbeißer in dem Maße vordrangen, wie Bonaparte und seine Grenadiere zurückwichen. Sie machten die größten Anstrengungen, um ihn zu erreichen, und fuhren fort, Schmähungen gegen ihn auszustoßen.«*

Um nicht die Abstimmung über die Ächtung seines Bruders leiten zu müssen, legt Lucien seine Amtsrobe ab und will ebenfalls den Saal verlassen. Er wird von Abgeordneten aufgehalten und schließlich durch einen Trupp Grenadiere befreit. Vor dem Schloss sind sich Napoleon und seine Getreuen nicht sicher, ob die Truppe einem Befehl zum Sturm der Versammlung Folge leisten würde. Lucien gelingt es, kraft seiner Autorität als Vorsitzender des Rates, den Ereignissen die entscheidende Wende zu geben. Er erklärt, dass der Rat aufgelöst sei, eine kleine, mit Dolchen bewaffnete Minderheit schüchtere die Abgeordneten ein und habe auch das Haupt des Generals Bonaparte bedroht. Als er in altrömischem Pathos seinen Degen auf Napoleon richtet und schwört, dass er ihn niederstechen werde, wenn er etwas gegen die Freiheit unternehme, antworten die Soldaten begeistert »Vive Bonaparte« und jagen mit gefälltem Bajonett die Volksvertreter auseinander. Die falsche Behauptung, dass Abgeordnete mit Schusswaffen und Dolchen bewaffnet gewesen wären, wiederholt Napoleon auch in seiner Proklamation vom 19. Brumaire, um 23 Uhr (4389) und in seinem Tagesbefehl an die Truppen (4390).

Lucien sucht in den Gärten von St. Cloud ungefähr 40 Abgeordnete zusammen. Diese »Mehrheit« des Rates der Fünfhundert beschließt in den Abendstunden eine vorläufige Verfassung, welche der Rat der Alten noch in der Nacht bereitwilligst bestätigt. Drei gleichberechtigte Konsuln (Bonaparte, Sieyès, Ducos) sollen das Direktorium ersetzen. Napoleon Bonapartes Sekretär Bourienne berichtet über die Rückkehr seines Generals um drei Uhr morgens des 11. Oktober: »*Bonaparte war außerordentlich abgespannt; eine neue Zukunft eröffnete sich ihm, und so überließ er sich vollkommen seinen Gedanken, kein Wort kam während der Fahrt von seinen Lippen. Als er jedoch in seiner Wohnung in der Rue de la Victoire angelangt war und der sehr besorgten Josefine guten Tag gewünscht hatte, sagte er zu Bourienne: ›Ich habe wohl viele Dummheiten geschwatzt, Bourienne?‹ ›Nicht zu wenig, General.‹ ›Ich spreche lieber zu Soldaten als zu Rechts-*

gelehrten. Diese Esel haben mich vollkommen verwirrt. Ich habe nicht die Erfahrung, in Versammlungen zu sprechen. Es wird schon noch werden.‹ Darauf plauderten alle drei zusammen; Frau Bonaparte hatte sich endlich wieder beruhigt und der General seine ganze Sicherheit zurückgewonnen.«

Die Bevölkerung, des Krieges, der Aufstände und Unruhen müde, nimmt die Ereignisse von St. Cloud ungerührt zur Kenntnis. Am 25. 12. 1799 tritt nach einer Volksabstimmung (3 011 007 Ja und 1562 Nein) die endgültige, neue Verfassung in Kraft. Es gibt nach wie vor drei Konsuln, aber einer ist »gleicher«. Die Macht ist nunmehr bei Bonaparte als »Erstem Konsul« konzentriert, die beiden anderen Konsuln (Cambacérès und Lebrun) haben nur mehr beratende Funktion. Am 17. 2. 1800 zieht Napoleon in die Tuilerien ein.

Der neue Erste Konsul, mit innenpolitischen Problemen durchaus ausgelastet, richtet kurz nach seinen Amtsantritt ein allgemein gehaltenes Friedensangebot an die Verbündeten. An Kaiser Franz schreibt er: *»Jedem Gedanken an eitlem Ruhm fremd, ist es mein erster Wunsch dem Blutvergießen ein Ende zu machen.«* In Wien ist man der Ansicht, dass die Ereignisse in Frankreich keineswegs von besonderer Bedeutung für die Situation in Europa sind und bleibt misstrauisch. Das Friedensangebot wird abgelehnt. Ende 1799 sind Oberitalien und Süddeutschland noch fest in der Hand der Alliierten. Lediglich Masséna kann sich in der Schweiz behaupten.

Allerdings scheidet der verärgerte Zar Paul I. (der bemerken musste, dass die Engländer keineswegs daran denken, ihm den wichtigen Hafen von Malta zu überlassen) endgültig aus dem Bündnis aus; Österreich muss sich auf dem Kontinent wieder einmal alleine bewähren. Masséna kommandiert in Italien weitverstreute 70 000 Mann (davon 20 000 in Genua). Moreaus Rheinarmee verfügt zwischen Straßburg und Zürich über ca. 120 000 Mann. Bonaparte zieht bei Dijon eine neue Armee (»Reservearmee«) zusammen und plant über die Schweiz eine

BULLETIN DES LOIS DE LA RÉPUBLIQUE
N.°
9.

(N.° 62.) *PROCLAMATION.*

Du 17 Ventôse, an VIII de la République une et indivisible.

LES CONSULS DE LA RÉPUBLIQUE

AUX FRANÇAIS.

(N.° 63.) *ARRÊTÉ qui crée une armée de réserve.*

Du 17 Ventôse.

LES CONSULS DE LA RÉPUBLIQUE ARRÊTENT :

ART. I.ᵉʳ Il sera créé une armée de réserve forte de soixante mille hommes.
II. Elle sera directement commandée par le premier Consul.
III. L'artillerie sera commandée par le général *Saint-Remy;*
I.ᵛ Le parc, par le chef de brigade *Gassendi;*

(4)

Le génie, par le premier inspecteur du génie, *Marescot.*
IV. L'ordonnateur *Dubreton* remplira les fonctions d'ordonnateur en chef.
V. Les différens corps et les conscrits qui doivent composer cette armée, se mettront sur-le-champ en marche pour Dijon ; ils seront cantonnés dans les villes à vingt lieues à la ronde.
VI. Le ministre de la guerre est chargé de l'exécution du présent arrêté. Il prendra toutes les mesures pour faire réunir à Dijon tous les objets nécessaires pour l'armement, l'habillement et l'équipement de l'armée de réserve.

Le premier Consul, signé BONAPARTE. Par le premier Consul : *le secrétaire d'état,* signé HUGUES B. MARET. *Le ministre de la justice,* signé ABRIAL.

Beschluss der Konsuln der Republik über die Schaffung der Reservearmee vom 17. Ventose Jahr VIII.: *Art. I.:* Es wird eine Reservearmee in der Stärke von 60 000 Mann aufgestellt. *Art. II.:* Sie wird direkt vom Ersten Konsul kommandiert (…)

Offensive gegen die Österreicher am Rhein zu führen und anschließend über den St. Gotthard in Italien einzufallen. Ein betont bescheidener Brief des Ersten Konsuls an Moreau vom 16. 3. 1800 (4674) soll diesen mit dem raschen Aufstieg seinen Generalskollegen versöhnen: *»Die Engländer bereiten eine gewaltsame Landung vor. Was wollen Sie? Ich bin heute eine Art Marionette* (wörtl.: *»espèce de mannequin«*)*, welche ihre Freiheit und ihr Glück verloren hat. Die Größe ist schön, aber nur in der Erinnerung und in der Einbildung. Ich beneide Sie um ihr glückliches Los; sie können mit Tapferen schöne Taten vollbringen. Ich würde gerne meinen konsulären Purpur gegen die Epaulette eines Brigadegenerals unter Ihrem Kommando eintauschen.*

Ich hoffe sehr, daß es mir die Verhältnisse erlauben Ihnen bald unter die Arme greifen zu können. Jedenfalls haben Sie mein vollstes Vertrauen.«

7. Marengo und Hohenlinden – Zwei legendäre Siege

General Masséna – mittlerweile Kommandant der französischen Italienarmee – wird mit seinen Truppen am 21. 4. 1800 in Genua eingeschlossen. Zu Lande belagern die Österreicher die Stadt, die Verbindung über das Meer wird von der überlegenen englischen Flotte blockiert. Die Lebensmittel reichen nur mehr bis Mitte Mai aus. Der Erste Konsul reist am 6. Mai von Paris ab, um das Kommando über die neuaufgestellte Reservearmee selbst zu übernehmen. Angesichts der Lage in Italien beschließt er, die Idee eines Angriffes in Deutschland fallen zu lassen und bereitet den dringend notwendigen Entsatz von Genua vor. Die 35 000 Mann der Reservearmee ziehen vom 10. bis 16. 5. über die Alpen in Richtung Poebene. Da die vorbereiteten Schlitten für die Kanonenrohre nicht geeignet sind, werden diese in ausgehöhlte Baumstämme gelegt und auf dem Schnee gezogen. Je ein Bataillon (ca. 500 bis 800 Mann) hat ein Geschütz und Zubehör gegen eine Belohnung von 500 Francs zu transportieren. Alle Fuhrwerke werden zerlegt und von den Soldaten getragen. Die Munition und Verpflegung folgt auf 900 (statt für notwendig befundene 2000) mit Mühe beschafften Maultieren. Der Weg ist bis Martigny ein guter Fahrweg, bis Bourg St. Pierre ein schlechter Karrenweg, dann 30 km lang über den Pass bis Aosta stellenweise ein etwa 60 cm breiter Saumweg, der nur einzeln zu passieren ist. Die Truppe erreicht dabei eine beachtliche Durchschnittsleistung von ca. 13 km pro Tag. Den berühmten Übergang über die Passhöhe des Großen St. Bernhard schildert einer der Teilnehmer, der junge Generalstabsoffizier Maurice Dupin, in einem Brief (zitiert bei Georges Sand »L'histoire de ma vie«): *»Ich habe den Sankt Bernhard überquert. Die Beschreibungen und Gemälde sind weit hinter der schrecklichen Realität (...) Diese drei Meilen wurden im Schnee, über Felsen hinweg, zurückgelegt. Keine Pflanze, kein Baum, Schluchten und Löcher überall. Mehrere Lawinen, die am Vortag abgegangen waren, haben den Weg praktisch unpassierbar gemacht. Wir sind mehrere Male bis zum Gürtel im Schnee versunken. Und siehe da, eine Halbbrigade trug auf ihren Schultern ihre Kanonen und Munitionsbehälter, sie von Fels zu Fels weiterreichend. Diese Tätigkeit, Entschlossenheit, die Schreie und Gesänge dieser Armee gaben das außergewöhnlichste Schauspiel. Zwei Divisionen waren in den Bergen versammelt (...) Ich sprach mit einem Mönch während des frugalen Mahles. Er sagte mir, daß sein Hospiz der höchste bewohnte Ort Europas sei und zeigte mir die dicken Hunde, die helfen, von Lawinen verschüttete Personen zu finden. Bonaparte hatte sie eine Stunde vorher gestreichelt und, ohne mich zu genieren, machte ich es wie Bonaparte.«*

Das tapfer von einem österreichischen Hauptmann mit 400 Mann verteidigte Fort Bard sperrt allerdings die Straße in die Poebene und muss auf Gebirgssteigen umgangen werden. Schließlich erreicht Bonaparte am 26. Mai Ivrea – nur 20 km von Turin entfernt. Fast die gesamte Artillerie ist allerdings noch vor Fort Bard blockiert. Die Reservearmee verfügt nun über 35 000 Mann (aber nur 15 Kanonen) und steht im Rücken des Feindes. Der österreichische Kommandant General Melas, der bisher eben so wie das übrige Europa geglaubt hat, dass die Reservearmee nur in der Propaganda der neuen Pariser Machthaber existiere, erfährt Anfang Mai am Var bei Nizza von einer französischen Truppenansammlung am Genfer See. Am 18. 5. melden ihm die österreichischen Vorposten im Aostatal die Annäherung einer Armee. In Eilmärschen begibt er sich mit 25 000 Mann nach Turin, wo er den ersten Vorstoß des Feindes erwartet. Bonaparte hingegen marschiert nach Osten in Richtung Mailand ab, um sich mit weiteren 15 000 Mann des Generals Moncey, welche über den besser passierbaren Gotthard gezogen sind, zu vereinigen. Nach relativ geringem Widerstand besetzte er am 2. Juni Mailand. Nach dem Fall von Fort Bard am 3. 6. können auch die restlichen Teile der Reservearmee mit der Artillerie in die Poebene einrücken. Allerdings ist durch dieses Manöver ein bedeutender Zeitverlust für den Entsatz von Genua eingetreten.

Die österreichischen Belagerungstruppen vor Genua erhalten am 1. 6. den Rückzugsbefehl. Deren Kommandant, General Ott, führt jedoch bereits seit 31. Mai Gespräche über die Übergabe der Stadt und ersucht die Belagerung fortsetzen zu dürfen. Die Situation in Genua beschreibt der spätere General Marbot in seinen Erinnerungen. *»Die geringen Mengen von Reis und Trockenfrüchten, die sich bei den Händlern befunden hatten, waren schon bei Beginn der Belagerung zu enormen Preisen verkauft worden. Lediglich die Truppe erhielt eine schwache Ration von ¼ Pfund Pferdefleisch und ¼ Pfund*

von sogenanntem Brot – einem grauslichen Gemisch von ver-
dorbenem Mehl, Ton, Stärke, Frisierpuder, Hafer, Flachssa-
men, ranzigen Nüssen und anderen Zutaten von minderer
Qualität, dem man etwas Festigkeit durch die Beimengung
von Kakaopulver gab. Jedes Brot wurde außerdem durch klei-
ne Holzstücke zusammengehalten, sonst wäre es in Staub zer-
fallen. Der General Thiébault vergleicht in seinem Tagebuch
der Belagerung dieses Brot mit Torf – vermischt mit Öl.« Zahlreiche Zivilisten und österreichische Kriegsgefangene werden
dem Hungertod preisgegeben.

Am 3. 6. kapituliert Genua. Bonaparte erfährt davon durch
einen abgefangenen österreichischen Kurier bereits am 7. 6.
Die Österreicher setzen nun – durch den Fall Genuas moralisch gestärkt – am 14. 6. zum direkten Angriff auf die Franzosen in der Lombardei an und versammeln ca. 35 000 Mann
bei Alessandria. Bonaparte, der zunächst ein Vordringen der
Österreicher abgewartet hat und nur über unklare Kund-
schaftermeldungen verfügt, erwartet, dass Melas nach Genua
abzieht, um sich mit englischen Verstärkungen zu vereinigen,
und marschiert, ohne von der Nähe der Österreicher etwas zu
ahnen, einige Kilometer ostwärts von Alessandria, bei dem
Ort Marengo, vorbei. Er entsendet sogar noch eine Division
nach Norden, um die Übergänge über den Po zu bewachen
und die Division Desaix nach Süden in Richtung Novi. Dadurch auf eine Stärke von ca. 25 000 Mann reduziert, wird Bonaparte von den 35 000 gegen Osten vorwärtsdrängenden
Österreichern überrascht. Die Kaiserlichen schlagen die Franzosen verlustreich zurück und besetzen Marengo. Die demo-
ralisierten Franzosen suchen ihr Heil im Rückzug. Der österreichische Kommandant Melas kehrt mit seinem Stab nach
Alessandria zurück und sendet eine Siegesmeldung nach
Wien.

Auch nach Paris gelangt eine Meldung. Der damalige Polizeiminister Fouché berichtet: *»So war die Lage, als am Abend*

des 20. Juni zwei Kuriere mit Nachrichten von der Armee an-
kamen und meldeten, daß die am 14. um 5 Uhr begonnene
Schlacht bei Alessandria zum Nachteil der Konsulararmee aus-
gefallen wäre und diese sich auf dem Rückzug befände, aber
noch gekämpft würde. Diese Nachricht, die sich mit Windesei-
le in alle beteiligten Kreise verbreitete, rief auf die Gemüter
ungefähr dieselbe Wirkung hervor wie ein elektrischer Schlag
auf den menschlichen Körper. Man suchte sich auf und bildete
Versammlungen. Man begab sich zu (Marie Joseph) *Chénier,*
zu Courtois, zu dem Anhang der Staël, zu Sieyès und zu Car-
not. Jeder behauptete, man müsse die Republik aus den Klau-
en des Korsen retten, der sie in Gefahr brächte; man müsse sie
freier und weiser zurückgewinnen; man brauche einen ersten
Beamten, der weder ein arroganter Diktator noch ein Solda-
tenkaiser sei. Alle Blicke und alle Gedanken richten sich auf
Carnot, den Kriegsminister. Ich erfahre zu gleicher Zeit die
Nachricht und die Gärung die sie verursacht. Sogleich begebe
ich mich zu den beiden Konsuln, die ganz bestürzt sind. Ich
gebe mir alle Mühe ihnen Mut einzuflößen. Als ich jedoch nach
Hause zurückkehrte, mußte ich meinen Kopf gewaltig an-
strengen – das gestehe ich. Mein Salon war mit Menschen an-
gefüllt. Ich hütete mich jedoch zu erscheinen.« (Der vorsichti-
ge Fouché hat wohl nur auf die Bestätigung dieser Meldung
gewartet. Es besteht kaum Zweifel daran, dass er die Gelegenheit ebenfalls benützt hätte, um einem geschlagenen Bonaparte in den Rücken zu fallen.)

Die Division des Generals Desaix wurde durch Hochwasser
bei ihrem Abmarsch nach Süden aufgehalten. Als Desaix den
Kanonendonner der Schlacht hört, kehrt er ohne Befehl um
und eilt mit seiner Division (ca. 5300 Mann) schnellstens herbei. Er reitet zu Bonaparte und meint, dass die Schlacht verloren sei. Dieser erwidert darauf: »Wie auch immer, es ist noch
Zeit eine andere zu gewinnen« (anderen Quellen zufolge soll
Desaix dies gesagt haben) und befiehlt ihm anzugreifen. Die

ahnungslosen, siegestrunkenen Österreicher werden in der Flanke überrascht und von Desaix und der sie im entscheidenden Moment unterstützenden Kavallerie des Generals Kellermann in die Flucht geschlagen. Die Österreicher sind aufgelöst und zerschlagen und müssen die Lombardei räumen. Der glückliche Bonaparte gewinnt aber nicht nur die Schlacht, denn der Tod von Desaix (zur gleichen Viertelstunde wird auch sein kritischer, republikstreuer Kommandant der Orientarmee, Kléber, in Kairo von einem Muslim erdolcht) enthebt ihn auch der Peinlichkeit, diesen Erfolg mit jemandem anderen teilen zu müssen. Das Vertrauen der Truppe in das Genie des Feldherrn wird grenzenlos und kann nicht einmal mehr in Russland 1812 oder bei Leipzig 1813 ins Wanken gebracht werden. Allerdings beginnt auch Bonaparte selbst immer mehr an sein Glück und eine ihn begünstigende Vorsehung (»seinen Stern«) zu glauben, und so zieht er aus der Beinahekatastrophe seiner italienischen Operationen keineswegs die Lehre, in Zukunft weniger Risiken einzugehen. Eine Geisteshaltung, die nur noch einmal, beim Feldzug des Jahres 1805, der zum Sieg von Austerlitz führt, gut gehen wird.

Der österreichische Hauptmann im Infanterieregiment Toskana, Josef Rauch, ist einer derjenigen, die diese Schlacht selbst miterlebt haben. In seinen Erinnerungen schreibt er: *»Die Schlacht war bereits gewonnen und der Sieg bis 4 Uhr nachmittag behauptet. Wir sahen mit (eigenen) Augen, wie ein Teil unserer Kavallerie dem Feind in den Rücken kam und ein Zug von wenigstens 1000 Mann Gefangener gleich anfangs unseres Vorrückens vor unserem Regimente vorgeführt wurde; und man kann sich denken, wie dieser Anblick unseren Mut erhob! (…) Sowie wir aus dem Dorfe Marengo herausgekommen waren, rückte die gesamte Infanterie des Korps, zu dem wir gehörten, en ordre de parade, im schönsten Frontmarsch vor – die Kavallerie hinter der Front (…) Der Anblick der sie-*

gend vorrückenden Truppen war herrlich; es schien, sie seien in Manöver auf dem Exerzierplatze begriffen und der Marsch ging hier auf der schönsten Ebene einige Stunden ununterbrochen fort bis zur Festung Tortona. Ich bemerkte während dieses Marsches, daß sich unsere Regimenter in die Breite zogen und das unsrige, – so zum zweiten Treffen gehörte, – mit dem ersten Treffen in eine Linie einrückte und das ganze Korps ein sehr ausgedehntes Treffen bildete (...) Unmittelbar darauf stürzte der Feind mit einem fürchterlichen Geschrei auf uns los (...) Ich habe von dieser mir so teuren Kompagnie in dieser heißen Schlacht 44 Mann an Toten und Verwundeten und nicht über 2 Mann an Gefangenen verloren. Ihr tapferer Widerstand bei dem oberwähnten Angriff des Feindes dauerte, wie gesagt, was in der Natur der Möglichkeit auch lag, nur einige Minuten, sie schloß sich dann an die Kompagnien des Regiments an, das rückwärts eine neue Position zu fassen sich bemühte (...) Unser Geschütz wurde zurückgezogen und die im Galopp retirierende Artillerie gab gleichsam das Signal zur allgemeinen Flucht. Nur der einmal Augenzeuge eines panischen Schreckens zur Stunde eines Treffens war, kann sich eine Idee von der schrecklichen Verwirrung machen, die ein unordentlicher Rückzug zur Folge hat.«

Auf der Gegenseite beschreibt der spätere Kapitän der Kaisergarde, Coignet, in seinen berühmten »cahiers« die Schlacht: *»(...) und man bemerkt die 24. Halbbrigade. Sie marschiert sehr weit, sieht die Österreicher und hat ein hartes Gefecht. Sie muß ein Karrée bilden um den feindlichen Angriffen zu widerstehen. Bonaparte verlies sie in dieser schrecklichen Situation. Man behauptet, daß er sie vernichten lassen wolle. Hier der Grund: In der Schlacht von Montebello hat diese Halbbrigade, ins Feuer getrieben von General Lannes, begonnen ihre Offiziere zu erschiessen. Die Soldaten haben nur einen Leutnant übergelassen. Ich weiß nicht, was der Grund für diese schreckliche Rache war. Der Konsul, davon benachrichtigt,* *verbarg seine Verärgerung angesichts des Feindes (...) Aber nun sieht man, daß Bonaparte nichts vergessen hat (...) Währenddessen setzt uns ihre Artillerie stark zu und wir können uns nicht mehr halten. Unsere Reihen lichten sich, wie man mit freien Auge sehen kann; Weithin sieht man nichts als Verletzte und Soldaten, die sie tragen, und nicht mehr in ihre Reihen zurückkehren. Man muß Gelände überlassen. Ihre Kolonnen* (d. h. die Kolonnen der Österreicher) *erneuern sich; niemand kommt hingegen zu unserer Hilfe. Es ist nicht mehr möglich die Kartuschen in den Gewehrlauf zu stoßen, da sie dabei schon wegen der Hitze explodieren könnten. Wir beginnen – geordnet – den Rückzug (...) Als wir warten, lassen wir die Köpfe hängen. Es war zwei Uhr. ›Die Schlacht ist verloren‹, sagen unsere Offiziere (...) Endlich Freudenschreie: ›Da sind sie, Da sind sie!‹ Diese schöne Division* (Desaix) *kam, die Waffe geschultert. Sie war wie ein Wald von Gewehren, den der Wind in Bewegung setzt. Die Truppe kam ohne zu laufen, mit einer schönen Artillerie in den Intervallen der Halbbrigaden. Ein Regiment schwerer Kavallerie schloß den Marsch (...) Eine Hecke verdeckte sie – man sah nicht einmal die Kavallerie. Wir hingegen kämpften immer noch à la retraite. Der Konsul gab seine Befehle. Die Österreicher kamen, wie wenn sie zuhause wären, die Waffe auf der Schulter; sie beachteten uns nicht mehr, sie glaubten uns gänzlich in die Flucht geschlagen (...) Alles machte kehrt und lief nach vorne – man schrie nicht man heulte (...) Und schon ist ihre Armee in Auflösung.«*

Die Herzogin von Abrantès schildert nicht nur die Stimmung nach der Siegesnachricht auf den Boulevards von Paris: *»Ein wirklich schönes Schauspiel, ein großes Volk voller Liebe und Entgegenkommen«*, sie wundert sich auch über die offizielle Berichterstattung: *»Einige Zeit später, als Offiziere aller Dienstgrade nach Paris zurückkamen und die verschiedensten Schilderungen über die Schlacht zirkulierten, erfuhr man mit*

Überraschung die Verdienste des Generals Kellermann, aber im gleichen Augenblick war man auch erstaunt über das fast gänzliche Stillschweigen, welches der Erste Konsul über diese schöne Waffentat einhielt.«

Der berühmte preußische Kriegshistoriker Carl von Clausewitz meint zum Ausgang der Schlacht in seinem Werk »Vom Kriege«: *»Im Jahr 1800 war es nicht die unmittelbare Wirkung des Überfalls, sondern die falsche Ansicht, welche Melas von den möglichen Folgen dieses Überfalles hatte, wodurch seine Katastrophe herbeigeführt wurde.«*

Am 15. Juni vereinbaren Bonaparte (dem die Stimmung in Paris keineswegs entgangen ist und der seine Anwesenheit in der Hauptstadt für erforderlich hält) und der demoralisierte Melas in Alessandria einen Waffenstillstand für Oberitalien – die Österreicher haben sich hinter den Fluss Mincio zurückzuziehen. Der österreichische General Graf St. Julien überbringt ein Friedensangebot des Ersten Konsuls nach Wien.

Gerade als St. Julien in Wien einlangt, wird am 20. 6. ein Vertrag zwischen England und Österreich abgeschlossen, worin sich Kaiser Franz verpflichtet, gegen Bezahlung von 2,5 Millionen Pfund Sterling bis Ende Februar keinen Sonderfrieden mit Frankreich zu schließen. Dennoch wird – um Zeit zu gewinnen – St. Julien ohne Vollmachten zu Gesprächen nach Paris geschickt. Er und sein Begleiter Graf Neippberg (der 1814 der Liebhaber von Napoleons Gattin Marie Louise werden wird) lassen sich durch den freundlichen Empfang in Paris beirren und schließen, ohne Ermächtigung, am 28. Juli mit Talleyrand einen Vorfrieden, der bis 15. August zu ratifizieren wäre. In Wien ist man darüber keineswegs erfreut und steckt die beiden Unterhändler nach ihrer Rückkehr in Festungshaft. Nach Absprache mit dem englischen Botschafter Lord Minto kontert man am 15. 8. mit dem Vorschlag, einen Kongress der drei kriegführenden Mächte in Paris, Schlettstadt oder Lunéville abzuhalten. Bonaparte ist über Englands Beziehung erwartungsgemäß empört und lehnt ab.

In Süddeutschland versucht mittlerweile der österreichische Kommandant General Kray, als Nachfolger von Erzherzog Karl, der sich verstimmt zurückgezogen hat, nach einigen unglücklichen Gefechten, eine Schlacht mit den Franzosen unter Moreau zu vermeiden und zieht sich auf die Festung Ulm zurück. Am 9. 7. wird bei Parsdorf ein Waffenstillstand zwischen Moreau und Kray abgeschlossen.

Der Staatsrat P. L. Roederer berichtet in seinen Erinnerungen über ein Gespräch zwischen ihm und dem ersten Konsul im August 1800 bezüglich eines eventuellen Nachfolgers:

»Bonaparte: Mir geht der Familiensinn ab. Was ich am meisten während meines Aufenthaltes in Marengo befürchtete, war, daß einer meiner Brüder meine Stelle einnehmen könnte, wenn ich getötet würde (...)

Bonaparte: Wäre ich bei Marengo geblieben, so hätte, sagt man, der Senat Carnot gewählt? Gut! Carnot ist vielleicht mehr wert als ein anderer (...)

Roederer: Es sind nie mehr als 30–40 Personen, die von alldem (d. h. von einem Wechsel der Regierung) sprechen und sprechen gehört werden.

Bonaparte: Und wer waren diese Personen?

Roederer: Die Partei der unzufriedenen Brumairianer.

Bonaparte: Waren es nicht die Jakobiner?

Roederer: Nein, ich sage die Brumairianer, das heißt die Männer, die sich an den Ereignissen des 19. Brumaire beteiligten und ihr Schicksal mit dem Ihrigen verknüpft haben. Und ich füge ›unzufrieden‹ hinzu, weil sie es sind, die sich ärgern nicht auch die ehrenhaftesten Früchte ernten zu können. Es sind Chénier, Chazal u. a. m. (...)

Bonaparte: (...) Sie können nur einen vernünftigen Ausweg finden – nämlich die Wahl eines Nachfolgers, wie ich sagte. Und dennoch – wen wählen, wen ernennen? Wenn Moreau ein anderer Mensch wäre! Aber er hat keine Freunde. Seit dem Feldzug hat er fünfmal seine Freunde gewechselt.« Kaiser Franz und der als neuer Kommandant vorgesehene, erst 18 $^1/_2$-jährige Erzherzog Johann, dem Feldzeugmeister Lauer, bis dahin als Kommandant des Ingenieurkorps kaum in der Führung von Truppen erfahren, als Mentor beigegeben wird, reisen am 6. September von Wien ab, um im bayrischen Altötting zur Armee zu stoßen. In einem Brief des Kaisers an seinen »lieben Bruder« vom 8. 9. heißt es, dass die Moral der Truppen durch das Oberkommando eines Bruders des Kaisers gestützt und gehoben werden solle. Johann habe aber keine wie immer gearteten Befehle, Aufträge oder Entscheidungen zu erteilen oder zu treffen. Der General Lauer solle vielmehr in allem und jedem die wirkliche Befehlsgewalt haben. Johann habe sich im Großen wie im Kleinen allen Anordnungen zu fügen; und er habe alle Aufträge, Proklamationen, Befehle als seine eigenen kommentarlos zu unterzeichnen.

Die Botschaftersgattin Lady Minto schreibt aus Wien am 7. 9. an Lady Malmesbury: *»Ihr werdet in England alle sehr überrascht sein, daß der Kaiser nunmehr selbst das Kommando seiner Armee übernimmt; es ist die beste Methode, den Parteigeist und üble Dispositionen abzuschaffen (...) Ich sagte Nelson, ich wünschte, er hätte das Kommando über die kaiserliche Armee. Er antwortete: ›Ich werde Ihnen etwas sagen: Wenn ich es hätte, würde ich nur ein einziges Wort gebrauchen – vorwärts! Und niemals würde ich sagen: Rückzug.‹«*

Am 12. 9. werden in Wien »einige« leichte Freiwilligenbataillone aufgestellt. Da man sich der Stimmung der Bevölkerung nicht sicher ist, scheut die Regierung eine Volksbewaffnung wie 1797. Die Stimmung in Wien Mitte September schildert die Engländerin Cornelia Knight (Reisebegleiterin von Lady Hamilton, die mit Lord Nelson und ihrem Gatten zu dieser Zeit einen Wienbesuch macht): *»Es schien nicht so, daß die englische Nation sehr populär in Wien ist. Die Bevöl-*

Kundmachung.

Auf Befehl der hochlöbl. k. k. böhm. österr. Hoffanzley vom 11ten., erhalten 12ten. d. M. wird hiermit bekannt gemacht: Die mannigfaltigen Beweise von Treue, Anhänglichkeit, Vaterlands-liebe und Entschlossenheit, welche in den gefahrvollen Zeiten der Jahre 1796 und 1797 die k. k. Unterthanen, insbesondere aber die biederen Bewohner Oesterreichs wetteifernd gegeben haben, geben Sr. k. k. apostol. Majestät die Ueberzeugung, und flößen Ihnen das Vertrauen ein, daß auch in dem gegenwärtigen Au-genblicke, wo der von der französischen Regierung ohne gegrün-dete Ursache aufgekündete Waffenstillstand die Ergreifung ausser-ordentlicher und wirksamer Mittel zur Vertheidigung des Vater-landes nothwendig macht, Ihre getreuen Unterthanen mit Ver-trauen auf die zur Abwendung der Gefahr von Höchstdenselben getroffenen Anordnungen alle Kräfte aufbiethen werden, um dem Feinde mit Macht zu begegnen, und ihn dadurch zu billigeren, ehrenvollen Friedensbedingnissen zu bestimmen.

Da der Entschluß Sr. Majestät, Sich in Person zu der Armee in Deutschland zu verfügen, der redendste Beweis ist, wie sehr Allerhöchstdemselben das Wohl und die Beschützung Ihrer getreuen Unterthanen am Herzen liegt, so zweifeln Allerhöchst-dieselben nicht, daß dieses Beyspiel den Muth aller Bewohner Ihrer Staaten, und insbesondere der biederen Oesterreicher ent=flammen, und daß sie als getreue Kinder an ihren liebevollen Landesvater sich anschliessen, oder wenigstens zu dessen Veran-staltung auf andere Art thätig mitwirken werden.

Ein »Aufruf von Freiwilligen« durch Kaiser Franz am 12. September 1800

kerung ist allgemein gegen den Krieg mit Frankreich einge-stellt, der sich so nachteilig für sie entwickelt hat.«

Der mittlerweile von Frankreich aufgekündigte Waffenstill-stand wird durch die Konvention von Hohenlinden am 20. September, nachdem sich Kaiser Franz bei Braunau selbst ein Bild über den desolaten Zustand seiner Soldaten gemacht hat, unter dem Preis der Übergabe der Festungen Ulm, Ingol-stadt und Phillipsburg, schließlich bis 13. November verlängert. Der empörte Minister Thugut erklärt daraufhin seinen Rück-tritt, führt jedoch die Geschäfte weiter. Graf Ludwig Cobenzl wird als Vertreter zu beginnenden Friedensverhandlungen nach Lunéville entsendet. Der Leiter der französischen Delegation wird Napoleons Bruder, Joseph Bonaparte. Die Interessen der bayrischen Verbündeten werden bei dem Waffenstillstandsab-kommen erneut ignoriert. Das Verhalten der österreichischen Truppen in Bayern und die Kriegslasten führen zu einem Tief-punkt in den beiderseitigen – ohnedies historisch belasteten – Beziehungen dieser Länder. Die Flugschrift aus Bayern, »Sze-nen unserer Tage«, des Jahres 1800 lässt einen verzweifelten bayrischen Bauern auf die Österreicher schimpfen:

»Bauer: ›Ja, unsere Freunde! Vor 4 Tagen hörte ich so etwas von Abmähen; da bath ich den Rittmeister auf den Knien: ›Schont mein Feld! Ihr seid ja unsere Freunde!‹ – Freunde, sagte er, und lachte mir so recht österreichisch ins Gesicht. ›Mäht ab!‹ rief er seinen Leuten. ›Um Gotteswillen Ihrer Gna-den, Herr Rittmeister‹, schrie ich, ›habt Barmherzigkeit! hier sind 100 Gulden – es ist mein letzter Heller dabei, das weiß Gott.‹ (Der Bauer weint heftig.)

Metzger: ›Und (…)‹

Bauer (schluchzend): ›Sie mähten ab.‹

Metzger: ›Die Hunde.‹

Bauer: ›Und nahmen mir am Abend die 100 Gulden. – Drauf kam der Waffenstillstand – da (zeigt auf die Trümmer). Das ist ihr Abschied (…)‹«

Der Erste Konsul lässt seine Zufriedenheit mit den Aktionen Moreaus öffentlich kund tun. Im offiziellen Staatsblatt, dem Moniteur, wird am 25. sein Schreiben vom 21. Oktober an den Innenminister abgedruckt (5132): *»Zur Übergabe von mit Diamanten verzierten Pistolen an den General Moreau: Bürger, Minister, lassen Sie einige der, vom General Moreau gewonnenen, Schlachten eingravieren. Nehmen sie nicht alle, das würde zuviele Diamanten kosten; und, obwohl der General Moreau nicht viel davon hält, den Entwurf des Künstlers beeinträchtigen.«*

Ein späterer Generaladjutant Napoleons, Paul Philipp von Ségur, kommt als junger Offizier zum Stab der Armee Moreaus. Er erlebt bei seiner Ankunft ein glänzendes Essen mit 50 Gedecken für die Generale der Rheinarmee: *»Später erfuhr ich, daß jene Zusammenkunft der Politik durchaus nicht fern stand. Einer ihrer Hauptgründe war die Eifersucht, die sich der Generale bei der immer mehr zunehmenden Macht des Ersten Konsuls bemächtigte. Das Diner rief die größte Besorgnis Napoléons hervor. Man berichtete ihm sogar, daß diese Unzufriedenheit während der Tafel in einem beißenden Witz über eine seiner Schwestern* (Insbesondere war der Lebenswandel von Pauline damals Stadtgespräch in Paris) *zum Ausbruch gekommen sei und verfehlte nicht hinzuzufügen, daß dieses Wort, das einem der Oberbefehlshaber entschlüpfte, mit großen Beifall aufgenommen, laut wiederholt und von seinem Kollegen kommentiert worden sei.«*

Wie der stolze korsische Bruder dies aufgenommen hat, lässt sich denken. Allerdings bildet die Rheinarmee – häufig noch vom republikanischen Geist der »Spartaner des Rheins« erfüllt – einen beachtlichen Machtfaktor. Ihr Oberbefehlshaber General Moreau steht bei der Bevölkerung fast in dem gleichen hohen Ansehen wie der Erste Konsul.

Am 27. und 28. November überschreiten die Österreicher den Inn, um Moreau, der mittlerweile München besetzt hat, im Norden zu umgehen und von Frankreich abzuschneiden. Moreau rückt mit seinen 60 bis 70 000 Mann den etwa gleichstarken Österreichern Richtung Inn (Haag) entgegen und entschließt sich das österreichische Oberkommando daraufhin nach Südosten abzuschwenken, um die Franzosen direkt anzugreifen. Ungefähr 50 km östlich von München bei Hohenlinden kommt es zur Begegnung: Bei Haag treffen am 1. Dezember die österreichischen Vorhuten zur beiderseitigen Überraschung auf die linke Kolonne Moreaus. Die Franzosen ziehen sich daraufhin nach Hohenlinden zurück, wo sie zwischen den Wäldern auf einer kahlen Hochfläche eine starke Verteidigungsposition beziehen.

Die drei einzeln marschierenden Kolonnen der Österreicher gelangen zwei Tage später in den Morgenstunden bei dichtem Schneetreiben an den Ausgängen des Waldes von Hohenlinden auf das französische Zentrum. Es gelingt den bedrängten französischen Divisionskommandanten Ney und Grouchy, vorerst die heftigen Angriffe der Österreicher abzuwehren. Gegen neun bis zehn Uhr vormittags gelangt die Division des Generals Richepanse, welche noch nördlich hinter der linken Flanke der Österreicher steht, mehr oder weniger zufällig an eine rastende österreichische Kavalleriebrigade sowie an eine lange Artilleriekolonne und schlägt sie in die Flucht. (Die Frage, ob ein Befehl Moreaus zum Angriff vorlag oder ob die Aktion Richepanses nur eine glückliche Fügung des Schicksals war beziehungsweise auf der Eigeninitiative dieses Generals beruhte, wurde in der damaligen Zeit viel diskutiert. Jedenfalls wurde kein Befehl Moreaus zu dieser Aktion aufgefunden, was allerdings auch darauf zurückzuführen sein kann, dass Bonaparte entsprechende Aktenstücke möglicherweise vernichten ließ). Auch zwei eiligst entsendete österreichische Grenadierbataillone können den verwirrten linken Flügel der Österreicher nicht mehr stabilisieren.

LIBERTÉ.  *ÉGALITÉ.*

EXTRAIT du journal officiel du 18 Frimaire, an 9 de la République.

LETTRE
DU GÉNÉRAL EN CHEF
MOREAU,
COMMANDANT EN CHEF L'ARMÉE DU RHIN

AU MINISTRE DE LA GUERRE.

Au Quartier-général à Anzing, le 12 Frimaire an 9 de la République française.

L'ARMÉE autrichienne a été complétement battue. Le 11, à Hohenlinden, nous avons pris environ quatre-vingt bouches à feu et deux cents caissons, dix mille prisonniers, un grand nombre d'officiers, parmi lesquels sont trois généraux ; la perte de l'ennemi est incalculable, la poursuite a duré jusqu'à la nuit. L'armée est fière de son succès, sur-tout par l'espoir qu'elle contribuera à accélérer la paix.

Signé MOREAU.

Pour extrait conforme :

Le Préfet, GUILLEMARDET.

Par le Préfet : *le Secrétaire-général,* ROY.

A SAINTES, chez CORINTHE et HUS, Imprimeurs de la Préfecture, place S. Pierre.

Französische Proklamation vom 18. Frimaire Jahr IX: Brief des Chefgenerals der Rheinarmee, Moreau, an den Kriegsminister: *»Die österreichische Armee ist vollkommen geschlagen. Den 11., bei Hohenlinden, haben wir ungefähr 80 Kanonen und 200 Wagen, 10 000 Gefangene, eine große Anzahl Offiziere, darunter drei Generäle, genommen. Der Verlust des Feindes erscheint unschätzbar, die Verfolgung dauerte bis zur Nacht. Die Armee ist stolz auf ihren Erfolg, vor allem in der Hoffnung damit etwas zur Beschleunigung des Friedens beigetragen zu haben.«*

Die erschöpften und verwirrten »Kayserlicks« müssen sich zurückziehen. Die Verluste der Österreicher betragen ca. 18 000 Mann – die der Franzosen lediglich 5000. Die Armee des Erzherzogs Johann zieht sich in Auflösung wieder über den Inn zurück. Der Weg nach Wien ist offen. Der großangelegte Feldzugsplan Carnots von 1796 steht vor seiner Verwirklichung.

Der Kavalleriegeneral und Divisionskommandant Fürst Karl Phillipp von Schwarzenberg (der spätere Kommandant der alliierten Truppen 1813/14) schreibt (aus dem Französischen übersetzt) am 8. 12. über die Schlacht von Hohenlinden an seine Gattin: *»Ich war sehr weit vorgerückt und kannte nicht die vollkommene Niederlage unseres Zentrums. Die ärgsten Gewaltmärsche waren notwendig, um zu verhindern, daß wir von der Armee abgeschnitten würden. Stelle Dir vor, meine Nany, gegen Abend kam ein Adjutant, der mich aufforderte mich mitsamt meiner Truppe gefangen zu geben. Er teilte mir die vollständige Auflösung unseres Zentrums mit und setzte mich von der Drohung des Generals Grenier in Kenntnis, daß er im Falle der Weigerung keinen Pardon geben werde. Ich fand diese Gasconnade so unverschämt, daß ich ihn gefangen setzte und nach hinten transportieren ließ (...) mein Rückzug gelang mir ohne auch nur eine einzige Kanone zu verlieren. Wenn man hier nicht bald ein Ende bereitet löst sich aber die ganze Maschinerie auf. Ich habe viele brave Leute verloren.«*

Schwarzenberg neuerlich an seine Gattin Nany am 7. 12.: *»Mein Gott! Was für ein Kommando, keinerlei Gemeinschaftssinn, kein Respekt vor den Untergebenen, keinerlei Überblick, keine Repräsentation; wenn man geglaubt hat, daß ein Name alleine ausreicht um den Feind zu schlagen – diese Schlacht hat den Erzherzog Karl gut gerächt. Es ist wahr, daß Fehler begangen wurden, aber die schwersten gingen von oben aus (...) noch eine Niederlage und die Armee steht* *vor der Auflösung, das Vertrauen der Truppe ist vollständig verloren.«*

Schwarzenberg schreibt am 10. 12. neuerlich an seine Gattin: *»Der Geist unserer Armee war noch nie so zerstört wie jetzt. Die letzte Affaire hat auch den Mittelmäßigsten gezeigt, das wir absolut keinen Anführer haben.«* In Wien wird am 12. 12. das Bürgermilitär zu den Waffen gerufen. Es übernimmt (für die nächsten drei Monate) den Garnisonsdienst als Ersatz für die abmarschierte Truppe.

Der in Prag schmollende Erzherzog Karl erhält angesichts der herrschenden Notlage von seinem Kaiser nunmehr die gewünschten Vollmachten. Franz schreibt am 14. 12.: *»Bester Bruder! Aus Deinem Brief, den Ich gestern abends durch den Kurier erhalten habe, habe Ich mit viel Vergnügen ersehen, Deine Bereitwilligkeit, Dich dem Kommando der Armee zu unterziehen. Ich erkenne von Herzen diesen neuen Beweis Deiner Liebe und Ergebenheit für mich und wünsche, daß Du alles Glück der Armee mitbringen mögest. Aus jenem, was ich unter einem heute an meinen Bruder Johann erlasse, wirst Du ersehen, was meine Gesinnungen sind; da aber die Armee von Wien zu kommandieren unmöglich ist, so betrachte es nur als meinen Gedanken und mache jenes, was Du in Gemäßheit Deiner Erfahrungen und für das beste des Dienstes erforderlich glaubst, ohne etwas zu wagen, was uns zugrunderichten könnte.«*

Die Österreicher räumen am 15. 12. Salzburg. Schwarzenberg schreibt: *»Nachdem wir uns gestern den ganzen Tag um Salzburg herum geschlagen haben, waren wir gezwungen diese Position heute Nacht aufzugeben, obwohl die feindlichen Attacken zurückgewiesen worden sind, da wir wussten, daß der Feind an unserer Flanke manövrierte. Meine Division war nicht im Feuer, wir marschierten die ganze Nacht, und angekommen, erhielt ich den Befehl das Kommando über das Reservecorps zu übernehmen. Liechtenstein soll nach Wien gehen*

– Sie haben ihn ausgesucht um in klaren Ausdrücken verständlich zu machen, daß die Armee beim Teufel ist (aux abois) und eine verlorene Schlacht die totale Auflösung bewirken würde – eine gewonnene Schlacht hingegen der Truppe den Schrecken eines langen Winterfeldzuges versetzen würde.« Der spätere k. k. General Pierre Martin Pirquet, ein Wallone, hat damals als Kadett im österreichischen Infanterieregiment Beaulieu die Ereignisse miterlebt: *»Wir marschierten den ganzen Tag, (...), es gab 7 Tage wo unsere Leute überhaupt kein Brot gesehen haben, sie konnten nicht mehr weiter. Wir haben bei den Gefechten soviel Leute verloren, daß die 2 Bataillone nur ein einziges kleines bildeten. Alle überzähligen Chargen wurden nach Theresienstadt abgegeben, um ein neues Bataillon zu bilden. Wir machten den Vorpostendienst immer im Piquet und im Schnee, nicht wagend Feuer zu machen; Ich glaube, daß es unmöglich ist mehr zu leiden als ich, bei einem Piquet von 48 Stunden im Schlamm, das Tauwetter setzte ein, es gab einen Fuß Wasser und regnete so stark, daß es unmöglich war ein Feuer anzuzünden. Ich meldete dies und antwortete man mir, daß ich – solange mir das Wasser nicht bis zum Hals stünde – zu bleiben hätte. Die Leute desertieren aus Verzweiflung, ich muß alle Posten kontrollieren und versinke dabei bis zum Bauch in Schnee und Eis.«*

Am 16. 12. schreibt Schwarzenberg an seine Gattin: *»Was wird dieses arme Österreich zu leiden haben. Es schnürt mir das Herz zu, wenn ich die Beschwerden von all den armen Unglücklichen höre, die von den eigenen Leuten geplündert wurden und erwarten müssen, daß die Franzosen dies fortsetzen. In diesem Zustand ist der Soldat müde und unbeherrschbar.«*

Am 18. 12. übernimmt Erzherzog Karl wieder das Kommando über die verbliebenen 25 000 frierenden, erschöpften und entmutigten österreichischen Soldaten. Er schreibt an seinen Patenonkel Herzog Albert von Sachsen-Teschen: *»Alles will nach Wien eilen, weil dann der Friede geschlossen werden* *müsse. Man möchte weinen, wenn man die Truppen sieht, wenn man Generale und Soldaten sprechen hört.«* Nach einem Gefecht bei Lambach muss sich Erzherzog Karl weiter zurückziehen und trifft am 20. 12. in Kremsmünster ein.

Schwarzenberg schreibt, erschüttert und erschütternd, aus *»Ensdorf, vis à vis de Steyer«* – in der Aufregung ausnahmsweise sogar teilweise auf Deutsch – am 22. an seine Gattin: *»Ich fange an zu glauben, daß man toll genug sein kann, es auf ein Bombardement von Wien ankommen zu lassen, da beschwöre ich dich, meine Nany, bei allem was Dir heilig ist, bei unserem Kleinen, rette Dich mit ihm nach Preßburg, das für den ersten Augenblick immer sicher sein wird, auch ist die Reise klein und wird ihm nicht schaden. Gott, was müssen wir alles erleben! Wenn Du merkst, dass man in Wien gar nicht auf den Frieden hofft, so suche unsere besten Meubles, Bücher und Portefeuilles in die Stadt zu schaffen und im schlimmsten Falle in die Keller. – Bete, meine Nany, bete, vieles hat dein Gebet schon gewirkt, bete noch und ich hoffe. Aber nur auf das hoffe ich, nur auf das, meine Nany, – der Himmel wird das grauenvolle Verwüstungssistem* (sic!) *schwehr bestrafen. Combattre pour ses foyers, aber, mit wem? Man verlangt sie nicht, nur Frieden – es ist himmelschreiend, fürchterlich (…) Du wirst noch vor mir fliehen – auch wir sind keine Soldaten mehr, eine Räuberhorde; Dein g u t e r Karl hat schon Stock und Säbel zerschlagen; das ist ein gräulicher Zustand, und doch hoffe ich, denn Nany betet.«*

In Wien beginnt, wie schon 1797, ein Ansturm auf die Banken. Jeder möchte das unzuverlässige Papiergeld gegen Metall eintauschen. Wer es sich leisten kann, verlässt mit seinen Wertgegenständen die Stadt.

Schwarzenberg aus Haag (23. 12.): *»Wir haben einen Waffenstillstand von zweimal 24 Stunden gehabt, der morgen Mittag endet. Allerdings ist Merveldt noch im Lager des französi-*

schen Generals um eine Verlängerung auszuhandeln, aber ich rechne nicht damit (...) Wenn uns nicht ein Waffenstillstand rettet, sind wir zu Neujahr in Wien, wenigstens wenn man den Plan hat bei Krems über die Donau zu gehen, und eine feste Garnison nach Wien zu werfen, dies wäre die einzige militärisch richtige Entscheidung. Himmel, wohin wird uns diese schreckliche Blindheit, diese grenzenlose Borniertheit noch führen?«

Der Wiener Chronist Rosenbaum schreibt in sein Tagebuch: »Flucht von allen Seiten«:

Die Postkutschen nach Pest und Pressburg sind hoffnungslos überfüllt. Für die Fahrt nach Ungarn werden Höchstpreise verlangt – und gezahlt. Auch bei Hof werden die wichtigsten Wertgegenstände verpackt und Donau abwärts versendet. Die Theater spielen vor halbleeren Häusern. Die Fremden und alle »überflüssigen« Personen werden aus der Stadt verwiesen. Die Einwohner der Stadt werden aufgefordert an der Verteidigung der Linien mitzuwirken – 10 000 Wiener helfen mit, die Verschanzungen des Linienwalls notdürftig zu restaurieren. Auf den Basteien werden Kanonen aufgestellt und Backöfen auf etlichen Plätzen der Stadt eingerichtet – die Stimmung ähnelt der des Jahres 1797 beziehungsweise – wie ein Zeitgenosse vermeldet – fühlt man sich in die Zeit der Türkenkriege zurückversetzt.

Am 24. 12. erreichen die Österreicher Amstetten. Erzherzog Karl erhält endlich aus Wien die ersehnte Erlaubnis einen Waffenstillstand abzuschließen. In Steyr soll die Vereinbarung über die Waffenruhe und über einen in weiterer Folge abzuschließenden Friedensvertrag unterzeichnet werden. Der heikelste Punkt des Vertrages – der Ausschluss Englands von den Friedensverhandlungen – findet nun doch das Verständnis des englischen Botschafters in Wien, der einsieht, dass eine Fortsetzung des Krieges durch Österreich nicht mehr möglich ist.

Brief des General Souham vom 29. 12. 1800, um 2 Uhr morgens, an den österreichischen General Klenau (der mit seiner Division im Rücken der Franzosen bis Ingolstadt vorgestoßen war und sich nach Regensburg zurückgezogen hatte) über den Waffenstillstand vor Steyr vom 25. 12. 1800: »*Ich habe die Ehre Ihnen mitzuteilen, Herr General, dass ich soeben von meinem Chefgeneral die Kopie eines neuen Waffenstillstandes erhalten habe. Sollten Sie diesen noch nicht übermittelt bekommen haben, teilen Sie mir dies bitte mit. Ich hätte dann die Ehre, Ihnen eine Kopie zukommen zu lassen. Ich versichere Ihnen meine hohe Wertschätzung, Souham.*«

General Moreau ist von dem Ruf, den Erzherzog Karl als Feldherr genießt, durchaus beeindruckt, seine Verbindungen nach Frankreich sind schon sehr langgezogen. Die Bevölkerung Süddeutschlands ist den Franzosen feindlich gesinnt. Es kommt immer wieder zu bewaffneten Erhebungen seitens der geplünderten und verarmten Landbevölkerung. Einzelne Soldaten oder kleinere Transporte werden überfallen. Moreau ist weiters noch gut in Erinnerung, wie er sich in einer entsprechenden Situation 1796 verhalten hat, als sein Kollege Bonaparte in ähnlich vorgeschobener Stellung, in Leoben, dringend die Entlastungsoffensive durch ihn urgierte. Er kann sich jedenfalls keineswegs sicher sein, dass er bei einem weiteren Vorstoß nach Wien oder gar Ungarn und Böhmen wirklich vom Ersten Konsul ausreichend Unterstützung erhalten würde.

Ségur meint hiezu: *»Und in der Tat, nach der bereits offenbaren Feindschaft Moreaus gegen Napoléon, konnte der bis jetzt nach außen hin so nützliche Wetteifer der Ruhmeshelden nach innen desto gefährlicher werden, um so mehr, da sich zwischen den beiden Armeen von Deutschland und Italien eine eifersüchtige Rivalität entspann. Die Liebe der Völker ist mit soviel Bewunderung gemischt, daß man unmöglich behaupten kann, wer von den beiden Feldherren beliebter war.«*

Wenngleich sich Bonaparte damals gehütet hat, allzu neidvolle Äußerungen über den erfolgreichen General abzugeben, und betont erfreut über dessen Erfolge aufgetreten ist, kann kein Zweifel bestehen, dass der Erste Konsul leichten Herzens die Nachricht über die Aufnahme von Waffenstillstandsverhandlungen erfahren hat. Der Senator Thibaudeau zitiert in seinen *»Memoiren über das Consulat«* Bonaparte vor Staatsräten des Gesetzgebenden Körpers kurz nach dem Waffenstillstand von Steyr: *»In diesem Feldzug haben die österreichischen Generäle nach einem ausgezeichneten Plan operiert, aber sie führten ihre Angriffe gegen den General Grenier (im*

Zentrum) *nicht lebhaft genug, und so wurden sie geschlagen.*
Hätten sie verstanden ihre Vorteile und die große Anzahl ihrer
Truppen auszunützen, so würden sie Moreau ohne Schwert-
streich 20 Meilen Boden abgerungen haben. Einer schiebt die
Schuld am Verlust der österreichischen Artillerie auf den an-
deren.«

Auf St. Hélèna wird er sich am 6. 6. 1816 gegenüber Las
Cases (Memorial von Sankt Helena) noch offener und somit
gehässiger über den Sieg von Hohenlinden äußern: *»Es war*
eine der größten Aktionen, die nur durch den Zufall, und nicht
durch irgendwelche Planungen, bestimmt wurden. Moreau
hatte keinerlei schöpferische Kraft, er konnte sich nicht ent-
scheiden; außerdem lagen seine Qualitäten in der Defensive.
Hohenlinden war nur ein Zufall; der Feind wurde in der Mitte
seiner Operationen getroffen und geschlagen von Truppen die
er selbst gerade abgeschnitten hatte und vernichten hätte müs-
sen. Das Verdienst am Sieg kommt vor allem den einzelnen
Korps zu die sich am meisten in Gefahr befunden haben und
die heldenhaft gekämpft haben.«

Auf Betreiben der einflussreichen Musiker Cherubini und
Pleyel ist am Weihnachtsabend im Théâtre des Arts in Paris die
französische Erstaufführung von Haydns Oratorium »Die
Schöpfung« angesetzt. Auch der Erste Konsul wird zu dieser
Festvorstellung erwartet. Als die Droschke Bonapartes durch
die Rue Nicaise fährt, versperrt ein vollbeladener Wagen den
Weg. Der Kutscher lässt mit Hilfe einiger Passanten das Fuhr-
werk entfernen und eilt weiter. (Nach anderen Berichten sei
der Kutscher so betrunken gewesen, dass er die Strecke
schneller als sonst durchrast habe.) Kurze Zeit später explodiert die in dem Wagen verborgene »Höllenmaschine« (»ma-
chine infernale«). Umherfliegendes gehacktes Blei richtet
unter den schaulustigen Passanten ein Blutbad an. Mit zehn
Minuten Verspätung erscheinen Bonaparte und die weinende
Joséphine in der Oper.

Die Herzogin von Abrantès war bei dieser Vorstellung dabei: »*Ein dumpfes Raunen begann sich erst im Parterre, im Orchester, im Amphitheater und schließlich in den Logen zu regen. Der Erste Konsul ist soeben in der Rue Saint-Nicaise angegriffen worden, sagte man. Bald lief diese Nachricht durch den Saal. Im gleichen Augenblick, wie durch einen elektrischen Funken, ließ sich eine allgemeine Akklamation hören, ein einziger Blick schien sich auf Napoléon zu richten um ihn mit schützender Liebe zu umgeben. Was ich hier berichte ist wahr, ich habe es selbst gesehen und ich habe es nicht alleine so gesehen (...) Welch innere Bewegung einer Menge, die ihr Entsetzen über ein so schwarzes Attentat eine Viertelstunde lang nicht in Worte kleiden konnte, ging dem Ausbruch nationaler Wut voraus. Man sah Frauen in Tränen aufgelöst schluchzen, Männer vor Ärger stöhnen, Unbekannte nahmen sich bei den Armen und vereinten ihre Herzen um zu zeigen, daß Unterschiede der Ansichten nichts mit der Ansicht über die Ehre zu tun haben. Ich sah währenddessen in die Loge des Ersten Konsuls, welche genau unter mir war und wo ich fast alles hören konnte, was gesprochen wurde. Er war ruhig und schien nur gerührt über einige Worte die man an ihn über das Vorgefallene richtete. Mme. Bonaparte war nicht mehr Herrin über sich. Ihre Haltung war verkrümmt. Ihre Züge, immer so graziös, waren nicht mehr die Ihrigen. Sie schien zu frieren und hüllte sich in ihren Schal wie wenn sie sich darunter verstecken wollte.*«

Am 25. 12. wird in Steyr der Waffenstillstand unterzeichnet. Die Österreicher haben Teile der Obersteiermark (bis Leoben), Würzburg, Braunau und Nordtirol zu räumen. Es dürfen keine Truppen nach Italien verschoben werden.

Die Einnahme von Wien durch den angesehenen und beliebten General Moreau hätte eine Gefahr für das militärische Prestige Bonapartes bedeutet, der als der einzige Feldherr angesehen werden möchte, der in der Lage ist, entscheidende

Erfolge zu erringen. Die Beendigung der Feindseligkeiten ist daher durchaus im Sinne des vorerst mit Innenpolitik ausgelasteten Ersten Konsuls.[18]

In Italien müssen sich die Österreicher vor den Franzosen, unter dem langsam manövrierenden General Brune, zurückziehen. Am 25./ 26. 12. überschreiten die französischen Truppen bei Pozzolo und Monzambano den Mincio.

Als 8000 Franzosen auf Eisenerz in der Steiermark marschieren, leisten ihnen die vom Waffenstillstand nicht verständigten, zahlenmäßig und militärisch weit unterlegenen, französischen Emigranten des Korps Condé am 28. 12. vergeblichen Widerstand. Entsprechend gereizt marschieren die Franzosen weiter. Der Eisenerzer Pfarrer Josef Phillipp hat dies festgehalten: *»Nach wenigen Augenblicken ertönten unsere stillen Felsengebirge von dem Würbelgepolter feindlicher Trommeln und Trompeten: immer neu andringende Schwärme auf Schwärme stopften die Zugänge, und füllten die Gassen des Marktes: Tausend und wieder tausend Blitze blanker Säbeln und Bajonetten fuhren durch unsere beklemmten Herzen. Weiber und Kinder flohen in die Berge. – Der Bürger zitterte unter dem Thore seines Hauses, welches er einem unübersehbaren Jammer geöffnet sahe. Der Magistrat versammelte sich auf dem Rathause, die Befehle seines neuen Gebieters zu hören, und die schleunige Quartierung deren Truppen zu besorgen, dieweil sie denen Wohnstätten des Ortes dreymal überlegen waren, theil mit der ihnen beym ersten Einfalle allzeit eigenen furchtbaren Ungestüme selbst nach Willkür in die Häuser drangen, theils auf der pfarrlichen Trofeng – Wiese ein Lager bezogen. Es ward 11 Uhr in der Nacht, bis dies alles geschah, und nun erst öffneten sich denen unglücklichen Eisernerzern schreckliche Scenen, deren Andenken ein halbes Jahrhundert aus ihrem Herzen nicht vertilgen wird.*

Niemand war zur Bewirtung einer so zahlreichen Mannschaft vorbereitet: Niemand hat eine so ungewöhnliche Deli-

catesse von Seite so rauhen Krieger vermutet: um so härter war das Betragen des Feindes, um so schrecklicher die Verlegenheit der Hauswirthen, Wein, Bier und Branntwein durfte nicht in gewöhnlichen Trinkgeschirren, sondern mußte in Schäffern zugetragen werden, so daß die Scharen der Jammernden, Tragenden und Laufenden mehr einen Brand, als die Bedienung militärischer Framden verrathen hätten. – Uunserm würdigen Magistratsrahte Xav. Trost nahm der Platzkommandant unter Wache, um ihm durch diesen sanften Beweggrund gleichviel Gold gegen ein wichtiges Paquet Banknoten abzunöthigen. – Unter Anlegung blanker Säbeln, Bajonetten und Pistolen wurde vom Hauptquartier abwärts, welches Herr Radgewerk Xav. von Hochkofler zu tragen, das Unglück hatte, in allen Häusern und Hütten geplündert. – Man erpreßte Unterschriften der Munizipalität, um selbe zu Requisitionen allerley Waren in den Kaufmannsläden zu benützen. – Nach Mitternacht berief ein General-Adjutant den Magistrat ins Hauptquartier, belegte ihm mit einer Contribution von 500 fl. als ein Douceur für den Divisions-Generalen wegen Schonung des Ortes. – Zentner von Zucker mußten herbey geschaffet werden, den der muthwillige Soldat unter dem Weine verkoche, um seiner niedergesoffenen Trinklust neue Reitze zu verschaffen. – Keller wurden erbrochen, und ihre Vorräthe in freye Disposition genommen. – Schafe, Lämmer, Kälber, Ziegen und Schweine risse man aus den Ställen und schlachtete sie vor den nassen Augen ihrer armen Eigenthümer. – Für die Unschuld gab es keine Rettung, als die Flucht: und da das unglückliche Eisenerz die Schrecken dieser Nacht keines Zusatzes mehr fähig glaubte, fuhr unvermuthet aus den dicken Wolken unserer Drangsalen ein neuer Blitz, indem durch die Gassen des Marktes der, das Maße alles übrigen Jammers erfüllende Aufruf Feuer! erscholle, welches in den Stumersch und Zapfschen Häusern ausbrache, aber mit Gottes Hülfe in der Geburt wieder ersticket worden ist.«

5 Der Mord an dem französischen Staatsgesandten zu Rastatt, holländischer Kupferstich nach Duplessi Bertaux von Vinkeles und Vrydag

5 Karikatur auf den nahenden Untergang des Direktoriums, Kupferstich um 1799.
Karikatur mit dem Zeitgott Chronos und einem kaiserlichen Husaren, einem Kosaken und einem Tiroler (!), welche einen Freiheitsbaum umschneiden. Im Hintergrund
die fünf Direktoren.

17 17./18. Brumaire: Lucien stachelt die Truppe auf, Stahlstich nach Martinet von Le cauchie aus »France Militaire« 1830

18 18. Brumaire: Bonaparte vor dem Rat der 500, Kupferstich

9 Sieyès, Lithographie nach Maurin
on Delpech 1825

20 Lucien Bonaparte (Präsident des
Rates der 500), Stahlstich nach Couctré
von Réville aus »France Militaire« 1830

21 Miniaturporträt
Bonapartes in der
Amtstracht eines Kon-
suls der französischen
Republik

22 General Bonaparte
überquert (mit der Reservearmee) die Alpen, aqua-
rellierte Federzeichnung,
signiert Gangoza (?),
6. Juni 1867 nach dem
(realistischen) Gemälde von
Delaroche.

23 Abermals die Über-
querung der Alpen durch
Bonaparte, Stahlstich
von Sichling nach dem
(idealisierenden) Gemälde
von David.

4 Die Schlacht bei Marengo, Kupferstich (Buchillustration) von A. Fleischmann, Nürnberg

25 General
Desaix, Kup-
ferstich (aus
»Consulat
et Empire,
Campagnes
des Français«,
Paris um 1830)

26 Die Schlacht bei Hohenlinden, Kupferstich von Bovinet nach Couché So

s »Consulat et Empire, Campagnes des Français«, Paris um 1830)

27 General
Moreau, Kupfer-
stich von Lambert,
aus »Portraits des
génêraux français«,
Paris 1818

28 Feldmarschall Leutnant Josef Baron Simbschen disponiert zum Angriff der Gal
Batavischen Division Duhesme bei Neukirchen im Brande, 21. Dezember 1800, ze
genössisches Aquarell

Am 11. 1. 1801 überschreiten die Franzosen in Italien die Brenta. General Mac Donald besetzt, nach einer waghalsigen Überquerung des Splügenpasses, Trient. An nächsten Tag räumen die Österreicher Treviso. Schließlich wird am 16. 1. ein Waffenstillstand zwischen den Generälen Brune und Bellegarde in Treviso geschlossen. Die Österreicher haben die Festungen von Verona, Peschiera und Ancona zu übergeben.

Karoline Pichler beschreibt die mageren Zeiten Anfang 1801 in Wien: »*Um diese Zeit ungefähr, da durch die Unfälle des Krieges, durch ungünstige Witterung, die Preise der Lebensmittel sehr gestiegen, und viele Menschen in Wien sowohl als anderswo mit Mangel zu kämpfen hatten, bildete sich hier aus menschenfreundlichen Männern ein Verein, dessen Geschäft es ward, auf Mittel zu sinnen, um den unteren Klassen, die damals am meisten litten, zu Hilfe zu kommen. Allerlei ward da erfunden und manches ausgeführt, was wenigstens einer Zeit lang seiner Bestimmung entsprach. Unter diese Hilfsmittel gehörte denn auch die Rumfordische Suppe[19]. Da wurde nun täglich nach der Vorschrift eines Herrn von Vogt aus Hamburg, der auch in seiner Vaterstadt ein Beförderer, ja Stifter solcher Anstalten war, Rumfordsche Suppe nach den besten Rezepten gekocht und gegen sehr mäßige Preise von 2–3 Kreuzern unter die Armen verteilt. Indessen gedieh das Suppe-Kochen und -Spenden in unserem gesegneten Wien, wo damals und noch lange nachher der Bürgermeister selbst, sehr bedeutsam, Wohlleben hieß, nicht recht. Den ärmeren Klassen behagte die Nahrung eines bloß aus Erdäpfeln, Graupen und Erbsen gekochten Breies, der nur durch etwas geräuchertes Fleisch eine Annäherung an eine Fleischspeise erhielt, nicht lange. Das Kochen der Suppe hörte auf, und Rumford mit allen seinen gutgemeinten Anstalten, die gewiß für ärmere Gegenden wohltätig gewesen wären, fand keine entsprechende Aufnahme in einem Land der Phäaken, wie uns die sehr mäßigen Norddeutschen nennen, die sich indes, wenn sie in Wien sind, unsere Schnitzel und Rostbratel trefflich schmecken lassen, auch ganze Abhandlungen darüber ihren Reisebüchern einverleiben.«*

Der Außenminister Franz Freiherr von Thugut, der seit 1794 Österreichs Politik bestimmt hat, wird in weiterer Folge von Johann Ludwig Graf Cobenzl ersetzt. Im Frieden von Lunéville am 9. 2. 1801 muss Österreich die im Frieden von Campoformio getroffenen Abmachungen erneut bestätigen. Die Entschädigungen der größeren Fürsten auf Kosten der kleineren reichsunmittelbaren Gebiete, der Reichsstädte und der kirchlichen Herrschaften sollen im Rahmen eines Reichstags in Regensburg festgesetzt werden. Nachdem Frankreich und Russland (!) sich über die Einzelheiten dieser Gebietsverschiebungen einigen, kommt es – unter Bruch des bestehenden alten Reichsrechtes – zur Neuordnung Deutschlands durch den Reichsdeputationshauptschluss (d. h. Hauptbeschluss) vom 25. 2. 1803. Österreich verzichtet auf seine vorderösterreichischen Besitzungen. Der vertriebene Herzog von Modena, Erzherzog Ferdinand d'Este soll mit den bisherigen Besitzungen in Vorderösterreich abgefunden werden. Der Bruder von Kaiser Franz, Großherzog Ferdinand III., muss auf die Toskana verzichten und erhält als neuer Kurfürst das säkularisierte Fürstbistum Salzburg. Sicherheitshalber haben österreichische Truppen bereits vorher im Sommer 1802 das Fürstbistum und die freie Reichstadt Passau besetzt. Auch bayrische Truppen besetzen ihrerseits einen Teil dieses Gebietes. Als sich der bayrische Kurfürst an den Ersten Konsul wendet, zwingt allerdings ein Pariser Ultimatum die Österreicher, Passau, welches Bayern zugesprochen war, wieder zu räumen. Bayern und die übrigen süddeutschen Staaten lernen jedenfalls ihre Lektion und wenden sich immer mehr Frankreich zu, welches Gebietserweiterungen, Rangerhöhungen und die Ausschaltung des bisherigen drückenden österreichischen Übergewichtes im Reich verspricht. Die Nachricht vom Abschluss des Friedensvertrages von Lunéville wird in Wien begeistert gefeiert. Rosenbaum notiert in seinem Tagebuch: »*In einem Augenblick beinahe, durchdrang diese Nachricht die ganze Stadt. Abends erschien der Hof im Burgtheater. Der Kaiser und die Kaiserin wurden Jedes mit dem lautesten Vivatrufen und Händeklatschen empfangen.*«

Auch Bonaparte wird – jetzt am Höhepunkt seiner Beliebtheit – nicht nur in Frankreich als Friedensbringer gefeiert. Auf der Place de la Concorde in Paris (wo früher die Guillotine stand) werden Zelte, antike Tempel und Gipsstatuen aufgebaut, um mit einem großen Fest den Frieden und den Ersten Konsul zu feiern. Der in Paris seit 1789 lebende preußische Philosoph, Schriftsteller und Lebenskünstler Graf Gustav von Schlabrendorf hat in seinem in Deutschland damals anonym erscheinenden Buch »Anti-Napoleon«, welches, bei der auch in Deutschland herrschenden Begeisterung über den Ersten Konsul, besondere Beachtung erweckte, ein kritisches Bild über den Herrn Frankreichs gezeichnet: »*Der abscheuliche Vorfall mit der Höllenmaschine erschütterte die ganze bisherige Existenz des Helden. Seit dem Tage ward er für sein öffentliches Leben ein ganz anderer Mensch; vielleicht hat er sich seit der Zeit auch erst seinem eigentümlichen, natürlichen Charakter ganz überlassen. Sein bis dahin, wenigstens in den Augen der Menge, oft verhehltes Mißtrauen, und sein frühgefaßter und in der Revolutionszeit nur zu sehr genährter Widerwille gegen die französische Nation, deren Charakter von dem seinigen so ganz verschieden ist, schienen jetzt überall durch. Überall ward man die klügste Berechnung der Schwächen und Härten des eben so leichtsinnigen als grausamen Volks gewahr. Seine Mäßigung in den Sitzungen des Conseils, von der bisher wenigstens die Regierungs-Zeitungsschreiber, und die Senatoren unter diesen, nicht genug zu rühmen gewußt hatten, verließ ihn. Er hatte bis dahin die*

Leute beobachtet, nun fing er an, seine Willensmeinung herrisch anzudeuten und zu behaupten. – Bonaparte nahm von dieser Epoche auch Veranlassung zu einer gänzlichen Umänderung seiner Lebensweise; bis dahin hatte er sich, wenn auch eben nicht populär, doch für das Militär, für ausgezeichnete Männer des alten Frankreich, und besonders für solche unter den Gelehrten und Künstlern, freundlich bezeigt. Viele von den Letzteren hatten in seinem Haus freien Zutritt, und wurden oft zur Tafel gezogen. Sie gelangten ohne beschwerliche Etiquette zu ihm, und wurden von ihm öfter eingeladen. Man schloß daraus, daß ihm Wissenschaft und Lichtverbreitung, liberale Denkart und humane Sitten am Herzen lägen. Sah man ihn gleich zunächst von Menschen umgeben, über deren Verderbtheit, wie über ihre politische Talente, nur Eine Stimme war, so sah man ihn auch wieder die rechtlichsten und brauchbarsten Männer aus allen Ständen und Partheien, die größten Gelehrten und besten Köpfe Frankreichs zu den ansehnlichsten Staatsbedienungen befördern. Man schloß daraus auf sein Herrschergenie, das alle Elemente zu seiner Schöpfung und Ihrer Erhaltung zu benutzen und in ein solches Verhältniß zu bringen wußte, daß selbst die im freien Zustande verderblichsten, klug gebunden, zum allgemeinen Besten mitwirken mußten (...)

Kein Wunder also, daß die Ausländer auf das Wort der französischen Zeitungsschreiber an den allgemeinen hier herrschenden Enthusiasmus für Bonaparte glauben. Ein kurzer Aufenthalt in Paris muß jedem, der öffentliche Orte und gemischte Zirkel besucht, diesen Irrthum benehmen. Bonaparte ist nichts weniger als populär. Er scheint kalt, zurückhaltend, und flößt überall weniger Liebe als Ehrfurcht und überlegte Achtung ein. Sein Ansehn ist darum nur desto fester gegründet. Er ist keiner von den Götzen, die das Volk sich selber gemacht hat, die es als abhängig von sich betrachtet, und gewöhnlich ebenso ungerecht mit Füßen zertritt, als es sie unverdient in den Himmel gehoben hatte. Dieser verdankt sich selbst seine Erhebung, und erscheint dem großen Haufen als ein Wesen höherer Art. Seine blendende Größe verscheucht die Vertraulichkeit selbst derer, die ihm am nächsten sind. Er hat wenige Feinde, eine unermeßliche Zahl von Anhängern, und schwerlich einen einzigen Freund. – Zum Volksenthusiasmus fehlt es jetzt gänzlich an Veranlassung.«

Der Erste Konsul nimmt das misslungene Attentat vom 24. Dezember zum willkommenen Anlass, führende 120 Jakobiner nach Guyana und den Seychellen (diese Aufenthalte wurden zynisch auch die »grüne Guillotine« genannt) deportieren zu lassen, wo sie ein sicherer Tod erwartet. Die tatsächlich schuldigen royalistischen Attentäter Carbon und Saint-Réjant werden guillotiniert. Ein weiterer kann entfliehen. Mit der Einführung von Sondergerichten auch für »normale« kriminelle Delikte, besetzt durch von der Regierung ernannte Beamte und Offiziere als Richter – der Möglichkeit willkürlicher Verhaftung, wie es die verhassten »lettres de cachet« vor der Revolution dargestellt hatten, und aufgehobener Berufungsmöglichkeit – wird die Institution der Geschworenengerichtsbarkeit in der Strafjustiz praktisch abgeschafft. Mit der Einführung der Pressezensur (von 117 Pariser Zeitschriften werden nur mehr vier überbleiben) sind die letzten republikanischen Errungenschaften beseitigt. Die Errichtung einer immer stärkeren »Prätorianergarde«, die ausschließlich dem Staatsoberhaupt ergeben ist und keine Skrupel hätte (wie am 18. Brumaire), gegen »pékins« vorzugehen, festigt endgültig die innenpolitische Machtposition Bonapartes (»Pekinger«: Ausdruck im Militärjargon für Zivilisten, der andeuten soll, wie entfernt diese den tatsächlich wichtigen Ereignissen stehen).

Schlabrendorf hiezu: »*Für seine persönliche Sicherheit nahm Bonaparte, die allerstrengstem und ängstlichsten Maßregeln. Seine Consulargarde, die gleich anfangs errichtet worden war, wurde, wie seine ganze militärische Umgebung und Bewa-*

chung, welche ihn schon seit einiger Zeit, und immer zahlreicher, bei seiner Erscheinung im Publikum begleitet hatten, sehr vermehrt und vervielfältigt. Die Art, ihn so überall umringt zu halten, daß auch der tollkühnste Verächter seines eigenen Lebens sich nicht ihm nahen konnte, ward zu einem neuen künstlichen Manoeuvre, zu einer vollendeten Kunst gebracht. Man sah ihn seitdem nie wieder ohne alle die neuangeordneten Vorsichts- und Sicherheitsmaßnahmen erscheinen.«[20]

Tatsächlich besteht in Frankreich auch in Armeekreisen noch eine starke Opposition gegen eine sich abzeichnende Alleinherrschaft Bonapartes. Der Erste Konsul meint selbst über seine Generalskollegen: *»Nicht einer von ihnen, der nicht glaubt, die selben Rechte wie ich zu besitzen«.* Moreau verweigert die Annahme der neugegründeten Ehrenlegion, als dem republikanischen Prinzip der Gleichheit widersprechend. Bernadotte spricht in Rennes öffentlich von einem Tyrannen, der bereit ist nach einer Krone zu greifen. Bonaparte schlägt hart zurück. Offiziere werden verhaftet, andere außer Dienst gestellt oder auf diplomatische Missionen ins Ausland geschickt. Auch die kritische Schriftstellerin Mme. de Staël, deren Salon ein Zentrum der Kritik gegen die Regierung darstellt, wird aufgefordert, Paris zu verlassen.

Nach der Besetzung Maltas und Kapitulation der Franzosen unter General Menou in Ägypten ist für die Engländer, welche sowohl in Irland als auch unter der eigenen Arbeiterschaft Unruhen zu bekämpfen haben, das vordringlichste Kriegsziel erfüllt. Am 26. 3. 1802 vereinbaren im Frieden von Amiens Frankreich und England die Rückgabe Maltas an den Ritterorden und die Umwandlung der Ionischen Inseln in eine selbstständige Republik. Die meisten besetzten Kolonien werden den Franzosen zurückgegeben. Der Friede zwischen England und Frankreich bewirkt in Europa nach einem Jahrzehnt Krieg wieder Ruhe. Die begeisterten Menschen erwarten nun, in einem neuen Jahrhundert des Friedens und des Fortschrit-

PRÉFECTURE DE L'YONNE.

BULLETIN DES LOIS
DE LA RÉPUBLIQUE FRANÇAISE.

BULLETIN 183.

(N°. 1449) EXTRAIT des Registres des Délibérations des Consuls de la
République.

Du 20 Floréal , an X de la République une et indivisible.

LES CONSULS DE LA RÉPUBLIQUE, sur les rapports
des ministres ;
Le Conseil d'état entendu ;
Vu l'acte du Sénat conservateur du 18 de ce
mois ;
Le message du premier Consul au Sénat conservateur , en date du lendemain 19 ;
Considérant que la résolution du premier Consul
est un hommage éclatant rendu à la souveraineté
du peuple, que le peuple, consulté sur ses plus chers
intérêts, ne doit consulter d'autre limite que ses
intérêts mêmes,

ARRÊTENT ce qui suit :

ART. Ier. Le peuple français sera consulté sur
cette question :

NAPOLÉON BONAPARTE
SERA-T-IL CONSUL A VIE ?

II. Il sera ouvert , dans chaque commune , des
registres où les citoyens seront invités à consigner
leur vœu sur cette question.
III. Ces registres seront ouverts aux secrétariats
de toutes les administrations, aux greffes de tous
les tribunaux , chez tous les maires et tous les
notaires.
IV. Le délai pour voter dans chaque département sera de trois semaines , à compter du jour
où cet arrêté sera parvenu à la préfecture et de
sept jours , à compter de celui où l'expédition
sera parvenue à chaque commune.
V. Les ministres sont chargés de l'exécution
du présent arrêté , lequel sera inséré au Bulletin
des lois.

Le second Consul, signé CAMBACÉRÈS. Par le second Consul : le
secrétaire d'état, signé HUGUES B. MARET. Le ministre de la justice,
signé ABRIAL.

Certifié conforme :
Le Ministre de la Justice,
ABRIAL.

PRÉFECTURE DE L'YONNE.

Extrait des Registres de la Préfecture du
Département de l'Yonne.

Du 23 Floréal , an dix de la République française, une et
indivisible.

VU l'arrêté des Consuls de la République, du 20 Floréal an 10, ci-dessus transcrit , et parvenu cejourd'hui 23
Floréal à la Préfecture par un Courrier extraordinaire :

Vu la Lettre par laquelle le Ministre de l'Intérieur
transmet cet Arrêté, datée du 21 Floréal ,

Le Préfet du Département de l'Yonne ARRÊTE,

1o. L'Arrêté ci-dessus sera enregistré sur le Registre de
la Préfecture à la date de ce jour ; il sera imprimé , pu-
blié et affiché, sans délai, dans toutes les Communes du
Département ; et, à cet effet, il en sera adressé, dans le
jour, des exemplaires aux Sous-Préfets et aux Maires du
ressort ; les Sous-Préfets et les Maires en transmettront im-
médiatement des exemplaires aux Greffes de tous les Tribunaux et à tous les Notaires de leur Arrondissement.

2o. Le délai de trois semaines déterminé par l'Article 4
de l'Arrêté des Consuls, commence ; pour le Département
de l'Yonne , cejourd'hui vingt-trois Floréal , et expire le
treize Prairial prochain.

3o. L'exécution de cet Arrêté est spécialement recom-
mandée aux Sous-Préfets , aux Maires, aux Greffiers des
Tribunaux et à tous les Notaires du Département.

4o. Aussitôt l'expiration du délai de sept jours aussi déterminé par l'art. IV, pour recevoir les votes dans chaque
commune , les sous-Préfets , les Maires , les Greffiers des
Tribunaux et les Notaires adresseront tous cachetés et directement à la Préfecture , les registres sur lesquels les citoyens
auront consigné leur vœu.

Signé au registre, ROUGIER-LABERGERIE, Préfet.

Par le Préfet,
SAUVALLE, secrétaire-général

A AUXERRE, DE L'IMPRIMERIE DE BAILLIF, AN 10.

»Soll Napoleon Bonaparte Konsul auf Lebenszeit werden; soll er das Recht
haben seinen Nachfolger selbst zu bestimmen?« Der erste Schritt zum Kai-
serreich und gleichzeitig ein Bruch mit den herkömmlichen republikanischen Formen manifestiert sich auf diesem Plakat, auf welchem ebenfalls
zum ersten Mal wieder ein Vorname erwähnt wird.

tes, von Revolutionen und Kriegen verschont zu bleiben. In Paris regt das, nunmehr von den meisten Kritikern gesäuberte, Tribunat an, der Senat möge gegenüber Bonaparte ein Zeichen nationaler Anerkennung setzen. Der Senat verlängert daraufhin die Amtszeit von Napoleon Bonaparte (zum ersten Mal seit der Monarchie wird wieder offiziell ein Vorname genannt) auf zehn Jahre. Diese Belohnung ist allerdings dem Ersten Konsul zu wenig. Er erklärt, dass nur das Volk eine derartige Änderung vornehmen könne und ordnet eine Volksbefragung an. Die nunmehrige Frage, ob er Konsul auf Lebenszeit werden solle und ob er das Recht erhalte, seinen Nachfolger selbst zu bestimmen, bejahen erwartungsgemäß 3 568 855 Wähler, bei 8374 Gegenstimmen. Es sei hier aber nicht unerwähnt, dass bei einer Gesamtbevölkerung von ca. 25 Millionen lediglich diejenigen wählen dürfen, welche einen bestimmten Betrag an Steuern bezahlen. Überdies unterliegen die Wahlbehörden der strikten Aufsicht der Regierung und die Geheimhaltung der Stimmabgabe ist keineswegs gesichert. Dem Senat bleibt nur mehr übrig, am 2. 8. 1802 das lebenslange Konsulat Napoleon Bonapartes zu proklamieren. Damit ist de facto die Monarchie wieder eingeführt.

Der Senator Thibaudeau berichtet in seinen Memoiren über eine Äußerung des Ersten Konsuls wenige Tage nachdem der Senat seine Bestellung auf Lebenszeit verkündete: *»Von dem Augenblick an stehe ich auf gleicher Höhe mit den anderen Herrschern, denn im Grunde genommen sind sie ja auch nichts weiter als Staatsoberhäupter auf Lebenszeit Sie und ihre Minister werden mich jetzt mehr achten. Die Gewalt eines Mannes, der alle Angelegenheiten Europas in seiner Hand hat, darf weder unsicher sein, noch so scheinen.«*

Nachdem nunmehr die abgefallene Kolonie von Santo Domingo (Haiti), wo der schwarze General Toussaint l'Ouverture eine Republik gegründet hat, wieder für französische Schiffe erreichbar ist, lockt Bonaparte Toussaint zu Verhandlungen nach Frankreich, wo er im feuchten Keller der Burg von Joux bei Besançon elend verschmachten wird und sendet eine Armee unter seinem Schwager General Leclerc über das Meer, um Frankreichs Oberhoheit wieder herzustellen. Zur Förderung der Landwirtschaft in den Kolonien macht der Erste Konsul stillschweigend eine weitere, wohl wichtigste und glänzendste republikanische Errungenschaft rückgängig. Er duldet die Wiedereinführung des 1794 abgeschafften Rechtsinstitutes der Sklaverei.

IV.

Lord Nelsons langer Weg
nach Wien

Selten präsentiert sich Geschichte derart extravagant, dramatisch und skurril, dass man meinen könnte, aus Versehen in ein Theaterstück oder eine Oper geraten zu sein. Die Geschichte des englischen Admirals in Italien im ersten Jahrzehnt der Franzosenkriege zählt jedoch zweifellos dazu. Zum besserem Verständnis daher eine kurze Einleitung:

1. Die Figuren der Handlung

Die »jugendliche Naive«:

Emma Lyon-Hart wurde am 26. 4. 1763 geboren und wuchs unter ärmlichen Verhältnissen auf. Als leichtgewandete Göttin Hebe Vestina trat sie in London bei einer Werbeveranstaltung für einen Wunderheiler auf, wo sie von dem bekannten Maler Romney (der zahlreiche Porträts von ihr der Nachwelt hinterließ) und später von der »upper class« als gefeiertes Schönheitsideal entdeckt wurde. Sie verliebte sich in Sir Greville, wandte sich aber später aus Enttäuschung, von diesem nicht geheiratet zu werden, seinem Onkel, dem reichen und kunstsinnigen englischen Botschafter in Neapel, Sir William Hamilton zu. Bereits in Neapel – aber noch nicht verheiratet, schreibt sie am 1. 8. 1786 an ihren innig geliebten Greville: »*Du weißt nicht was ich für eine Macht hier habe. Sir Williams Mätresse soll ich werden. Oh nein, Greville, das wird nicht geschehen. Treibe mich zum Äußersten und Du wirst es sehen. Dann werde ich es dahin bringen, daß Sir William mich heiratet.*« (Aus der Morrison Manuskriptsammlung in London) Als Gattin des Botschafters war Emma hoffähig und gewann starken Einfluss auf die Königin von Neapel, wobei man ihr sogar ein lesbisches Verhältnis zu Maria Carolina nachsagte.

Auch Goethe ließ sich in seiner »Italienischen Reise II vom
16. 3. 1787« die Beschreibung dieses süditalienischen Natur-
wunders nicht entgehen: »*Der Ritter Hamilton, der noch
immer als englischer Gesandter hier lebt, hat nun, nach so langer Kunstliebhaberei, nach so langem Naturstudium, den Gip-
fel aller Natur – und Kunstfreude in einem schönen Mädchen
gefunden. Er hat ihr ein griechisches Gewand machen lassen,
das sie trefflich kleidet; dann löst er ihre Haare auf, nimmt ein
paar Schals und macht eine Abwechslung von Stellungen, Ge-
bärden und Mienen usw., daß man zuletzt wirklich meint,
man träume. Man schaut, was so viele Künstler gern geleistet
hätten, hier ganz fertig, in Bewegung und überraschender Abwechslung. Stehend, knieend, sitzend, liegend, ernst, traurig,
neckisch, ausschweifend, bußfertig –, ängstlich, drohend usw.
Eins folgt aufs andere und aus dem anderen. Sie weiß zu
jedem Ausdruck die Falten des Schleiers zu wählen, zu wech-
seln und macht sich hundert Arten von Kopfputz mit denselben Tüchern. Der alte Ritter hält das Licht dazu und hat mit
ganzer Seele sich diesem Gegenstand ergeben. Er findet in ihr
alle Antiken, alle schönen Profile der sizilianischen Münzen, ja
den belvederischen Apoll selbst.*«*

Der betrogene Gatte:
Der allgemein geschätzte und geachtete Kunstsammler (und
Entdecker von Herculaneum und Pompeij Sir William Hamilton) heiratete, obwohl um 40 Jahre älter, 1791 die schöne
Emma. In späteren Jahren – besonders als sich Lord Nelson
einstellte – zog er die Ruhe dem Skandal vor und mischte sich
nicht in das Verhältnis seiner Gattin zu dem Admiral.

Der strahlende Held und Liebhaber:
Horatio Nelson wurde am 29. 9. 1759 geboren. Er verbrachte
seit dem zwölften Lebensjahr fast sein ganzes Leben im Mari-
nedienst. Obzwar er 1787 auf einer Antilleninsel eine in etwa

gleichaltrige Witwe geheiratet hat, kann er bei seinem Besuch in Neapel, nach der siegreichen Seeschlacht von Abukir, der Bewunderung und Liebe der schönen Botschaftsgattin nicht widerstehen und verfällt ihr – sehr zum Ärger der englischen besseren Gesellschaft – bis zur vollkommenen Abhängigkeit.

Die Mutter der Heldin:
Auch die Mutter Emmas, Frau Cadogan, eine Frau aus schlichten Verhältnissen, war mit von der Partie. Wie eine spöttische Betrachterin mitteilte, war sie genau so »wie man sie sich ausmalt«.

Die böse Intrigantin:
Königin Maria Carolina, geboren am 17. 8. 1752, Erzherzogin von Österreich (eine Tochter Maria Theresias), Schwiegermutter des deutschen Kaisers (ihre Tochter Maria Theresia hatte ihren Neffen, Franz II. geheiratet) und als Gattin des, für ziemlich einfach und unfähig geltenden, Bourbonen Ferdinand IV., eigentliche Herrscherin von Neapel. Die Hinrichtung ihrer Schwester Maria Antoinette in Paris spornte sie zu besonderem Misstrauen und Grausamkeit gegenüber allen liberalen Strömungen im Lande an. Politisch an England und Österreich gebunden war sie – insbesondere nach den Massakern an den Vertretern der Parthenopäischen Republik 1799 – bei ihrem Volke äußerst unbeliebt.

Ein Brief an Emma, mit Verhaltensregeln für Lord Nelson (der, ebenso wie Lady Emma, keineswegs von nennenswertem Mitleid mit den »Revolutionären« geprägt war) zeigt recht gut die Politik dieses »Trio infernal«: »*Kurzum liebe Mylady, ich empfehle Lord Nelson, er möge Neapel behandeln, als wäre es eine aufrührerische Stadt Irlands, die sich so ruchlos verhalten hätte* (Heute würde man wohl Lidice, Dresden, Hiroshima oder ähnliche Vergleiche des 2. Weltkriegs gebrauchen. Die Brutalität der Engländer in Irland war damals sprichwörtlich).

Auf Zahlen darf man keine Rücksicht nehmen, tausend Schufte weniger werden Frankreich schwächer machen, und uns wird es dann wohler sein (...) Sie würden es verdienen, mit einem Brandmal gekennzeichnet zu werden, auf daß in Zukunft niemand von ihnen verraten würde (...) Ich empfehle Ihnen, liebe Mylady, also äußerste Entschlossenheit, Tatkraft, Härte und Strenge.«

Ein Buffo-König:

Ferdinand IV., geboren am 12. 1. 1751, aus der Linie der spanischen Bourbonen, wurde nach Abreise seines Vaters Karl IV., der den spanischen Thron bestieg, von den beauftragten Ministern möglichst ohne Bildung und Erziehung gelassen. Bis zu seiner Hochzeit mit der intelligenten und gebildeten Erzherzogin Maria Carolina, 1768, verbrachte er seine Zeit lediglich mit Spiel und Jagd.

Als Kaiser Josef II. im Frühjahr 1769 einen »Kontrollbesuch« in Neapel abstattet, ist er über das kindliche Gemüt seines Schwagers entsetzt. An die Mutter Maria Theresia berichtet er: *»Eines Tages, saß meine Schwester bei dem Klavier und sang mit ihrem Lehrer. Das unterhielt den König einen Augenblick, dann aber verließ er das Zimmer und sandte herüber mit der Bitte, wir sollten ihm Gesellschaft leisten, während er auf seiner ›chaise percé‹* (wörtlich: durchlöcherter Stuhl) *saß. Belustigt ging ich hinüber und fand den König tatsächlich mit heruntergelassenen Kleidungsstücken auf seinem ›Throne‹, während fünf oder sechs seiner Kammerherren, Diener und andere Leute ihn umstanden. Wir führten während mehr als einer halben Stunde, ein nettes kleines Gespräch und ich glaube er säße immer noch dort, wenn nicht ein furchtbarer Duft uns überzeugt hätte, daß alles vorüber war. Ferdinand verfehlte nicht, darüber noch näher zu sprechen, ja er wollte uns selbst den Erfolg sehen lassen und lief höchst unzeremoniell, die Hose immer noch heruntergelassen, mit dem duftenden*

Gefäß in der Hand hinter zwei Herren her, die entflohen. Ich zog mich nun diskret zu meiner Schwester zurück.«

Wenngleich der König mit zunehmendem Alter auch an Reife und Lebensart gewinnt, so bleibt doch seine geliebte Gattin derjenige Ehepartner, welcher energisch (und nicht immer diplomatisch und weise) die »Hosen« anhat. Den Unmut seiner »Furie« Maria Carolina über die politischen Ereignisse der Zeit muss allerdings der Gatte Ferdinand immer wieder aushalten. So schreibt er z. B. am 7. 3. 1797 in sein Tagebuch: *»Als ich das consiglio beendet hatte, attaquierte mich meine Gemahlin, die mir wie gewöhnlich tausend Schmähungen sagte. Ich ertrug sie mit der größtmöglichsten Geduld, um dann nach Carditello zu gehen, wo ich speiste und meinen Tag in Ruhe verbringen konnte.«* Am 7. 10. beklagt er sich bei seinem Minister Acton: *»Als ich heute zu Bette ging hatte ich eine furchtbare Schlacht mit meiner Frau, die wissen wollte, was diesbezüglich entschieden wurde. Nachdem ich es ihr gesagt, nannte sie Sie und mich Lügner und unverschämte Verbrecher mitsamt allen, die dem Finanzrate angehören und sagte, wir wollen sie nur in Verruf bringen, damit ihr das geschehe, was ihrer Schwester* (Marie-Antoinette) *zugestoßen ist.«*

2. »Der Ruhm der ersten Flagge der Welt« – Mittelmeer 1792 bis 1799

Die Ereignisse in Frankreich – insbesondere die Angriffe auf ihre Schwester Marie-Antoinette – beunruhigen Maria Carolina, die auch selbst derartigen persönlichen Diffamierungen immer mehr ausgesetzt ist. Über den Eid Ludwigs XVI. auf die Verfassung schreibt sie im Oktober 1791 an ihren Bruder, Kaiser Leopold II.: *»Ich gestehe, ich finde das Benehmen des*

*Monarchen wirklich verächtlich (…) er entthrohnt sich selbst
und seine Nachkommen (…) Er ist ein feiger Hasenfuß und
Eidbrecher und verdient nicht in dem Rang zu stehen, den er
bekleidet (…) Ich bin überzeugt, daß auf die Dauer der König
trotz seiner Verzagtheit als Opfer fallen wird. Er wird entehrt
zugrunde gehen.«*

Der englische Botschafter in Neapel, Sir William Hamilton,
heiratet in London seine bisherige Freundin Miss Hart und
reist mit seiner jungen Gattin über Paris nach Neapel zurück.
Mit Bewilligung der Nationalversammlung findet ein Empfang des Paares in den Tuilerien statt. In einem Brief, den die
Hamiltons überbringen, teilt Marie Antoinette ihrer Schwester mit, dass offensichtlich eine neuerliche Flucht und ein
Bündnis zwischen König und niederem Volk (die Nationalversammlung dominierte hingegen das gehobene Bürgertum,
insbesonders zahlreiche Advokaten) geplant sei. Jedenfalls
schreibt Maria Caroline darüber an ihren Bruder Leopold II.:
*»Das läßt mich besorgen, daß sie dasselbe Ergebnis haben
wird, wie die erste* (gemeint der Fluchtversuch vom 20./ 21. 6.
1791) *mit weiß Gott was für Folgen. – Eines ist klar, es ist ein
schlechtes Beispiel für alle Völker. Wir haben eben eine Art
unerhörten ›Katechismus‹ für das niedere Volk abgefangen,
der hauptsächlich die Soldaten verführen soll.«*

Der Krieg zwischen Frankreich und der Koalition (seit 20.
4. 1792) lässt in Neapel Ängste vor einer französischen Landung entstehen. Im Dezember 1792 schreibt Maria Carolina
an ihre Tochter Maria Theresia (seit 1790 Gattin ihres Neffen
Franz II.) nach Wien:*»Ich sehe schon die angeblich ausgelau-
fene französische Flotte wie einen Raubvogel auf seine Beute
herabstoßen und uns zerfleischen.«*

Tatsächlich erscheint am 15. 12. 1792 eine französische Flotte vor Neapel, die sich aber – nachdem sie Kontakt mit nea-
poletanischen Revolutionären aufgenommen hat – wieder
»hinauskomplimentieren« lässt.

Frankreich besetzt 1792 die zum Königreich Sardinien gehörenden Küstengebiete um Nizza und Savoyen. Um der Bedrohung durch Frankreichs Seemacht zu begegnen, wendet sich Neapel – nach der Kriegserklärung Frankreichs an England und Holland (1. 2. 1793) – immer mehr England und seinem Botschafterpaar zu (Bündnisvertrag vom 12. 7. 1793). In der Vendée und im Süden Frankreichs wächst der Widerstand gegen die revolutionären Exzesse. Sardinien und Österreich versuchen vergeblich entlang der Küste vorzustoßen, um Nizza zurückzuerobern und von dort weiter das aufständische Toulon zu erreichen. Nelson (seit 3. 1. 1793 wieder im aktiven Dienst und Kommandant des vor Toulon eingesetzten Linienschiffes »Agamemnon« mit 64 Kanonen) schreibt im August in die Heimat: *Die Franzosen sind hier in schrecklicher Verwirrung; eine Armee marschiert von Marseille auf Paris, und der Bürgerkrieg scheint unvermeidlich (...) Der Eigentümer eines Handelsschiffes aus Marseille, das wir angehalten, hat behauptet, daß es zur Zeit in Frankreich nur zwei Kategorien gibt: eine Horde von Betrunkenen und Wahnwitzigen und ein Heer von Halbverhungerten, denen das Elend im Gesicht geschrieben steht. Letztere wünschen den Frieden mit England, und man munkelt, daß die Provence sich mit Freuden unter unseren Schutz stellen würde.*

Nach der Einnahme von Marseille durch die »Blauen« (d. h. Truppen der Republik) ruft Ende August Toulon, der Haupthafen der französischen Mittelmeerflotte, die Engländer zu Hilfe. Am 12. 9. 1793 erscheint das britische Schlachtschiff »Agamemnon« im Hafen von Neapel. Kommandant ist der 35-jährige Horatio Nelson, der vier Tage im Haus des 70-jährigen englischen Botschafters verbringt und – natürlich – vom allseits gerühmten Reiz der 30-jährigen Dame des Hauses hingerissen ist. An seine Gattin Fanny schreibt er: *Lady Hamilton ist eine junge Frau von liebenswürdigem Wesen, die der Stellung zu der sie erhöht wurde, durchaus Ehre macht.*

Mit einem Hilfskorps von 4000 Neapolitanern (später kommen noch weitere 2000 hinzu) segelt Nelson weiter nach Toulon, wo die Truppen der Republik bereits die Stadt belagern. In sein Tagebuch schreibt Nelson: »*Ich möchte nicht versäumen zu betonen, welch große Mühe Sir William Hamilton auf sich nahm, um diese Truppen auf den Weg zu bringen. Ohne seine treibende Kraft wären sie bestimmt noch hier. Die Eitelkeit des (…)* (respektvollerweise wird der Name des Königs nicht erwähnt) *ist so groß, daß er die von ihm zugesagte Truppenstärke mit einem Mal schicken wollte, nur um damit großzutun. Dieser Eitelkeit haben wir es übrigens zu danken, daß wir statt der zuerst zugesagten zweitausend jetzt viertausend Mann bekommen.*«

Die Hinrichtung Marie Antoinettes in Paris am 16. 10. 1793 erweckt Rachegefühle der Königin von Neapel. An ihre Tochter Maria Theresia schreibt sie: »*Das Verbrechertum dieser Ungeheuer übersteigt alle Grenzen der Einbildungskraft (…) Grässlich, grässlich! Vor sieben Jahren war sie noch das angebetete, beweihräucherte Idol Frankreichs und jetzt (…)*«

In Toulon gelingt es einem noch unbekannten 24-jährigen Artillerieoffizier durch besonders umsichtige Leitung seiner Batterien, die englisch-neapolitanischen Landungstruppen sowie die englische Flotte am 16. 12. 1793 zum Abzug zu zwingen. Napoleone Buonaparte wird für diesen Erfolg zum Brigadegeneral befördert.

Die Einwohner Toulons, soweit es ihnen nicht gelingt, einen Platz auf den auslaufenden Schiffen zu erlangen, erwartet Brandschatzung, Plünderung, Massenmord und Hinrichtung. Nelson erlebt in Livorno die Ankunft der ersten Flüchtlingsschiffe und berichtet seiner Frau: »*In Toulon geht das Grauen um, jeder der darüber berichtet, weiß noch Ärgeres zu erzählen (…) Ich kann Dir nicht alles schildern, ich bin zutiefst erschüttert durch soviel Elend.*«

Anfang 1794 vereinbaren der korsische Freiheitsheld General Paoli und der englische Flottenkommandant im Mittelmeer, Lord Hood, die Besetzung Korsikas durch die Engländer. Etliche Städte und Plätze müssen jedoch von den englischen Landungstruppen erst mühevoll erobert werden. Auch Nelson ist daran beteiligt und zeichnet sich bei der Eroberung von Bastia (19. 5.) aus. Bei der Belagerung von Calvi verliert er am 12. Juli sein rechtes Auge. Nelson beschreibt Ende 1794 in einem Brief seinen Einsatz: *»Ich bin geschlagene hundertzwanzig Tage zu Lande und zur See gegen den Feind eingesetzt worden. Drei Unternehmungen gegen feindliche Schiffe, zwei mit meinem Linienschiff gegen Bastia, vier mit Truppentransportern, dazu zwei Städte erobert und zwölf Fahrzeuge verbrannt! Ich wüßte nicht wer mehr geleistet hätte als ich. Allerdings hatte ich den Trost, mich stets von meinem Chef belobigt zu sehen, doch niemals den, belohnt zu werden. Ganz besonders kränkt es mich, daß für Dienste, in denen ich verwundet wurde, gewisse Herren, die zu gleicher Zeit weit vom Kampfplatz entfernt waren, Lobsprüche ernteten. Man hat mich nicht gerecht behandelt, aber macht nichts, ich werde eines Tages eine Siegesdepesche für mich ganz allein haben!«*

Anfang 1794 versucht neuerlich ein österreichisches Korps die Riviera entlang nach Westen vorzudringen. Es wird aber von den Franzosen bei Savona über das Gebirge nach Dego und Acqui zurückgeschlagen. Eine jakobinische Verschwörung und Unruhen in Neapel werden Mitte 1794 mit Festigkeit unterdrückt. Lady Hamilton schreibt über die Königin an Greville am 18. 12. 1794: *»Niemand kann so reizend sein wie sie. Sie ist alles was man wünschen kann, die beste Mutter, Gattin und Freundin in der Welt. Ich lebe beständig mit ihr und dies durch gut zwei Jahre in inniger Weise und habe niemals in dieser ganzen Zeit etwas anderes als Güte und Aufrichtigkeit an ihr festgestellt. Wenn Du jemals irgendwel-*

che Lügen über sie hörst, widersprich ihnen und wenn Du ein verfluchtes Buch von irgendeinem feigen französischen Hunde über sie liest, dann glaube nicht ein Wort.«

Die Furcht vor Unruhen im eigenen Land hindert das neapolitanische Königspaar an der Entsendung von Hilfstruppen zur kaiserlichen Armee in Oberitalien. Trotzdem gelingt den Österreichern die Besetzung der Häfen von Vado und Loano an der Riviera. Neapels Königin ist jedoch mit der zaghaften Kriegsführung ihres Schwiegersohnes nicht einverstanden. An ihren Botschafter in Wien, Marchese Marzio Mastrilli di Gallo, schreibt sie im Februar 1795 über ihren Schwiegersohn Franz: *»Der Kaiser ist der Sohn einer Bourbonin[21], zum Gebieter erzogen und ich kenne ihn doch als schwach, hart und brutal, zwei Dinge, die unvereinbar scheinen, aber sehr gut doch miteinander möglich sind.«*

Auch mit ihrem Neffen und weiterem Schwiegersohn Ferdinand III., Großherzog der Toskana[22], der eine vorsichtig zurückhaltende Politik gegenüber Frankreich verfolgt, ist Maria Carolina unzufrieden. Kleinere jakobinische Unruhen in der Toskana werden allerdings mühelos unterdrückt. Gemeinsam mit seinem Erzieher und Außenminister Marquis Manfredini versucht Ferdinand, sein militärisch kaum gerüstetes Land, von allen Verwicklungen herauszuhalten. Auf massiven Druck Englands hin muss er aber bereits im Oktober 1793 den französischen Gesandten des Landes verweisen und zulassen, dass die Engländer Livorno als eigenen Flottenstützpunkt aufwendig ausbauen. Neben der offiziell neutralen Dogenrepublik Genua wird vor allem das toskanische Livorno in diesen Jahren die Hauptbasis der Marineoperationen bei der Blockade der französischen Mittelmeerküste. Auch Nelson verbringt viel Zeit in Livorno. Einer seiner Kapitäne, Freemantle, schreibt in seinen trockenen Tagebuchaufzeichnungen: *»August 1795: Ein Geleitzug von Genua eingelaufen. Dinierte mit Nelson. Seine Puppe war mit an Bord. Sie hatte* *eine Art Abszeß an der Seite. Er macht sich mit diesem Frauenzimmer lächerlich.«*

Am 14. 3. 1795 kann sich Nelson in einem Gefecht mit der französischen Flotte, die Korsika zurückerobern will, neuerlich bewähren. Diesmal bleiben die Belobigungen nicht aus. An Fanny schreibt er. *»Ich bin ganz allgemein ›der liebe Nelson‹, ›der herrliche Nelson‹, ›der schneidige Nelson‹. Aber so albern diese Ausdrücke auch klingen, sie sind doch erfreulicher als der Tadel, und bekanntlich sind wir doch alle für Schmeicheleien empfänglich (...) Ich bin derart mit Lorbeeren überhäuft, daß Du mein zusammengeschrumpftes Gesicht kaum noch erkennen würdest.«*

Als ranghoher Kapitän (an siebenter Stelle der Rangliste) erhält Nelson das selbstständige Kommando, mit seiner »Agamemnon«, drei Fregatten und einem Kutter, das Vordringen der verbündeten Sarden und Österreicher unter dem österreichischen General de Vins zu unterstützen. Außerdem hat er den französischen Schiffsverkehr im Bereich der ligurischen Küste zu unterbinden. Trotz der ehrgeizigen Pläne des ungeduldigen Nelson, der österreichische Landungstruppen im Rücken des Feindes an Land setzen will, bleibt de Vins vorsichtig zurückhaltend. Nelson schreibt darüber an seine Gattin: *»Ich bin mit dieser Armee, die unbeschreiblich langweilig ist, nicht ganz so zufrieden, wie ich erwartete, und glaube allmählich, daß der Kaiser nur weitere vier Millionen englisches Geld einstecken möchte. Und die deutschen Generäle? Sie leben vom Krieg, im Frieden machen sie bankrott, darum können wir nicht annehmen, daß sie den Frieden wünschen.«*

Nach dem Sonderfrieden von Basel am 5. 4. 1795 zwischen Frankreich und Preußen wird in weiterer Folge, am 22. 7., auch von Spanien – der spanische Minister und Geliebte der Königin Godoy erhält dafür den Titel eines »Principe dalla paz« (= Friedensfürst)[23] – mit der Republik ein Friedensabkommen unterzeichnet. Dies lässt in Neapel die Fortführung des Krieges sinnlos erscheinen und scheidet es ebenfalls aus der Reihe der kriegführenden Mächte aus. Die freigewordenen Truppen verschieben die Franzosen nach Oberitalien und treten gegenüber Genua immer selbstbewusster auf. Die Anwerbung von Freiwilligen in Genua und der Raub von 10 000 Pfund österreichischer Kriegsgelder durch Franzosen und genuesische Helfer, bewegen General de Vins dazu, Genua anzugreifen. Bei Vado und Loano kommt es im Dezember 1795 zu Gefechten, die zu Ungunsten der Österreicher ausgehen. Durch den Sieg von Loano drängen die Franzosen unter General Scherer die Österreicher von der Riviera ab und unterbrechen die Verbindung zur englischen Flotte. Ende 1795 besetzen die Franzosen alle Übergänge über den Apennin und kantonieren ihre Armee an der Küste zwischen Genua und dem Hauptquartier in Nizza. Nelson berichtet über die Schlacht. (General de Vins gab wegen einer Unpässlichkeit den Oberbefehl an General Wallis ab.): *» Von dieser Stunde an, blieb nicht mehr ein Soldat auf seinem Posten, es schien, als wäre der Teufel ihnen auf den Fersen. Zu Tausenden rückten sie aus, ohne den Feind auch nur gesehen zu haben (...) Hätte ich nicht, allerdings gegen meinen Willen in Genua ausgeharrt, so wären acht- bis zehntausend Mann, einschließlich des Generals de Vins, gefangengenommen worden; aber durch diese Maßnahme wurde der Engpaß offen gehalten (...) So traurig ist mein Feldzug nun zu Ende gegangen. Wir haben die französische Republik gefestigt, und ich glaube im Ernst, daß dieses sprunghafte und flatterhafte Volk sie sonst niemals hingenommen hätte. Ich hasse die Franzosen, ich verabscheue sie, ob sie Royalisten oder Republikaner sind; ich glaube sogar, daß letztere den ersteren vorzuziehen sind.«*

Wie nicht weiter verwunderlich geben die österreichischen Generäle der mangelnden Unterstützung durch die englische Flotte die Schuld an ihren Rückschlägen.

Brief des englischen Botschafters Sir William Hamilton am neapolitanischen Hof vom 28. März 1796 (einen Tag nach der Proklamation Napoleons: »Reiche Provinzen, große Städte werden euch gehören ...«). Er berichtet über einen chiffrierten Brief an Lord Grenville, in welchem ein Mr. Wyndam (?) mitteilt, dass er sich nicht vorstellen könne, dass es Seiner Sizilianischen Majestät Absicht sei, den Durchmarsch seiner Truppen durch die Toskana gewaltsam zu erzwingen. Es seien die fatalsten Konsequenzen möglich. Allerdings sei die Inbesitznahme von Livorno (Leghorn) auch ohne diesen Vorwand schon seit langem das Angriffsziel der Franzosen.

Am 27. 3. 1796 erlässt der neue Oberbefehlshaber der französischen Italienarmee Bonaparte seine zündende Proklamation an die Soldaten:»Reiche Provinzen, große Städte werden Euch gehören!«verspricht ausgiebige Plünderungen, und dieses Versprechen wird gehalten werden. Die Erfolge Bonapartes in Oberitalien bewirken in Korsika und in den italienischen Küstenstaaten eine immer feindseligere Haltung gegen die, ihre eigenen Interessen verfolgenden, Engländer.

Am 29. 6. 1796 besetzen die Franzosen unter dem Kommando Bonapartes Livorno. Dadurch entfällt Nelsons wichtigster Stützpunkt bei der Blockade der ligurischen Küste. Bonapartes Vormarsch führt zu einer heftigen antifranzösischen Reaktion in Neapel und zur feierlichen Kriegserklärung am 17. 5. 1796. Gleichzeitig verhandelt jedoch der neapolitanische Sondergesandte Prinz Belmonte-Pignatelli im französischen Hauptquartier mit Bonaparte. Am 5. Juni kommt es zum Waffenstillstand von Brescia. Maria Carolina schreibt an Kaiser Franz im August:»*Ja, ich wage es selbst zu sagen, wir oder wenigstens ich wünschen einen leichten Anlaß, um den Waffenstillstand zu brechen und mit unseren Truppen, die schon an der Grenze sind, auszumarschieren (...) Ich gestehe, ich wäre dann in voller Herzensfreude und würde die erste Gelegenheit mit Gier ergreifen. Zähle nur darauf.*« Auch die Zukunft ihres toskanischen Schwiegersohnes sieht sie nicht rosig:»*Im Oktober oder November werden die Franzosen in Massen daherkommen und dann wehe (...) Toskana, denn diese Spitzbuben kennen kein Gesetz und keinen Glauben.*«

Die frankreichfreundliche Politik Godoys führt am 5. 8. 1796 zum Bündnis von San Ildefonso zwischen Spanien und der Republik. England räumt daraufhin die besetzte Insel Korsika und überlegt sogar den Abzug seiner Flotte aus dem Mittelmeer. Der isolierte Hof von Neapel – trotz der Erfolge Erzherzog Karls in Deutschland nicht gerade von Österreichs Stärke überzeugt – beauftragt seinen Unterhändler Belmonte

zu unterzeichnen,»was irgend annehmbar sei«. Am 10. 10.
1796 wird der Friede mit Frankreich abgeschlossen. Der
König beider Sizilien verpflichtet sich darin zur strikten Neutralität und zur Zahlung einer Kriegsentschädigung. Die Königin schreibt darüber im November 1796 an Kaiser Franz:
»*Die Nachricht von dem Abschluß des Friedens stimmt mich
todestraurig. Nur die dringendste Notwendigkeit hat uns gezwungen.*« An Gallo schreibt sie:»*Da sind wir nun im Frieden
mit den verbrecherischesten Menschen, die auf dem Erdkreis
leben.*«

Unter dem Einfluss der Erfolge der Franzosen in Oberitalien versuchen einige Republikaner im Februar 1797 einen
Aufstand gegen den Papst, als weltlichen Herrscher des Kirchenstaates. Einer der Anführer, der mit dem französischen
Botschafter gut bekannte Chirurg Liberio Angelucci wird eingekerkert.

Am 19. 2. 1797 muss der Papst, im von Neapel vermittelten
Frieden von Tolentino, Avignon, die Legationen Bologna,
Ferrara und die Romagna abtreten sowie hohe Reparationen
bezahlen und zahlreiche Kunstschätze ausliefern.

Nach der Kapitulation der österreichischen Festung Mantua am 2. Februar ist Bonaparte über Kärnten Richtung Wien
weitermarschiert. Am 18. April wird der Vorfriede von Leoben geschlossen. Wahrscheinlich auf Anraten seiner Gattin,
stimmt Kaiser Franz dem Vorschlag Maria Carolinas (die verhindern möchte, dass auf Kosten Neapels eine Verständigung
mit Frankreich erfolgt) zu, den neapolitanischen Botschafter
in Wien, Marchese di Gallo, als einen der österreichischen
Friedensunterhändler zu entsenden. Der ebenfalls der Delegation angehörende General Merveldt berichtet über Bonapartes empörte Reaktion in einem Bericht an Außenminister
Thugut nach Wien:»Wie? Der Botschafter Neapels in Wien
kommt als kaiserlicher Friedensunterhändler?«, und vermeldet, dass die Franzosen Gallo wenigstens als Botschafter des

ÉGALITÉ. LIBERTÉ.

Livourne le 11 Fructidor
l'an 5.ᵉ de la République une & indivisible.

LE CONSUL GÉNÉRAL DE LA RÉPUBLIQUE FRANÇAISE EN TOSCANE.

Au Citoyen Joseph Bonaparte Ambassadeur de la
République à Rome.

L'obligeante lettre, Mon cher Ambassadeur, que
vous m'avez écrite de Florence, n'est pas le seul motif
de la reconnaissance que je vous dois. Le Cᵉʳ Greppi
ne m'a pas laissé ignorer que vous avez bien voulu écrire
au Général en chef, pour m'en obtenir la permission de
me rendre à mon poste, puisque tous les ordres qu'il
m'avaient Donnés à Livourne, sont exécutés. Je vous avoue
que j'ai le Desir D'ariver à Génes; j'y serai au milieu
D'un Peuple libre et attaché à la République autant
par les principes politiques, que par l'intérêt National.
Un autre, tel qu'il soit, sera à Livourne avec plus —
D'agrémens que moi, car en m'emparant des propriétés
ennemies, j'ai froissé souvent les intérêts Toscans;
Quelquesfois aussi j'ai arrêté la légéreté des nôtres,
et Dans une mission aussi rigoureuse, on ne se fait
point D'amis; mais j'ai servi la République et
c'est uniquémens à son avantage que j'ai tous rapporté.

Königs von Neapel akzeptieren. Wie Napoleon in seinem Mémorial auf St. Hélèna an Las Cases diktieren wird, dankt ihm Gallo dies damit, dass er sich willfährig gegenüber den französischen Fragen zeigt und über »alles« Wünschenswerte informiert. Gallo berichtet aus Graz, wohin er Bonaparte begleitet hat, an Kaiser Franz nach Wien: »*Bonaparte ist ein sehr interessanter Mensch und seine Armee wohl ein Haufen Banditen, die aber großartige Leute (›formidables‹) sind.*« Auch bei den Friedensgesprächen in Udine ist Gallo – diesmal ohne Protest – zugelassen. Den Abschluss des Friedens begrüßt er begeistert und schreibt aus Udine am 17. 10. 1797 an Kaiser Franz: »*Jetzt ist der Sturzbach von Unglück, der*

Bild links:
Schreiben des französischen Konsuls Belleville in Livorno (Toskana) an den französischen Botschafter Joseph Bonaparte in Rom vom 11. Fructidor Jahr V.: »*Ihr freundlicher Brief, mein Herr Botschafter, den Sie mir aus Florenz geschrieben haben, ist nicht der einzige Grund für die Dankbarkeit, welche ich Ihnen entgegen bringe. Der Bürger Greppi hat mir nicht verschwiegen, daß Sie dem Chefgeneral* (d. h. Napoleon) *geschrieben haben, mir die Erlaubnis zu geben wieder an meinen Posten zurückzukehren, da alle Aufträge, welche er mir für Livorno gegeben hat erfüllt sind. Ich gestehe Ihnen, daß ich gerne wieder in Genua wäre; ich wäre dort inmitten eines freien und der Republik sowohl aus politischer Ansicht als auch aus nationalem Interesse verbundenen Volkes. Jemand Anderer, wer immer es auch sei, wäre in Livorno nützlicher als ich, da ich, als ich mich feindlichen* (d. h. englischen) *Eigentums bemächtigen mußte, oft den Interessen der Toscana zuwider handelte. Auch habe ich einige Male die Leichtfertigkeit der Unseren eingestellt, und macht man sich in einer so strengen Mission, kaum Freunde; aber ich habe der Republik gedient und alles nur zu ihrem Vorteil gemacht. Weil ich verpflichtet war streng ›zu sein, unterstellte man mir einen fanatischen und schwierigen Charakter, während das einzige, was ich mir vorwerfen würde, ist, daß ich wegen der Erhaltung des Friedens, vielleicht noch zu großzügig gewesen bin; aber deswegen liebe ich mein Vaterland nicht weniger und möchte es geachtet und respektiert sehen. Ich möchte daher die Erlaubnis, die Sie mir gegeben haben nutzen, und mich in Ihre Erinnerung bringen. Sie haben sicherlich ständige Angelegenheiten mit Genua. Ich ersuche Sie damit betraut zu werden, niemand würde sich mit mehr Eifer und Vergnügen dieser annehmen als ich. Ich rechne damit mich zwischen 20. und 25. dahin zu begeben. Ich grüße Sie und umarme Sie aus ganzem Herzen. Belleville*«

über Europa hinweggerauscht ist, vorüber und Eure Majestät werden es sein, die ihm einen Damm geboten und die monarchischen Regierungen gerettet haben. In wenigen Jahren werden Euer Majestät in der Lage sein, von dem sicheren Fall Frankreichs Gewinn zu ziehen und Europa das Gesetz zu diktieren.«

Am 26. 7. 1797 wird in Oberitalien die »Repubblica Cisalpina« unter der Patronanz von Bonaparte ausgerufen. Mit Unterstützung aus Frankreich erheben sich in Rom neuerlich »patriotische« Aufrührer gegen den Papst. Der französische General Duphot wird mit diesen Kreisen in Verbindung gebracht und bei Unruhen vor dem Palais des französischen Botschafters, Joseph Bonaparte, erschossen. Die Schwägerin des Botschafters, Desirée Clary und geheime Verlobte des Generals, ist untröstlich. Sie reist nach Paris zurück. Dort begegnet sie der Generalin Junot, Herzogin v. Abrantès, die in ihren Memoiren erwähnt, dass die Schwägerin Josephs zwar hübsch, aber in starker Trauer gewesen sei. (Später wird Desirée Napoleons Gegenspieler, Jean-Baptiste Bernadotte, – den zukünftigen König von Schweden – heiraten und gemeinsam werden sie die noch heute regierende Dynastie Bernadotte begründen).

Das Jahr 1797 bringt für Nelson den entscheidenden Aufstieg zum Nationalhelden. Am 14. Februar in der Schlacht von St. Vincent besiegt Admiral Jervis die spanische Flotte. Kommodore Nelson, der ohne Befehl die englische Kiellinie verlässt, um in die spanische Schlachtordnung einzudringen, hat an diesem Sieg einen entscheidenden Anteil.

Bei dem tollkühnen Versuch den Hafen von Sant Cruz auf der kanarischen Insel Teneriffa, wo spanische Schatzschiffe Zuflucht gefunden hatten, zu stürmen, verliert am 25. Juli Nelson seinen rechten Arm. Nach seiner Rückkehr wird ihm in England von König Georg III. persönlich der Bathorden verliehen.

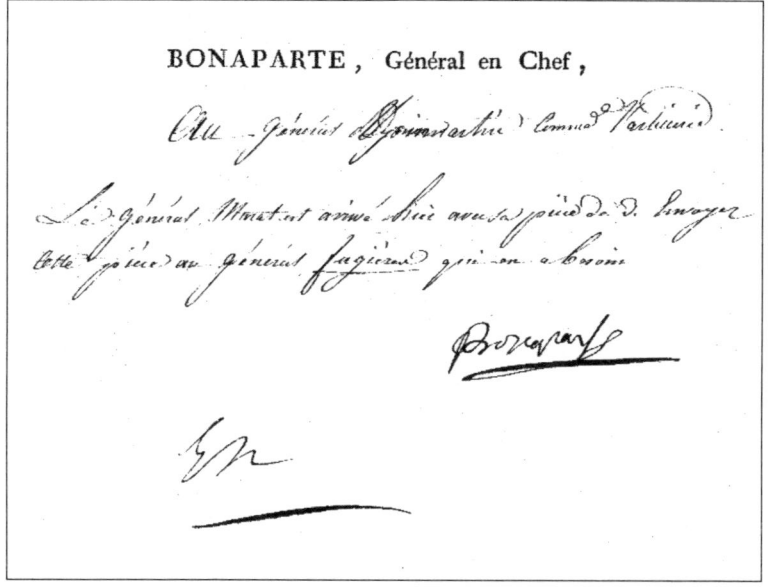

Brief Bonapartes an General Dommartin, Kommandant der Artillerie, Kairo, 6. Brumaire VII (27. 10. 1798): *»Der General Murat ist gestern mit seinem Geschütz von 3 (Pfund) angekommen. Senden Sie dieses Geschütz dem General Vugière, der es benötigt.«*

Die Ermordung des Generals Duphot vor der französischen Botschaft liefert dem Direktorium den begehrten Anlass in Rom einzumarschieren. Am 10. 2. 1798 besetzen die Franzosen die Engelsburg. Am 15. 2. wird die »Repubblica Romana« ausgerufen. Angelucci wird einer der sieben Konsuln. Papst Pius VI. muss Rom binnen 24 Stunden verlassen. Die Franzosen plündern die Stadt und erreichen damit, dass die Anhängerschaft der Patrioten stark abnimmt. Dies ermöglicht neapolitanischen Agenten, die Stimmung in der Stadt immer mehr gegen die Besatzungsmacht anzuheizen.

Am 29. März hisst Konteradmiral Sir Horatio Nelson seine blaue Flagge auf der »Vanguard« und begibt sich unter dem Kommando von Admiral Jervis, mittlerweile Earl of St. Vincent, zur Mittelmeerflotte.

Er erhält wieder den Auftrag mit einem Geschwader Toulon zu überwachen, wo sich nach mehreren erhaltenen Meldungen die französische Flotte zum Auslaufen rüsten soll. Am 17. Mai bringen die Engländer eine französische Fregatte auf und finden die Nachricht bestätigt, dass Bonaparte 19 Linienschiffe zum Auslaufen bereit hält. Als Nelson am 31. 5. 1798 vor Toulon erscheint, ist die französische Flotte jedoch bereits verschwunden. Auf der Suche nach den Franzosen läuft die englische Flotte am 17. Juni Neapel an, wo Nelson erfährt, dass Bonaparte die Inseln des souveränen Ritterordens, Malta und Gozo, besetzt habe. Obwohl die Engländer Malta über Messina unverzüglich ansteuern, kommen sie zu spät. Die Franzosen sind wieder spurlos verschwunden. Das ex-venezianische Korfu wird zwar als mögliches Ziel in Betracht gezogen, Nelson vermutet aber, dass Bonaparte nach Ägypten unterwegs ist. In der Nacht zum 22. Juni kommen bei dichtem Nebel die beiden, Richtung Alexandria steuernden Flotten einander so nahe, dass die Franzosen sogar die Signalkanonen der Engländer hören können. Die überlegene Segelkunst der Briten lässt Nelson bereits am 28. 6. in Alexandria ankommen, wo von den Franzosen weit und breit noch nichts zu sehen ist. Da auch eine Landung in Sizilien oder Neapel wahrscheinlich ist, fährt Nelson eiligst zurück und versorgt seine Flotte in Syrakus. Anschließend werden die griechischen Gewässer nach der verschwundenen französischen Flotte durchsucht. Am 28. Juli erhält Nelson die Nachricht, dass Bonaparte vor vier Wochen südöstlich von Kreta gesehen worden sei. Mit vollen Segeln fährt die englische Flotte nochmals nach Alexandria, und am 1. August um 14.30 Uhr meldet Kapitän Hood von der »Zealous« die gegnerische Flotte. Da der Hafen von Alexandria verschlammt ist (und keine Bemühungen unternommen wurden, ihn benutzbar zu machen, obwohl Bonaparte später behaupten wird, dies angeordnet zu haben und dass er Admiral Brueys deutlich auf die Gefahren seiner Stellung hingewie-

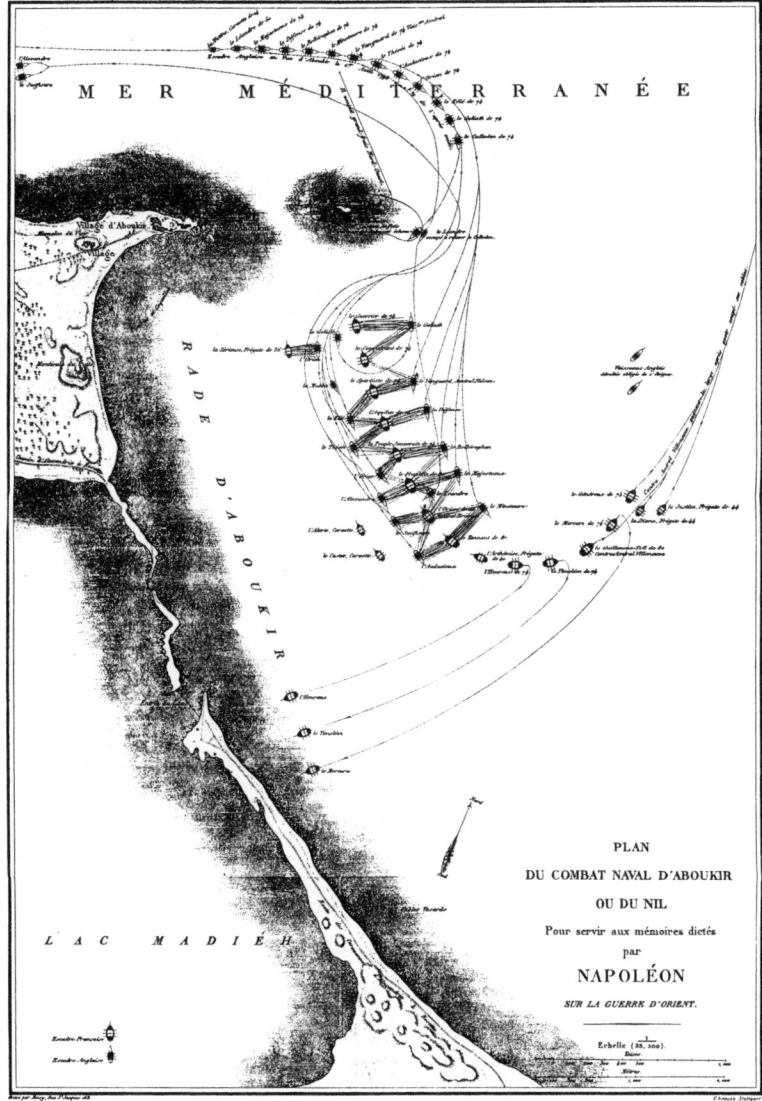

Plan der Seeschlacht von Aboukir

sen hätte), liegt Admiral Brueys mit seinen 13 Linienschiffen und vier Fregatten in der nahen Bucht von Aboukir vor Anker. Auf beiden Flanken durch Untiefen, Kanonenboote und Fregatten geschützt, sowie durch eine Batterie auf der vor dem Spitzenschiff liegenden Insel Bequier verstärkt, erscheint seine Position gefestigt und – nach den Regeln der Seekriegskunst – unangreifbar.

Napoleon wird in seinen Memoiren eine Schilderung der Schlacht von Aboukir der Nachwelt überliefern. Wenngleich er dabei bemüht ist, seine Anordnungen als Oberbefehlshaber in bestem Licht erscheinen zu lassen, so ist dieser Bericht, vor allem wegen der Beurteilung seines großen Feindes Nelson, besonders interessant. Ebenso wie Bonaparte auf dem Lande, ignoriert auch der englische Admiral alle bestehenden Regeln der Kriegskunst. Napoleon, der auf St. Hélèna kein Verständnis mehr für den derartigen Wagemut aufbringt, beschreibt (wie Caesar von sich in der dritten Person als kommandierenden General sprechend) die Seeschlacht von Aboukir sehr kritisch: *»Alle diese Betrachtungen* (des Admirals Brueys) *erweckten dem kommandierenden General sehr traurige quälende Gedanken. Aber am Abend des 2. August wurde er durch eine vom 30. Juli datierte Depesche vollkommen beruhigt. Der Admiral schrieb ihm: Er hätte soeben die amtliche Nachricht der Schlacht von den Pyramiden und von der Einnahme von Kairo erhalten; diese Neuigkeiten hätten günstig auf die Araber eingewirkt und sie zur sofortigen Unterwerfung veranlaßt. Er hätte eine Durchfahrt gefunden, durch die er in den Alten Hafen einlaufen könnte und die er jetzt mit Baken besetzen ließe; binnen weniger Tage würde seine Flotte in Sicherheit sein (...) Die englische Flotte segelte mit großer Geschwindigkeit heran, aber sie wies nur eine Stärke von elf Vierundsiebzigkanonen-Schlachtschiffen, einem Fünfzigkanonenschiff und einer kleinen Korvette auf. Es war fünf Uhr nachmittags. Es schien unmöglich, daß der englische Admiral mit so ungleichen Kräften die französische Schlachtlinie angreifen wollte. Doch waren noch zwei Linienschiffe außer Sicht, westlich von Alexandrien;*

*diese trafen erst um 20.00 Uhr abends auf dem Schlachtfelde
ein.*

*Auf der französischen Flotte herrschte allgemein die An-
sicht, daß die Schlacht bis zum nächsten Tage würde verschoben werden, falls nicht etwa noch andere Schiffe den Feind
während der Nacht verstärkten; es erschien nämlich unmöglich, daß Nelson mit den heransegelnden Schiffen eine Schlacht
wagte. Der Befehl: Klar zum Gefecht! wurde sehr schlecht ausgeführt. Auf dem ›Orient‹ ließ man die für die Passagiere her-
gerichteten Deckkajüten bestehen, ›Guerrier‹ und ›Conquérant‹ machten nur die eine Breitseite frei, während die
nach der Landseite gerichteten unbenutzbar waren. Admiral
Brueys hatte, wie es scheint, den Plan, unter Segel zu gehen;
wartete aber auf die von Alexandrien herbeigerufenen Matrosen, die erst um 21.00 Uhr abends eintrafen. Inzwischen kam
die feindliche Flotte in Kanonenschußweite, und zum großen
Erstaunen beider Flotten gab der französische Admiral nicht
zuerst das Signal das Feuer zu eröffnen.*

*Nelsons Befehl lautete, daß jedes englische Linienschiff ein
französisches angreifen, zu diesem Zweck Anker auswerfen
und sich quer mit der Breitseite vor den Bug des französischen
Gegners legen sollte. Die ›Culloden‹, die zum Angriff auf den
›Guerrier‹ auf den äußersten linken Flügel der Schlachtreihe
bestimmt war, wollte zwischen diesem Schiff und der Insel
durchsegeln, geriet aber dabei auf den Grund. Wäre die Insel
mit schwerem Geschütz ausgerüstet gewesen, so hätte die
›Culloden‹ die Flagge streichen müssen; immerhin war sie
während der ganzen Schlacht kampfunfähig. Der ›Goliath‹,
der ihr folgte, segelte zwischen ihr und der französischen Linie
hindurch; er wollte die Anker auswerfen und sich quer vor den
Bug des ›Guerrier‹ legen, wurde aber von Wind und Strömung
fortgetrieben, er segelte infolgedessen um den ›Guerrier‹
herum, der aus seiner nicht klar zum Gefecht gemachten Steu-
erbordbatterie nicht feuern konnte. Der Kapitän des ›Goliath‹*

war überrascht, weder vom ›Guerrier‹ noch vom ›Conquérant‹ eine Breitseite zu empfangen, während doch die französische Flagge auf diesen Schiffen wehte. Er erkannte erst später mit Erstaunen die Ursache dieses Widerspruchs. Hätte der ›Guerrier‹ an vier Ankern näher an die Insel gelegen, so wäre es unmöglich gewesen, um ihn herumzusegeln. ›Zealous‹ machte dasselbe Manöver wie der ›Goliath‹; ›Orion‹ folgte ihnen, wurde aber von der französischen Fregatte ›Sérieuse‹ angegriffen. Dieser kühne Angriff verzögerte seine Bewegung; er warf zwischen dem ›Franklin‹ und dem ›Peuple-Souverain‹ seine Anker aus. Das englische Admiralschiff ›Vanquard‹ ankerte quer vor dem ›Spartiate‹, dem dritten Schiff der französischen Linie. ›Defense‹, ›Bellerophon‹, ›Majestuous‹ und ›Minotaur‹ folgten der Bewegung; und so waren der ganze linke Flügel und das Zentrum der französischen Linie bis zum achten Schiff, dem ›Tonnant‹, im Gefecht. Die fünf Linienschiffe des rechten Flügels nahmen am Gefecht überhaupt nicht teil. Das französische Admiralschiff und die beiden anderen Schiffe des Zentrums, die durch ihre Größe den feindlichen weit überlegen waren, verrichteten Wunderdinge. Der englische ›Bellerophon‹ verlor Takelwerk und Masten und mußte die Flagge streichen. Zwei andere Vierundsiebziger wurden ebenfalls entmastet und waren genötigt, sich zu entfernen. Wenn in diesem Augenblick Konteradmiral Villeneuve mit dem rechten Flügel die Anker gelichtet hätte und mit seinen 5 Linienschiffen und 2 Fregatten über die englische Schlachtenlinie hergefallen wäre, so gehörte der Sieg den Franzosen. Die ›Culloden‹ war aufgelaufen, und der ›Leander‹ war bemüht, sie abzubringen; ›Alexander‹ und ›Swiftsure‹ kamen allerdings bereits in Sicht, waren aber noch weit vom Kampfplatz entfernt, und ›Bellerophon‹ hatte die Flagge gestrichen. Nelson hielt das Gefecht nur noch mit zehn Linienschiffen im Gange.

Als ›Leander‹ die Gefahr bemerkte, in der die englische Flotte sich befand, ließ er die ›Culloden‹ liegen und segelte mitten in das stärkste Feuer hinein. Endlich trafen ›Alexander‹ und ›Swiftsure‹ ein und wandten sich gegen den ›Franklin‹ und den ›Orient‹. Trotzdem war die Schlacht durchaus noch nicht entschieden, sondern die Waage stand ziemlich gleich. Auf der Seite der Franzosen schossen allerdings ›Guerrier‹ und ›Conquérant‹ nicht mehr, aber dies waren ihre schlechtesten Schiffe; dafür waren auf Seiten der Engländer ebenfalls zwei Linienschiffe, ›Culloden‹ und ›Bellerophon‹, außer Gefecht gesetzt. Infolge des überlegenen Feuers von ›Orient‹, ›Franklin‹ und ›Tonnant‹ hatten die englischen Schiffe mehr gelitten als die französischen. Es war daher anzunehmen, daß der Geschützkampf in derselben Weise die ganze Nacht hindurch fortdauern, und daß Admiral Villeneuve doch endlich in das Gefecht eingreifen würde. Aber gegen 21 Uhr abends geriet der ›Orient‹ in Brand; um 22 Uhr flog er in die Luft; dies entschied den Sieg zugunsten der Engländer. Die Explosion war entsetzlich. Während der nächsten halben Stunde ruhte der Kampf; dann eröffnete die französische Schlachtlinie das Feuer von neuem. ›Spartiate‹, ›Aquilon‹, ›Peuple-Souverain‹, ›Franklin‹ und ›Tonnant‹ wahrten die Ehre ihrer Flagge. Bis 3 Uhr morgens war die Kanonade lebhaft; von 3 bis 5 Uhr ließ sie auf beiden Seiten nach; um 5 Uhr begann sie wieder mit neuer Wut. Wie hätten die Dinge sich gestaltet, wenn der ›Orient‹ mit seinen 120 Geschützen daran teilgenommen hätte? Am 2. August war um 12 Uhr mittags der Geschützkampf immer noch lebhaft; aber um 14 Uhr nachmittags hatte das Schicksal sein Machtwort gesprochen. Da erst schien Admiral Villeneuve zu bemerken, daß man seit achtzehn Stunden kämpfte: er kappte die Ankertaue und suchte mit dem Achzigkanonenschiff ›Guilliaume Tell‹, dem ›Généreux‹ und den Fregatten ›Diane‹ und ›Justice‹ das Weite. Die drei anderen Linienschiffe seines rechten Flügels waren fast ohne jeden Kampf auf den Strand aufgelaufen.

Die Verluste der Engländer waren so stark, und es herrschte auf ihren Schiffen eine solche Unordnung, daß noch 24 Stun-

*den nach Beginn der Schlacht die dreifarbige Fahne auf dem
›Tonnant‹ wehte; Nelson hatte kein einziges Schiff, das ihn
hätte angreifen können; dermaßen war seine Flotte zusam-
mengeschossen.* Er sah mit Vergnügen (Man vergleiche dazu
den folgenden Schlachtbericht Nelsons!) *den* ›Guillaume Tell‹
und den ›Généreux‹ *entfliehen und fühlte durchaus keine
Neigung, sie verfolgen zu lassen. Er verdankte seinen Sieg
der Dummheit und Nachlässigkeit der Kapitäne des* ›Guerrier‹
und ›Conquérant‹, *dem Unglück, das dem* ›Orient‹ *zustieß,
und dem feigen Benehmen des Konteradmirals Villeneuve (...)*^{24}

*Nelsons Angriff war ein verzweifeltes Wagestück, das man
sich durchaus nicht zum Muster nehmen darf; er hat aber dabei ebenso wie die englischen Mannschaften die höchste Geschicklichkeit und Tapferkeit bewiesen, während die Hälfte
der französischen Flotte ebensoviel Dummheit wie Feigheit
zeigte (...)*

*Die Engländer verloren in dieser Schlacht 800 Mann an
Toten und Verwundeten. Sie eroberten 7 Linienschiffe; 2 Linienschiffe und 1 Fregatte strandeten und wurden genommen;
1 Linienschiff flog in die Luft; 2 Linienschiffe und 2 Fregatten
entkamen. Die Anzahl der gefangenen oder getöteten Franzosen betrug an 3000 Mann; 3500 Mann gelangten nach Alexandrien, unter ihnen 900 verwundete Gefangene, die von den
Engländern wieder freigegeben worden waren.«*

Nelson wird um 19.30 Uhr an der Stirne verletzt und sinkt
mit dem Ruf.»Ich sterbe! Grüßen sie meine Frau!« seinem
Flaggkapitän Berry in die Arme. Ein blutender Hautlappen
hängt schmerzhaft über seinem blinden rechten Auge, und das
Blut rinnt auch über sein gesundes Auge, sodass er kaum mehr
etwas sehen kann. Er wird in seine Kajüte gebracht, genäht
und diktiert – bald wieder erholt – Depeschen an die Admiralität. Erst die Meldung vom Brand des »Orient« bringt ihn
wieder an Deck.

COPIES

DES

LETTRES ORIGINALES

DE L'ARMÉE

DU GÉNÉRAL BONAPARTE

EN ÉGYPTE,

INTERCEPTÉES

PAR LA FLOTTE SOUS LE COMMANDEMENT

DE L'AMIRAL LORD NELSON,

II.ᵉ PARTIE.

LONDON:

PRINTED FOR J. WRIGHT, OPPOSITE OLD BOND-STREET,
PICCADILLY.

1799.

»Copies des lettres originales de l'Armée du Général Bonaparte en Égypte«, London 1799. Die Engländer haben aus propagandistischen Gründen diese abgefangenen Briefe auf französisch veröffentlicht, um den desolaten und verzweifelten Zustand der Franzosen in Ägypten bekannt zu machen. Diese Bücher erregten – als einzige Nachrichtenquelle für das französische Publikum – großes Echo. Empört zeigten sich die Franzosen allerdings über die Indiskretion der Engländer, auch verfängliche Privatbriefe zu veröffentlichen – was zu einigen Scheidungen geführt haben soll.

Die Explosion des riesigen Einhundertzwanzigkanonen-
schiffes ist so heftig, dass sogar im 15 Meilen entfernten Alexandria die Menschen aus ihren Häusern laufen. Viele Seeleute denken sogar, ihr eigenes Pulvermagazin sei explodiert.
Danach herrscht – wie Nelsons Flaggkapitän Berry schildert –
für drei Minuten lang Totenstille. Kapitän Miller von der
»Theseus« erzählt, dass er seinen Leuten verboten habe zu
jubeln, denn der Untergang des »Orient« sei »ein so er-
schreckendes Schauspiel gewesen, dass auch dem Sieger die
Tränen in die Augen traten«. Das französische Flaggschiff
nimmt nicht nur den kommandierenden Admiral Brueys mit
in sein kühles Grab, sondern auch noch mehr als eine halbe
Million in Gold, einen großen Teil des Schatzes des Malteser
Ritterordens, drei Tonnen Silber, das Tor der Kathedrale von
La Valetta und lebensgroße Statuen der zwölf Apostel aus
massivem Silber.[25]

Kapitän Hallowell von der »Swiftsure« lässt aus den Über-
resten des Großmastes des »Orient« einen Sarg zimmern und
schenkt ihn Nelson. Dieser sei darüber so erfreut gewesen
sein, dass er erst auf Zureden von Freunden bereit gewesen
sein soll, ihn aus seiner Kajüte zu entfernen. Einige Monate
später am 8. 1. 1799 schildert Nelson in einem Brief an Admiral Lord Howe die Schlacht: *»Ich hatte das große Glück, eine
Schar von Brüdern* (wörtl.: *»brotherhood of men«*) *zu befehligen* (Man vergleiche hiezu Marmonts Schilderung über den
Geist der französische Italienarmee 1796), *darum wurde mir
die Dunkelheit der Nacht zum Vorteil. Jeder meiner Kommandanten kannte seine Aufgabe, darum war ich sicher, daß
jeder ein französisches Schiff angreifen würde. Da der Wind
genau in Richtung der feindlichen Linie stand, war ich in der
Lage, zunächst die Spitze und die Mitte anzugreifen, indem ich
eine beliebige Übermacht einsetzte, die ihre ganze Kampfkraft
gegen wenige Schiffe des Gegners vereinigte. Diesen Schlacht-
plan machten sich meine Freunde sofort mit Hilfe der Signale*

zu eigen (für deren Schaffung wir zum Teil, wenn nicht ganz, Euer Lordschaft verpflichtet sind), so daß es uns gelang, dem Feind stets mit überlegenen Streitkräften gegenüberzutreten (...) Hätte der Allmächtige nicht zugelassen, daß ich verwundet und total geblendet wurde, dann wären uns ohne Zweifel alle Schiffe des Gegners in die Hände gefallen.«

Zwei Jahre nach der Schlacht ergänzt er in Wien gegenüber Lady Minto: *»Hätte ich die Leute nicht gekannt, denen ich mein Vertrauen schenken durfte, ich hätte den Angriff nie gewagt. Vor allem hatten wir wenig Raum zum Manövrieren, aber ich war überzeugt, daß jeder ein Loch finden würde, durch das er hineinschlüpfen konnte. Als ich die Franzosen sah, mußte ich den Kopf immer wieder zum Fenster hinausstrecken, obwohl ich gräßliche Zahnschmerzen hatte. Während ich dabei wieder einmal ihren Abstand schätzte, hörte ich, wie sich zwei Matrosen miteinander unterhielten, die an einem Geschütz in meiner Nähe in Bereitschaft lagen. ›Schau sie an, die verfluchten Kerle, da sind sie endlich. Ich sage dir, Jack, wenn wir sie nicht verhauen, dann verhauen sie uns.‹ Ja, ich wußte, aus welchem Holz meine Männer geschnitzt waren, darum konnte ich es wagen, das Gefecht mit wenigen Spitzenschiffen zu eröffnen. Ich war ja fest überzeugt, daß mir die anderen folgten, obwohl es schon fast dunkel war. Unter den gegebenen Verhältnissen hätte jeder einen Vorwand finden können, sich zu drücken, so aber hatte jeder innerhalb der nächsten zwei Stunden eine Lücke gefunden durch die er sich zwängen konnte. Hätte ich einen Verband gleicher Stärke im Spithead (bedeutendster englischer Kriegshafen nach Portsmouth) übernommen, dann hätte ich den Franzosen in der Bucht lieber den Rücken gekehrt, aber ich kannte eben meine Kommandanten und könnte wirklich nicht sagen, wer von ihnen sich am meisten ausgezeichnet hat.«*

Durch den Sieg über die französische Flotte ist für mehrere Jahre die englische Seeherrschaft im Mittelmeer gesichert. Die

Türkei, Russland und Neapel sind zu weiteren Aktionen gegen Frankreich ermutigt, und Bonapartes Feldzug ist bereits kurz nach seinem Einzug in Kairo als gescheitert anzusehen. Am 3. September erfährt Neapel von Nelsons Sieg. Die Königin schreibt begeistert an Lady Hamilton: »*Wenn Sie ein Bild Nelsons besitzen, dann will ich es in meinem Zimmer haben (...) Es lebe, es lebe Ihre tapfere Nation, Ihre Seemacht und (...) der Ruhm der ersten Flagge der Welt. Hipp! Hipp! meine liebe Lady. Ich bin rein toll vor Freude (...) ich kann nicht erst sagen, daß mich all dies an Ihre tapfere Nation bindet, da ich ihr stets anhänglich war, bin und sein werde.*«

Emma berichtet die Königin: »*Als ich die Freudenbotschaft hörte, verlor ich das Bewußtsein und stürzte auf meine rechte Seite. Jetzt bin ich verletzt, doch was macht das schon aus (...) Wie schön, wenn ich aus so einem Anlaß sterben sollte – doch nein, ich möchte nicht sterben, erst muß ich den Sieger von Abukir begrüßen und umarmen (...) Sir William ist seit der Glücksbotschaft um zehn Jahre jünger (...) und ich kleide mich von Kopf bis Fuß à la Nelson. Selbst mein Schal ist blau und über und über mit Ankern bestickt. Meine Ohrringe sind Nelsons Anker, kurzum, wir sind alle nelsonverrückt.*«

Sogar König Ferdinand schreibt, am 7. 9., an die Tochter in Wien (wobei er den zögernden Kaiser meint), dass es an der Zeit sei, »*ganz Italien von der schimpflichen Sklaverei zu befreien (...) Wenn Eure Indolenz und Eure Teilnahmslosigkeit so groß sind, dass dieser mein letzter Versuch dasselbe Los hat, wie meine bisherigen Bemühungen, bleibt mir nichts anderes übrig (...) als mein Testament zu machen und mich Gott zu empfehlen.*«

Als am 22. 9. 1798, als der strahlende Sieger mit der stark mitgenommenen englischen Flotte in Neapel eintrifft, um – wie er schreibt – Lady Hamilton »die Trümmer Nelsons zu zeigen«, wird er nicht nur von dem englischen Botschafter und seiner Gattin Emma Hamilton, die ihm ohnmächtig vor Begeisterung in den Arm fällt, sondern auch von der Königin freundlichst empfangen. Lady Hamilton, ihr neuer Geliebter Nelson und sogar Sir William erleben glückliche Tage – wie Emma berichtet – als »ein Herz in drei Körpern« – »Tria juncta in uno« (Drei einig verbunden, Anspielung auf das Motto des englischen Bath-Ordens). Seiner Gattin schildert Nelson seine Begegnung mit Emma: »*Sie war über die Maßen rührend, Ihre Ladyschaft stürzte in Windeseile das Fallreep herauf, sank mir mehr tot als lebendig in die Arme und hauchte: ›O, Gott, ist das möglich?‹ Erst mit aufsteigenden Tränen kam sie wieder zu Bewußtsein.*«

In London fällt der Erste Lord der Admiralität nach Erhalt der Siegesnachricht ebenfalls in seinem Arbeitszimmer der Länge nach ohnmächtig zu Boden, so sehr hatte die Sorge um den Ausgang der Marineoperationen auf den Verantwortlichen gelastet. Nelson erhält die Pairswürde und die mit jährlich 2000 Pfund dotierte Baronie »vom Nil und Burnham Thorpe«.

Auch in Wien herrscht große Begeisterung über Nelsons Sieg. Am 22. 9. 1798 bietet bereits der Verlag Artaria u. Co. ein Kupferstichporträt (von Neidel nach dem Gemälde von Daniel Orme) des Admirals um einen Gulden an. Am 22. 12. offeriert der Komponist Johann Baptist Wanhal: »Die Seeschlacht bei Abukir, gesetzt für Piano-Forte« um 1 fl 20 kr. Weitere musikalische Huldigungen, Gedichte, Bücher und Stiche (am 26. 3. 1798 bei Artaria u. Co. die erste Darstellung der Schlacht) folgen.

Sogar ein Stuwer'sches Feuerwerk im Prater findet zu Ehren des Admirals am 21. Mai statt: »*Nun erschien die dritte Vorstellung unter dem Titel: die Brillantzeichnung à la Nelson. Sie war ganz aus Funkelfeuer zusammengesetzt und verdiente ihre Pracht, Schönheit und Kunst den Namen des englischen Seehelden zu tragen. (...) Nach dem majestätischen Spiel der Luftkünste entzündete sich die Hauptfront. Sie stellte Nelsons*

Sieg bei Aboukir vor. Auf der 432 Schuh langen Frontfläche sah man einen Teil des mittelländischen Meeres, und in einer Entfernung, nach der Natur gezeichnet, die ägyptische Küste, und an derselben Abukir, nebst einigen Gebirgen; rechts erschien die englische Flotte und links, an der Mündung des Nils, die französische. Hierauf fing von beiden Seiten die Seeschlacht an. Nach vielen Kanonenschüssen näherten sich die englischen Schiffe den französischen. Plötzlich sah man, wie von den letzteren das Admiralschiff, der ›Orient‹ in Brand geriet und von den Flammen verzehrt wurde. Die Schlacht dauerte mit der größten Heftigkeit fort, bis sich endlich der vollkommenste Sieg ganz für die englische Flotte entschied. Über derselben stieg nun die Fama (d. h. die allegorische Figur des Ruhmes) *empor und schwang sich mit majestätischer Bewegung über die afrikanischen Gewässer, um nach Europa und England die Nachricht von diesem in der Weltgeschichte merkwürdigen Siege Nelsons zu bringen. Endlich kam sie, während alle übrigen Gegenstände in die Nacht der Vergangenheit schwanden, allein noch glänzend, in London an. Plötzlich entzündete sich eine prachtvolle Dekoration. Sie stellte das vollständige große Wappen von England vor, mit allen Zeichen und Sinnbildern aus denen es besteht. Unbeschreiblich ist dies Meisterstück der Feuerwerkskunst. Vorzüglich zeichnete sich die Umschrift auf dem Hosenbande: Honni soit, qui mal y pense, auch wegen des Doppelsinnes aus, den sie in jeder Beziehung auch für das Werk des Künstlers zuließ. Kaum war dieses Prachtstück abgebrannt, so ertönte von allen Seiten ein allgemeines Bravo und Händeklatschen. Jedermann lobte den Gedanken, die Gedanken, die Zeichnung und Ausführung desselben mit der verdienten Rührung; und Stuwer hatte wahrlich nicht zu viel gesagt, da er in der Ankündigung versicherte, daß er hier alle seine Kräfte aufgeboten habe, um durch vereinigte Kunst, Pracht und Neuheit sich den Beifall des Publikums zu erwerben. Die gewöhnlich gleich nach Beendigung des Feuerwerkes*

*folgende sehr heftige Kanonade erregte den Wunsch in mir,
daß sie zur Schonung des zarten Geschlechtes und aller Personen von reizbarer Beschaffenheit erst nach einem kleinen Vor-
spiele von Luststücken möge gegeben werden, um diesen Personen Zeit zu lassen, sich zu entfernen.«* (Aus Wanderungen
und Spazierfahrten in die Gegenden von Wien, 3. Bd., von
Franz von Paula Gaheis) Auch die Mode machte die »Nelsonmania« mit. Der »Wie-
deraufgelegte Eipeldauer«[26] des Josef Richter schreibt: *»Jetzt
tragen unsere Frauenzimmer neue Modehauben à la Nelson
und à la Bonaparte. Meine Frau Gemahlin die jetzt zum Schein
auf einmal Patriotin sein will, tragt jetzt auch ein Haubn à la
Nelson, und da sieht's darin aus, wie ein Krokodil.* (Eine Fußnote bemerkt hiezu: *»Die Nelson-Hauben sehn wirklich ein'
Krokodilkopf gleich«* – möglicherweise eine Anspielung auf
den Nil?) *(...) Eine Menge tragn noch immer den Admiral
Nelson aufn Leib, der ist aber jetzt um und um mit auszupften
Franzeln besetzt, und da sieht man also jetzt, wo man nur hin-
schaut, solche auszupfte und ausgefranzelte Fraun.«*

Auch von der Herrenmode wird berichtet, dass um 1805
noch ein blauer »Nelson-Überrock« en vogue gewesen sei.

Lediglich die heute, als wichtigste Huldigung an Nelson in
Erinnerung gebliebene *Nelson-Messe* hat nicht unmittelbar
mit der Siegesnachricht zu tun. Joseph Haydn schrieb sie nämlich, nach seinen eigenen Angaben auf dem Autograph, zwischen dem 10. 7. und 31. 8. 1798 – also zu einem Zeitpunkt, wo
in Wien der Ausgang der Schlacht noch gar nicht bekannt war.
Haydn selbst hat in seinem sogenannten Entwurfkatalog diese
d-Moll-Messe als *Missa in angustiis* (= Messe in Bedrängnis)
eingetragen. Die Uraufführung der *Nelson-Messe* (die in England kurioserweise nicht unter diesen Namen bekannt ist, sondern dort *Imperial Mass* oder *Coronation Mass* heißt) findet
am 23. 9. 1798 in der Eisenstädter Stadtpfarrkirche St. Martin
statt.

Im Vertrauen auf Englands Hilfe und gemäß Nelsons Rat beschließt Maria Carolina, ihren Gatten einen Feldzug gegen das gärende, sturmreife Rom führen zu lassen. Ihr Neffe und Schwiegersohn Franz II. hat ihr ebenfalls tatkräftigst »Hilfe« gesendet: Er überlässt ihr einen seiner ausgesuchtesten Generäle, einen Mann der in Wien und Neapel den Ruf hat, einer der besten Heerführer Europas zu sein, Baron Mack. Mit weiterer Unterstützung kann Neapel, sehr zur Enttäuschung des Königspaares, nicht rechnen.

Bei der Vorstellung Macks auf Schloss Caserta sagt Maria Carolina noch: »*General, Seien Sie für uns auf dem Lande, was mein Held Nelson auf dem Meer für uns gewesen ist.*«

Nelson selbst, dessen einäugiger Scharfblick wohl unbestritten ist, kommen nach einem misslungenen Manöver Zweifel an seinem terrestrischen Double: »*Dieser Mann versteht sein Handwerk nicht! Er rührt sich nicht von der Stelle, wenn er nicht fünf Kutschen zur Verfügung hat.*« (Auch Thugut meinte bereits am 31. 12. 1797 in einem Brief an Colloredo über den großsprecherischen Mack: »*Wir sind übrigens nicht am Ende der Confusionen, Mack ist fähig deren noch ganz andere zu liefern.*«)

Mack selbst, dessen Scharfblick die Geschichte zu Recht bezweifelt, meint von der neapolitanischen Armee, dass sie die beste Europas sei. Am 22. 11. 1798 marschieren die Neapolitaner alleine (in Wien ist man noch nicht zum Kriege bereit) gegen Rom. Der französische General Championnet muss, mangels ausreichender Besatzung, die Stadt kampflos räumen. Lediglich die Garnison der Engelsburg (500 Franzosen) verteidigt sich. Nelson landet (unter Bruch der toskanischen Neutralität) am 23. November mit 4000 Neapolitanern in Livorno. Ferdinand IV. hält am 29. 11. 1798 feierlich Einzug in Rom. Bald darauf rücken jedoch die Franzosen mit Verstärkung heran und schlagen mit einer unfairen »Übermacht« von 13 000 Mann die 20 000 Neapolitaner Macks.

Die Franzosen ziehen weiter nach Neapel, wo Chaos und allgemeine Flucht herrschen. Das Königspaar verlässt am 22. 1. 1799 die Stadt und flieht mit den Hamiltons nach Sizilien. Der geschlagene Mack hingegen sucht vor der »Dankbarkeit« des neapolitanischen Pöbels eilends Schutz bei der französischen Armee. Obwohl ihm Championnet einen Passierschein nach Österreich ausstellt, wird er auf Weisung des Direktoriums verhaftet und nach Paris gebracht. Der General Mac Donald, der bald darauf Nachfolger des, für das Direktorium zu zaghaft vorgehenden Championnet wird, beschreibt in seinen Memoiren das Zusammentreffen mit Mack: *»Wir sprachen über die rückliegende Zeit und dabei erzählte er mir, daß man in Capua versucht habe ihn zu vergiften und er in Neapel nur mit knapper Not seiner Ermordung entgangen sei. Er sah in der Tat leidend aus und das war auch noch, als ich ihn dann in Paris besuchte. Ich fragte ihn, wie er sich bei seinem hohen Ruf dazu hätte hergeben können, an die Spitze einer solchen Armee zu treten. ›Ja, gesträubt habe ich mich genug‹, erwiderte er, ›aber auf die wiederholten dringenden Bitten des Königs von Neapel befahl schließlich mein Souverän, und da mußte ich gehorchen. Übrigens muß ich auch sagen daß ich, als ich die Armee sah, ganz von ihrer Haltung bei den militärischen Übungen, ihrem kriegerischen Geist und ihrem brennenden Verlangen Rom und Italien zu befreien, eingenommen war.‹*

›Und‹, fügte ich lachend hinzu, ›jedenfalls auch von ihrem Wunsch in Frankreich und Paris einzurücken.‹ ›Nun‹, erwiderte er verbindlich, ›wer weiß, was die Armee mit tüchtigen Offizieren unter Führung eines französischen Generals zustande gebracht hätte.‹ Nach diesem Kompliment verabschiedete er sich von mir.« (Mack wird 1805 mit der österreichische Armee in Ulm kapitulieren und eine der schmählichsten Niederlagen der Napoleonischen Kriege zu verantworten haben.)

Am 27. Jänner wird die Parthenopäische Republik in Nea-

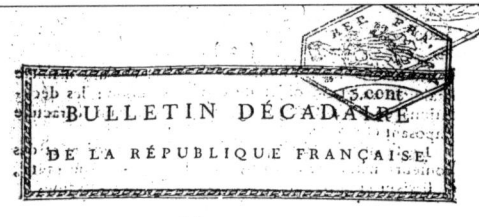

BULLETIN DÉCADAIRE

DE LA RÉPUBLIQUE FRANÇAISE

N.° 14.

2.ᵉ DÉCADE DE PLUVIÔSE AN VII.

Copie de la lettre de M. le capitaine-général Mack au général en chef Championnet.

M. le général,

« J'AI reçu un ordre de mon Gouvernement, de vous proposer un armistice pour ménager aux troupes des deux armées quelque repos dans cette rude saison, et après tant de fatigues que des marches fréquentes, et les pluies et neiges continuelles qui eurent toujours lieu, leur ont causées.

» Si cette proposition vous convient, M. le général, le porteur de la présente, mon adjudant-général *Pignatelli*, est autorisé de traiter avec la personne que vous voudriez bien dénommer à cette fin, et de le conclure limité, ou illimité, sur la base de la ligne des avant-postes des deux armées.

» Je suis, M. le général, avec considération,

» Au quartier-général de Capoue, le 31 décembre 1798. »

Signé *le capitaine-général* MACK.

Lettre du général en chef Championnet au capitaine-général Mack.

San-Germano, le 12 Nivôse an VII.

« J'AI reçu, M. le général, vos propositions d'armistice ; l'humanité seule en fait les frais : les mauvais chemins, la pluie, la neige, voilà vos motifs.

» Mais l'armée, avec sa patience ordinaire, a tout franchi ; il ne lui reste plus à faire que l'invasion de Naples. Je marche pour accomplir son vœu et répondre aux ordres de mon Gouvernement, qui, d'après votre déclaration de guerre à coups de canon, m'a chargé de punir cette insulte.

(24)

» Je suis fâché, pour mon compte, que mes instructions me portent à repousser vos propositions. »

Signé CHAMPIONNET.

Pour copie conforme,

Signé BONNAMY, *chef de l'état-major-général de l'armée de Rome.*

pel ausgerufen. Der königstreue Kardinal Ruffo leistet mit bewaffneten Bauern in etlichen Gebieten noch Widerstand. Nelson, mittlerweile zum Konteradmiral befördert (5. 4. 1799), aber in Sizilien einem jüngeren Offizier nachgeordnet, ist über die Folgen seiner Ratschläge deprimiert. Außerdem machen sich die Folgen seiner Verletzungen und die ausgestandenen Strapazen bemerkbar. Am 27. 5. 1799 schreibt er auf See an Hamilton: »*Ich vergesse keinen Augenblick, daß sie (die Königsfamilie) unter meinem Schutz steht. Ich leide im-*

Abbildung links:
»Bullétin decadaire de la république française N.° 14. 2e Décade de pluviôse Jahr VII.«
Kopie des BRIEFES VON MACK vom 31. Dezember 1798 (Waffenstillstandsangebot) und dessen Ablehnung durch den französischen Chefgeneral:

»*Herr General,*
Ich habe den Befehl meiner Regierung erhalten, Ihnen einen Waffenstillstand vorzuschlagen, um den Truppen beider Armeen, nach soviel anstrengenden Märschen in ständigem Regen und Schnee, in dieser rauen Jahreszeit etwas Ruhe zu gönnen. Wenn dieser Vorschlag Ihnen zusagt, Herr General, so könnten Sie mit dem Überbringer dieser Nachricht, meinem General-Adjudanten Pignattelli, der zu Verhandlungen ermächtigt ist, entsprechende Vereinbarungen, auf der Grundlage der derzeitigen Vorpostenlinie – begrenzt oder unbegrenzt – abschließen.
Ich verbleibe, Herr General, mit Hochachtung,
im Hauptquartier zu Capua, am 31. Dezember 1798
gez. General-Kapitän MACK.«

BRIEF DES CHEFGENERALS CHAMPIONNET AN DEN GENERALKAPITÄN MACK:
»*Ich habe Ihr Waffenstillstandsangebot, Herr General, erhalten; die Humanität alleine, die schlechten Wege, der Regen und der Schnee sind dafür Ihr Grund.*
Aber, die Armee, mit Ihrer normalen Geduld, hat Alles ertragen; es bleibt nur mehr die Invasion von Neapel. Ich marschiere, um Ihren Wunsch zu erfüllen und den Befehlen meiner Regierung zu gehorchen, welche, nach Ihrer Kriegserklärung durch Kanonenschüsse, mich beauftragt hat, diese Beleidigung zu bestrafen.
Ich bedaure, meinerseits, daß mich meine Instruktionen verpflichten Ihre Vorschläge zurückzuweisen.
gez. CHAMPIONNET.«

Liberté   Egalité

*Au Quartier Général à Naples le 7. Germinal an 7. de la
République Françaife une et ndivifibile*

MACDONALD GENERAL EN CHEF DE L'ARMEE FRANCAISE.

CONSIDERANT *la néceffité de rallier promptement les diverfes parties
de la République Napolitaine à fon Gouvernement Provifoire, et d'établir, en-
tre lui et toutes les Adminiftrations centrales et Municipales du Pays, la
correfpondance active et continuelle, néceffaire en tous tems, et furtout dans
les premiers momens d'une organifation Républicaine.*

CONSIDERANT *que c'eft uniquement par cette correfpondance, que le
Gouvernement Provifoire peut être exactement informé de la difpofition des
adminiftrés de leurs béfoins, des moyens de les préparer à une bonne défenfe,
contre les Ennemis extérieurs, et de les prémunir contre les infinuations cri-
minelles des Ennemis intérieurs.*

*Que jufqu' ici la perception des Contributions Ordinaires du Pays n'ont
été, en aucune maniere, furveillées par le Gouvernement Provifoire qui ignore
fi elles s' exécutent , en quelles mains font remis les deniers de la République , et ce qu' il en refte à percevoir.*

*Qu' il n' eft pas mieux informé de la Marche actuelle des tribunaux,
et de l'obfervation des nouvelles lois républicaines.*

Arrête ce qui fuit :

ART. 1. *Le Gouvernement Provifoire nommera trois de fes Membres,
fous l'approbation de general en Chef, pour fe tranfporter fucceffivement et
rapidement dans chacune des anciennes Provinces de l'Etat Napolitain.*

ART. 2. *Ce trois Membres agiront féparément fur divers points du
Territoire et le Gouvernement leur en fera la divifion convénable.*

ART. 3. *Ils font munis de tous les pouvoirs néceffaires pour confirmer ou
organifer provifoirement les adminiftrations centrales, en confervant les anciennes limites des provinces qui dorénavant porteront le nom de Départemens. Il
eft fait exception toute fois de la Terre de labour, fur la quelle le gouvernement ftatuera particulièrement.*

ART. 4. *Auffitôt leur arrivée , au chef lieu d'un Département , ils fe
feront reconnaitre de l'Adminiftration Centrale , ils écriront circulairement a
tous les Adminiftrations municipales ou des Communes pour leur reccomander
l'obéifsance aux nouvelles lois Républicaines , une correfpondance active avec
les Adminiftrations Centrales , la prompte Organifation de leur Garde Nationale, et la néceffité de payer les impofitions établies.*

ART. 5. *Dans les Départemens , où ils croiront poffible la levée d'une
Contribution extraordinaire en Argent , ou en nature , ou partie en argent et
partie en nature, pour fubvenir aux dépenfes de la guerre , ils en donneront
avis au Gouvernement, avec les détails fur la grandeur et le mode de perception de cette contribution.*

ART. 6. *Ils concerteront avec les Adminiftrations Centrales , et ordon-
neront la répartition des Contributions extraordinaires.*

ART. 7. *Ils arrêteront les comptes de tous les Receveurs et percepteurs
des deniers publics , en diftinguant ce qui exiftait dans leurs Caiffes , au moment
de l'entrée des français dans le Pays , comme ce qui était dû et échu
alors de ce qui aura pu écheoir depuis.*

»Einführung einer republikanischen Organisation« durch die Proklamation des französischen Kommandanten der Armee von Neapel, Mac Donald
(Nachfolger Championnets), vom 7. Germinal Jahr VII

merzu an Kopfschmerzen, Seekrankheit und Schlaflosigkeit.
Seit ich von Palermo fort bin, habe ich kein Auge mehr zuge-
tan. Ich habe meinen Kommandanten mitgeteilt, daß ich nicht
in der Lage sei, in diesem Zustand Toulon zu blockieren. Soll-
te man das von mir verlangen, so sähe ich mich genötigt aus-
zuscheiden.«

Als jedoch im März 1799 der zweite Koalitionskrieg mit
Österreich und Russland beginnt, muss sich das französische
Armeekorps unter Mac Donald nach Oberitalien zurückzie-
hen. Die schutzlose junge Republik wird bald von der Armee
des Königs und der englischen Flotte zurückerobert. Die ra-
chedurstige Königin schickt ihren berüchtigten Polizeichef
Speciale (das Vorbild in *Tosca* für Sardous beziehungsweise
Puccinis Scarpia), nach dem Urteil eines Zeitgenossen »kein
Mensch sondern eine Bestie« und lässt sämtliche erreichbaren
Republikaner massakrieren. Die Engländer übertreffen allerdings die Neapolitaner an »Pflichteifer«. Nelsons Kapitän
Troubridge schreibt an seinen Chef über den nicht effektiv
genug agierenden Speciale: *»(...) und braucht angeblich erst*
einen Bischof um die Pfaffen absetzen zu lassen, ehe er
ihnen den Prozess macht. Ich habe ihm geraten sie zunächst
durch den Strang hinzurichten und mir ihre Leichen dann zu
übergeben, falls er diese Amtsenthebung nicht für ausreichend
erachte.«

Nelson berichtet an seinen Kommandanten Saint Vincent:
»Unser Freund Troubridge hat neulich mit einem Korb von
Weintrauben zugleich den in eine Kiste verpackten Kopf eines
Jakobiners erhalten. Er bedauert, daß er ihn wegen der Hitze,
die eine Zusendung solcher Gaben nicht gestattet, nicht habe
schicken können.«

König Ferdinand lässt sich im Juli – in sicherer Entfernung
von der Stadt – im Hafen von Neapel auf Nelsons Flaggschiff
von der auf Booten herbeigeeilten Bevölkerung huldigen und
kehrt eilends wieder ins sichere Palermo zurück. Da sich die

republikanische Propaganda sehr gegen die Königin gerichtet hat, erscheint es dem Hof klüger, Maria Carolina vorerst nicht öffentlich auftreten zu lassen. Enttäuscht schreibt diese (am 19. 7.) an Lady Emma: »Ich bin aufs tiefste bekümmert (...) Niemand wünscht, dass ich mitgehe.« Der hilfreiche Admiral wird zum Dank für seine Dienste von König Ferdinand zum Herzog von Bronte ernannt (nach der Ortschaft Bronte am Fuße des Vesuvs. Sie soll von dem einäugigen Zyklopen Bronte gegründet worden sein, beziehungsweise wird der Name mit »brontolare« (= donnern, grollen) in Verbindung gebracht). In Schloss Colli wird eine Wachsfigurengruppe präsentiert, die Lord Nelson zeigt, der von Sir William zu einer Siegesgöttin geführt wird, die Lady Emma nachgebildet ist.

Zur Vertreibung oder besser Liquidierung der noch lebenden Republikaner bilden sich mit königlicher Duldung Freischaren unter der Führung des Pfarrers Rinaldini und des Kardinals Ruffo, die raubend und mordend das Land durchstreifen (Maria Carolina: »nur die Reinigung kann uns eine ruhige Zukunft sichern«).

Im Juli erobern österreichische und russische Truppen die Toskana zurück. Im November 1799 besetzen österreichische und neapolitanische Truppen Rom. Obzwar der Großteil der römischen »Patrioten« über Civitavecchia ausreisen kann, kommt es zu zahlreichen Verhaftungen. Nelson verbringt diese Zeit zumeist in Palermo in Gesellschaft der Hamiltons und der Königin. Der neue englische Oberbefehlshaber im Mittelmeer, Konteradmiral Lord Keith, entspricht nicht Nelsons Geschmack. Er geht sogar soweit, dessen Befehle zu ignorieren (nämlich die Flotte nach Menorca zu führen). Sein Kapitän Troubridge schreibt ihm besorgt: »*Wenn Sie wüßten, wie Ihren Freunden Ihretwegen zumute ist, würden Sie sich bestimmt all den nächtlichen Gesellschaften entziehen. Über den Spielbetrieb hier in Palermo nimmt sich kein Mensch mehr ein Blatt vor den Mund, in aller Öffentlichkeit wird darüber geredet.*

Eure Lordschaft ich bitte sie inständig, lassen Sie davon ab. Ach, könnte Ihnen meine Feder sagen, was ich für Sie fühle, Sie würden mir zweifellos meinen Wunsch erfüllen. Lady Hamiltons Ruf wird sicher Schaden nehmen, wer kann dann verhindern, daß die Menschen auch über Sie reden? Eine Frau die spielt, ist in den Augen eines Engländers gebrandmarkt.« Der Staatsstreich Bonapartes am 9. 11. 1799 lässt allerdings Maria Carolina nichts Gutes für die Zukunft erwarten: *»Wir sind in der bangsten Erwartung der weiteren Ereignisse. Der gegenwärtige Augenblick läßt von den inneren Wirren in Frankreichs Herzen Paris viel erwarten.«*

3. Nelson in Wien und Eisenstadt 1800

Im Frühjahr 1800 wird in London die Abberufung des zu sehr unter dem Einfluss der Königin stehenden Botschafterpaares erwogen. Auch den betörten Seehelden, dessen Ruf in London stark gelitten hat, möchte man gerne woanders wissen. Der englische Botschafter in Wien, Lord Minto, schreibt im März 1800 an seine Gattin: *»Er (Nelson) scheint sich überhaupt nicht über das Ausmaß des Mißkredites Rechenschaft zu geben, den er erfahren hat, noch über die Ursache davon, denn er schreibt noch immer, sehr unvernünftig über Lady H. und all das. Aber es ist hart, einen Helden, der er zweifellos in seinem Bereiche ist, zu verurteilen und herabzuwürdigen dafür, daß er sich in eine Frau vernarrt, die geschickt genug ist, auch viel Klügere zu Narren zu machen als einen Admiral.«*

In Neapel wiederum erscheint es zweckmäßig, die Gemüter durch eine Reise der Königin nach Wien zu beruhigen und überdies gleichzeitig am Wiener Hof eine starke Fürsprecherin zu haben, um die Kriegsbemühungen der Österreicher in

Oberitalien zu verstärken. Die Königin selbst möchte einen »Verwandtenbesuch« in Wien nützen, um die Verheiratung ihrer Kinder zu betreiben und überdies, sehr zum Unwillen von Kaiser Franz und Minister Thugut, die österreichische Kriegspolitik zu intensivieren.

Lord Nelson sucht am 6. 4. 1800 wegen seiner »Gesundheit« um Urlaub an. Mit zwei Linienschiffen aus Nelsons Flotte fährt das Kleeblatt am 10. Juni nach Livorno. Als Nelsons Vorgesetzter Admiral Keith dies erfährt, ist er entsetzt, da alle Schiffe zur Blockade der französischen Flotte benötigt werden. Am 24. 6. begibt er sich persönlich nach Livorno, um die Schiffe abzuziehen, und lässt sich auch von den Tränen der Königin nicht rühren. Schließlich wird die Reise zu Lande, nur wenige Kilometer vor den ersten Patrouillen der Franzosen, die nach der siegreichen Schlacht von Marengo (14. 6. 1800) auch nach Süden vordringen, fortgesetzt.

Die Reisenden erreichen am 11. Juli Florenz und am 18. den Hafen von Ancona. Dort befinden sich zwei russische Fregatten und eine Brigantine sowie die kaiserliche (ex-venezianische) Fregatte »Bellona«. Die »Bellona« hat vorher den in Venedig unter österreichischem Schutz gewählten, neuen Papst Pius VII. nach Pesaro gebracht; sie wurde für die noblen Gäste mit seidenen Behängen, Teppichen und 80 Kojen ausgerüstet. Doch die Reisenden finden ein russisches Schiff vertrauenerweckender, da für diese Umgestaltung der Großteil der Geschütze der »Bellona« entfernt worden ist und die (venezianische) Besatzung kurz vorher gemeutert hatte.[27] Der österreichische Kapitän Graf Vojnovic wird nur höflichkeitshalber kurz besucht und die Reise auf einem russischen Schiff (von Lord Nelson ebenfalls mit großem Misstrauen bedacht) nach Triest fortgesetzt, wo man am 1. August ankommt.

Nach einem längeren Aufenthalt in Triest wegen einer Erkrankung von Sir William geht die Reise über Laibach, Graz und Baden weiter. Obwohl der Besuch der Schwefelbäder in Baden als offizieller Grund für die Reise Nelsons angegeben wurde, fährt man direkt nach Wien, wo die Reisegesellschaft am Montag, den 18. 8. 1800, einlangt und die Engländer im »Gasthof aller Biedermänner« am Graben (Ecke Habsburgergasse – Richtung Kohlmarkt) absteigen. Lady Minto schreibt an ihre Schwester: *»Ihr könnt euch keine Vorstellung machen, wie sich alles danach drängt ihn zu sehen. Das Volk belagert das Portal seines Hauses und erfüllt die Straße, wenn seine Equipage ihn erwartet. Wenn er ins Theater geht, applaudiert alles, was hier selten geschieht. Auf der Straße ist es ebenso. Die einfachen Leute brachten ihre Kinder, damit sie ihn berühren können. Eins nahm er auf den Arm, und als er es der Mutter zurückgab, weinte sie vor Freude und sagte, es würde nun sein ganzes Leben lang glücklich sein. Ich glaube er hat sich nicht im mindesten verändert. Unverändert ist sein Haarschopf, unverändert sind seine Manieren. Aber er hängt abgöttisch an Emma, hält sie für einen Engel, was er ihr selbst ins Gesicht sagt, aber auch hinter ihr, und sie führt ihn am Gängelbande, wie ein Bärenführer seinen Bären. Bei den Mahlzeiten muß sie neben ihm sitzen und ihm das Fleisch schneiden, und er trägt ihr Spitzentüchlein (...) er ist wie eine Puppe* (wörtl.: gig = Kreisel, vgl. hiezu den Wienerischen Ausdruck Gigerl) *mit Bändern, Orden und Sternen behängt. Die Spange, die ihm der Grand-Signor* (Großherr = Sultan) *gab, ist sehr häßlich und nicht wertvoll. Der Halbmond, den er mit dem Orden trägt, ist sehr ansehnlich, aber er verschwindet unter der Menge von Bändern, Orden und Sternen. Mit uns ist er unverändert derselbe.«*

Am 19. 8. wird Lord Nelson im Burgtheater bei einer Vorstellung von Piccinis Oper »Griselda« begeistert akklamiert. Am 21. 8. werden die Hamiltons und Nelson von der Kaiserin in Schönbrunn empfangen. Einen Tag später schreibt Nelson an Lord Minto: *»Die Kaiserin wünschte uns gestern abend zu* *sehen, und eine Stunde hatten wir den Lärm von fünf netten gesunden Kindern zu ertragen* (gemeint die Kinder von Kaiser Franz und Maria Theresia, darunter auch Marie Louise, Napoleons spätere Gattin).« Lady Emma erhält wahrscheinlich anlässlich eines Besuches bei der Fürstin Esterházy eine Ausgabe von Haydns »Schöpfung« (die noch heute im Britischen Museum aufbewahrt wird). Am Abend besuchen Nelson und Emma das Leopoldstädter Theater in der Jägerzeile (heute Praterstraße), wo der berühmte Kasperl Johann Laroche auftritt, und sehen »Ferrandino I. Theil« von Hensler (eine Adaptierung der Geschichte des Räuberhauptmannes Rinaldo Rinaldini).

Am Sonntag, dem 24. 8., sind beim Cercle in der Hofburg auch die Hamiltons dabei. Der österreichische Minister Zinzendorf (damals Landmarschall von NÖ) schreibt in sein berühmtes Tagebuch: »*Nach 11 Uhr Cercle bei der Königin von Neapel. Ich machte die Bekanntschaft von Nelson, der gar nicht so schlecht aussieht. Sir William hielt seinen Hut in der Hand. Lady Minto – entsetzliche Figur für eine Frau, alt, häßlich (…)*«

Das »Protocollum aulicum in Ceremonialibus de Anno 1800« berichtet: »*Nach geendigtem Cercle haben Ihre Majestäten der Kaiser und die Kaiserin, wie auch die Königin von Neapel Maj. mit Allerhöchster Familie das Mittagsmahl bey Sr. Königlichen Hoheit dem Herzoge Albrecht von Sachsen Teschen im Augarten Hofgebäude eingenommen.*«

Der »Magyar Kurier« (vom 26. 8.) hiezu: »*Hier war Admiral Nelson ebenso anwesend wie Sir William Hamilton (…) der von seiner sehr hübschen Gattin begleitet wurde. Nach dem Mittagessen fuhren sie alle mit sechs Kutschen in den Prater, wo sich um sie zu sehen, eine unübersehbare Menge zu Fuß und in Kutschen eingefunden hatte.*«

Der »Eipeldauer« weiß noch: »*Der Admiral Nelson allein hat ein ganz Schatzkammer aufn Leib ghabt.*«

THE

BATTLE OF THE NILE.

A PINDARICK ODE.

Musik von Haydn.

TO HIS EXCELLENCY

THE Rt. HONBLE.

SIR WILLIAM HAMILTON,

K. B. HIS BRITANNICK MAJESTY'S

MINISTER PLENIPOTENTIARY AND ENVOY EXTRAORDINARY
AT THE COURT OF THE TWO SICILIES
ETC. ETC. ETC.

VIENNA,
PRINTED BY WIDOW ALBERTI.
1800.

From Bronte Nelson of the Nile, presented to His Imperial Majestys Library at Vienna in September 1800

Wiener Erstausgabe der Oden *The battle of the Nile* von Mrs. Knight (mit dem handschriftlichen Vermerk »Musik von Haydn«), Witwe Alberti 1800 mit eigenhändiger Widmung Nelsons: »Von Bronte Nelson vom Nil, überreicht Seiner Kaiserlichen Majestät Bücherei in Wien im September 1800«. (Mit freundlicher Genehmigung der Österreichischen Nationalbibliothek in Wien)

Am 25. 8. ist Nelson mit Emma wieder im Leopoldstädter Theater, bei »Kasperl, der unruhige Wanderer, 2ter Teil« von Hensler.

Bei einem Besuch im Landhaus Arnstein lernt die Weimarer Schauspielerin Karoline Jagemann Nelson und seine Emma kennen. (Mehr bekannt ist sie durch Goethes Wortspiel: »Die Jagemann, die jage man!«, als durch ihre »Erinnerungen«): *»Nach vielen Stunden der Ungewissheit, ob die Herrschaften der Einladung Folge leisten würden, erschienen sie endlich; Nelson ein kleiner, magerer Mann, mit einem Auge, dem man den Helden nicht ansah, Lady Hamilton, eine hohe stattliche Gestalt, mit dem Kopfe einer Pallas, hinter ihm drein, seinen Hut unter dem Arme tragend.«*

Weiters nehmen Nelson und seine Begleiter Ende August an einer Vorführung des Dampfschiffes des Grafen Batthyány auf der Donau teil. Dabei dürfte die Gesellschaft mit Booten von Fischamend (dem Landsitz Batthyánys) in die Brigitta-Au nahe dem Augarten gefahren sein.

Am 27. 8. übersiedelt der Hof nach Baden. Königin Maria Carolina folgt am 3. September nach. Anfang September widmet Nelson der Hofbibliothek in Wien den Gedichtband: »The Battle of the Nile« von Cornelia Knight mit den Worten: »From Bronte Nelson of the Nile, presented to his Imperial Majestys Liberary at Vienna in September 1800«.

Ein Brief des neuen englischen Botschafters in Neapel, Sir Arthur Paget, aus Palermo vom 29. 8. zeigt die Stimmung in Neapel: *»Ich sorge mich wegen des Umstandes, daß Lady Hamilton, deren Einfluß groß ist und deren Absichten böse sind, sich in der Umgebung Ihrer Majestät befindet (…) Das Benehmen Ihrer Sizilianischen Majestät seit Ihrer Abreise von hier hat hierorts wenig Billigung erhalten, und daß sie Lady Hamilton, für die mit Beiwörtern nicht gespart wird, in ihrem Schlepptau, wie man sich ausdrückt, nach Wien mitgenommen hat, wird hier als wenig passend für sie selbst oder für ihre kö-*

niglichen Töchter abgesehen.« (Dazu ist allerdings zu sagen, dass ein abgesetztes Botschafterpaar und ein Admiral ohne Kommando für die sehr politisch denkende Maria Carolina bei weitem weniger interessant erschienen, als dies vorher der Fall war.)

Am 3. 9. schreibt Haydn an seine Verleger Artaria u. Co: *»Meine Fürstin, so eben von Wien kam* (sic!), *sagte mir, dass die Mylady Hammelton den 6ten dieses nach Eisenstadt komen wird, allwo Sie wünschte meine Cantate Ariadne a Naxos zu singen, welche ich aber nicht besitze, bitte danenhero mit dieselbe möglichst bald zu procurieren und anhero schicken.«*

Am 4. September notiert Graf Zinzendorf: *»Dîner chez le Duc Albert* (von Sachsen-Teschen, d. h. in der heutigen Albertina) *a 26 pers 2 Hamiltons, l'amiral Nelson.«*

Am 5. 9. (an diesem Tag kapituliert auch das von den Engländern belagerte Malta) kehrt die kaiserliche Familie nach Wien zurück. Kaiser Franz bricht am nächsten Tag zur Armee auf. Lord Nelson schreibt darüber an Lord Minto: *»Der Kaiser verließ die Stadt um 6 Uhr. Die Kaiserin war sehr melancholisch, aber die Königin* (von Neapel), *glaube ich, hat sich nun mit dem Entschluß des Kaisers zur Armee zu stoßen, abgefunden: es wird aber schwer sein, ihr in irgendeiner Weise Thugut erträglich scheinen zu lassen. Sie glaubt, daß er uns schließlich hintergehen wird. Ich hoffe es ist wahr, daß unsere Truppen in Holland gelandet sind: Es muß dies eine kraftvolle Ablenkung zu Gunsten der österreichischen Armee schaffen. Ich sehne mich nach einer Schlacht, und je eher danach ein Waffenstillstand, desto besser. Es geht uns allen gut.«*

Am Freitag, dem 6. 9., treffen die Gäste auf Einladung des Fürsten Esterházy in Eisenstadt ein.

Am Montag, dem 8. 9. (möglicherweise auch schon Sonntag, dem 7. 9.) wird Haydns Messe »in angustiis« entweder in der Schlosskapelle oder in der Bergkirche aufgeführt. Wahrscheinlich trägt sie seither den Namen »Nelsonmesse«.

Der junge Lord Malmesbury berichtet am 10. 9. 1800 aus St. Veit seinem Vater über den Ausflug nach Eisenstadt: *»Wir sind dort drei oder vier Tage gewesen und wurden in der denkbar entgegenkommendsten und gastfreundlichsten Art empfangen. Am Sonntag abend hatten wir ein großes Feuerwerk. Montag, der ihr jour de fête war, gab es einen sehr großen Ball und gestern die Jagd. Nelson und die Hamiltons waren dort; niemals waren weniger als sechzig oder siebzig Personen beim Diner, in einem herrlichen Saal, der prächtig erleuchtet war. Kurz, das Ganze hatte außerordentlich fürstlichen Stil. Auf Nelsons Gesundheit wurde mit einem Trompetentusch und Kanonenschüssen getrunken. Lady Hamilton ist die ungebildetste, ungeschliffenste, unangenehmste Frau, der ich je begegnete. Die Fürstin hat mit großer Freundlichkeit eine Anzahl von Musikern aufgeboten und den berühmten Haydn, der in ihren Diensten steht, um aufzuspielen. Statt ihnen zuzuhören, setzte sie sich an den Pharo-Tisch, spielte Nelsons Karten und gewann zwischen 300 und 400 Gulden. Er (Nelson) sagte mir, daß er nicht daran dächte, noch einmal zu dienen, und ich konnte kurz darauf meine Gefühle nicht verbergen und stimmte in die allgemeine Mißbilligung ein.«*

Insgesamt werden in Eisenstadt vier Konzerte – darunter höchstwahrscheinlich auch die »Schöpfung« – gegeben. Der greise Haydn dirigiert sogar ein- oder zweimal selbst. Sein Biograph Griesinger hat Haydns Worte vom 21. 1. 1801 überliefert: *»Haydn fand eine große Bewunderin in Lady Hamilton. Sie stattete, mit Lord Nelson, den Esterházischen Gütern in Ungarn einen Besuch ab, wandte den Hoheiten aber wenig Aufmerksamkeit zu und verließ niemals die Seite Haydns, während dieser zwei Tage. Haydn hatte damals ein englisches Loblied auf Lord Nelson und seinen Sieg (bei Aboukir) komponiert. Milady Knight, die Reisegefährtin der Hamiltons hatte dazu den Text geschrieben. Artaria hörte davon und bat Haydn darum.«*

Auch Miss Knight schreibt in ihren Memoiren darüber: »*Ich war entzückt von Haydn. Er speiste mit uns und seine Unterhaltung war bescheiden und sensibel. Er setzte einige Verse, die ich nach der Schlacht vom Nil über die Explosion des ›L'Orient‹ geschrieben hatte, in Musik: ›Britannia's leaders gives the dread command; (…) And their firm bases to their centre rock.‹ Haydn begleitete Lady Hamilton am Klavier als sie das Lied sang und war der Effekt groß* (sic!).« (Das Autograph Haydns befindet sich übrigens heute in der Nationalen Szecheny-Bücherei, MS. mus. I. 17 (b), Ungarn)

Am 9. 9., dem Tag der Rückreise nach Wien, erhält Emma von Haydn das Lied »The Spirits Song« (in einer Abschrift von Elssler) geschenkt. Sie vermerkt handschriftlich: »*Dies erhielt Lady Hamilton von dem exzellenten Haydn in Eisenstadt beim Fürsten Esterházy, 9. 9. 1800.*« (Heute ebenfalls im Britischen Museum)

Am 9. 9. schreibt das in Wien erscheinende ungarische Blatt »Magyar Hirmondo« über Nelsons Besuch in Eisenstadt: »*Er ist erst 41 Jahre alt. Er spricht sehr wenig, und nur, wenn er unter Freunden ist. Er spricht die Sprache Englands, versteht aber ein wenig französisch und italienisch. Ich sprach mit ihm in diesen beiden Sprachen. Er lobte die reizende Landschaft unserer Heimat (…) Lady Hamilton, eine 35 Jahre alte, großgewachsene Engländerin mit einem sehr schönen Gesicht, die es sehr gut versteht, sich zu benehmen. Eine von ihren seltsamen Qualitäten ist ihre klare starke Stimme, mit der sie, von dem berühmten Haydn begleitet, ihre Besucher derart enthusiasmierte, daß sie geradezu exstatisch wurden.*«

In einem Brief vom 20. 9. beschreibt der schwedische Botschaftssekretär Silverstolpe Lady Hamiltons Erscheinung in Wien: »*(…) benimmt sich ihm* (Nelson) *gegenüber, wie wenn er ihr erster Domestike wäre (…) Im Theater wendet er* (Nelson) *der Bühne den Rücken zu, um in die Augen seiner ›lady-*

love‹ zu blicken. Miladi (sic) Hammilton (sic), einst als die schönste Frau Europas berühmt (…) trägt das Malteserkreuz und hat jetzt alle Titel, die das Volk beeindrucken (…) Sie ist nun 46 und die fetteste Frau, die ich je gesehen habe – aber mit dem schönsten Kopf. Eine Stimme, die alle meine Erwartungen übertraf und ich glaube nicht irgendwann so etwas Himmlisches je gehört zu haben. In ihr ist sowohl Technik als auch Stimme, Gefühl und Musikalität vereint – glauben sie das einem Ohrenzeugen.« (Der Vollständigkeit halber muss allerdings gesagt werden, dass die Körperfülle Emmas wohl damit im Zusammenhang gestanden sein dürfte, dass sie etwa vier Monate später Nelsons Tochter »Horatia« zur Welt brachte.)

Die Kaiserin Maria Theresia schreibt am 17. 9. 1800 an Kaiser Franz: *»Über Nelson hat man eine lächerliche Satyre gemacht. Er steht da und Bonaparte geht ihm auf einem Schiff zwischen den Füßen durch, während die Hamilton ihm mit einem Schal die Augen verbindet. Dies wurde ihm an seine Tür geheftet, überhaupt hat man ihn nicht gern. Es ist ein Glück, wenn er geht, denn stelle Dir vor, er kostet alle Woche 800 fl. meiner Mutter, und sie (Emma) kauft ein und ich fürchte, daß alles auf meiner Mutter ihr Konto geht.«*

Nach insgesamt vier Wochen Aufenthalt beschließen nun die Hamiltons und Lord Nelson (das »Triangel«, wie Maria Carolina sie nennt) die Weiterreise, da der Gesundheitszustand Sir Williams sich sehr verschlechtert. Am Freitag, dem 26. 9., verlässt die 17 Personen umfassende Reisegesellschaft Wien. In Prag werden sie von dem dortigen Statthalter Erzherzog Karl freundlichst empfangen. Über Dresden geht die Reise nach Hamburg, wo man sich einschifft und am 6. November London erreicht.

4. Tragisches Finale

Die Ereignisse in Mitteleuropa gewähren dem Süden Italiens noch eine kurze Atempause. Nach der Niederlage der Österreicher von Hohenlinden und dem Waffenstillstand vom 25. 12. 1800 für Deutschland, beziehungsweise vom 16. 1. 1801 für Italien, in den Neapel nicht eingeschlossen ist, wird allerdings die Situation für König Ferdinand kritisch. Bonaparte schreibt am 2. 2. 1801 an seinen Außenminister Talleyrand (5333) und teilt ihm mit, dass General Murat gegen Rom zu marschieren habe: *»Wenn, wie zu vermuten ist, die Neapolitaner Rom räumen und zurückmarschieren, soll er nur bis zu den Grenzen Neapels marschieren ohne die Stadt zu beunruhigen (...) Er soll keinen Waffenstillstand mit dem König von Neapel schließen, der länger als 15 Tage dauert. Er soll (...) die Räumung der Engelsburg und des gesammten Kirchenstaates, sogar von Benevent, fordern. An die Engländer in Malta soll keine Verpflegung mehr geliefert werden und die Häfen sind für die Engländer zu schließen.«*

Der König lässt sich diese Forderungen nicht zweimal sagen und schließt am 28. März mit den Franzosen einen diese Forderungen voll erfüllenden Friedensvertrag. An seine Gattin schreibt er aus Palermo am 7. 4. 1801 nach Wien: *»Mein lieber Schatz, ich kann Dir versichern ich bin wahrhaftig zu einem Dummkopf* (uno stupido) *gemacht worden und wirklich zu nichts mehr gut, als in den wenigen Tagen, die Gott mir noch das Leben lassen wird, meine Sünden zu beweinen.«*

In einem Brief aus Wien an den spanischen Botschafter San Teodoro vom 22. 2. 1802 beschreibt Maria Carolina die aktuelle politische Konstellation in Europa.: *»Das verhängnisvolle Wort Politik verlangt tatkräftige Leute und was herrscht in Wirklichkeit vor? Auf der einen Seite Festigkeit, Kraft, Mut,*

Unternehmungsgeist, Verschwiegenheit, Glück, Begabung und Charakter. Auf der anderen Seite Schwäche, Angst, Furcht, Indiskretion, Unglück, Mangel an Seele und Geist. Das fährt fort Europa zu verderben (...) Italien hat glücklich seine Republik, deren Grenzen aber nicht abgesteckt sind. Der Souverän Europas, der sich in Italien Präsident, in Frankreich Konsul nennt, ist der wahre Herr dieses ganzen Erdteils.« Königin Maria Carolina kehrt am 17. 8. 1802 nach Neapel zurück. Nach den Niederlagen Österreichs (Ulm, Austerlitz) setzt Napoleon 1805 seinen Bruder Joseph auf den Thron des Königreiches Neapel. Fernando und Maria Carolina ziehen sich nach Sizilien zurück. Die Hochzeit ihrer Enkelin Marie Louise mit Napoleon kommentiert sie mit dem Bonmot, dass sie nun wahrlich des Teufels Großmutter geworden sei. Da sie sich gegen den immer umfassenderen Einfluss der englischen Militärs in Sizilien zur Wehr setzt, wird sie – mehr oder weniger gewaltsam – von den Engländern im Juni 1813 zum Verlassen der Insel gezwungen. Nach einem kurzen Zwischenstopp in Konstantinopel und in Odessa gelangt sie – von dem inzwischen neuverheirateten Ex-Schwiegersohn keineswegs begeistert erwartet – über Galizien nach Wien, wo sie vorerst im Außenministerium am Ballhausplatz untergebracht wird.

Sie kann sich in Wien noch über das Entgegenkommen Metternichs gegenüber dem nunmehrigen neapolitanischen Königspaar Marie Carolina (Schwester Napoleons) und Joachim Murat ärgern (nach Joseph, der 1808 König von Spanien wurde). Im mittlerweile bezogenen Schloss Hetzendorf stirbt sie in der Nacht vom 7. zum 8. 9. 1814. Der beim Wiener Kongress anwesende französische Außenminister Talleyrand schreibt darüber an seinen König Ludwig XVIII.: *»Die Königin wird in der Stadt wenig beweint. Ihr Tod scheint Metternich in bessere Laune versetzt haben.«*

Lord Nelson wird am 1. 1. 1801 zum Vizeadmiral befördert. Am 15. Jänner trennt er sich von seiner Gattin Fanny. Wieder auf See vernichtet er 1801 die dänische Flotte im Hafen von Kopenhagen und übernimmt 1803 das Oberkommando über die englische Mittelmeerflotte. Sein Flaggschiff wird die »Victory«. In seine Admiralskajüte hängt Nelson ein Aquarell der schwangeren Lady Hamilton, das die Bezeichnung »my gardien-angel« (= mein Schutzengel) trägt – gezeichnet von Heinrich Füger, der in Wien auch Nelson porträtierte (derzeit im Marinemuseum Greenwich). Bei Kap Trafalger in der Nähe von Cadiz in Spanien stellt Nelson am 21. 10. 1805 die verbündeten Flotten von Spanien und Frankreich. Wieder einmal gegen die herkömmlichen Regeln der Seekriegskunst verstoßend beabsichtigt er mit seinen Schiffen direkt – unter den Breitseiten der Feinde – auf die Schlachtlinie Villeneuves zuzufahren, um deren Zusammenhang aufzubrechen. In der entstehenden Verwirrung soll sich die bessere Qualität der englischen Seeleute dann schlachtentscheidend auswirken. Vorher schreibt er in sein Tagebuch: »*Möge der große Gott, den ich anbete, zum Wohle ganz Europas meinem Lande einen großen und ruhmreichen Sieg gewähren; möge kein Fehlverhalten ihn irgendwie trüben; und möge nach dem Sieg die Humanität zum Grundsatz in der britischen Flotte werden. Ich persönlich übergebe mein Leben ihm, der es erschuf; möge sein Segen mein Streben erleuchten, treu meinem Lande zu dienen. Ihm unterwerfe ich mich und die gerechte Sache, die zu verteidigen mir anvertraut ist. Amen, Amen, Amen.*«

Das Logbuch der »Victory« beschreibt sein Ende in kurzen treffenden Worten: »*Unregelmäßiges Feuer hielt an bis 4.30 Uhr, als dem Oberbefehlshaber, dem Sehr Ehrenwerten Lord Baron Nelson, der Sieg gemeldet wurde; er starb dann an seiner Wunde.*« Dieser Sieg vernichtet endgültig Napoleons Hoffnungen, England bezwingen zu können und begründet für fast 100 Jahre Großbritanniens Vormachtstellung auf den Meeren.

Sir William erholt sich von den Anstrengungen der Reise nach Wien nicht mehr und stirbt in England 1803.

Lady Emma wird am 29. (30.) 1. 1801 Mutter einer Tochter Horatia, deren Vaterschaft von Lord Nelson auch anerkannt wird. Nach dem Tod Nelsons wird sie bald Opfer ihrer Verschwendungssucht. Geächtet von der Gesellschaft (Nelsons testamentarische Bitte an den Prinzregenten, für den Unterhalt von Emma und seiner Tochter zu sorgen, bleibt unerfüllt) wird sie sogar wegen ihrer Schulden in Haft genommen. Sie stirbt verarmt im französischen Calais am 15. 1. 1815.

V.

Zwei neue Kaiser

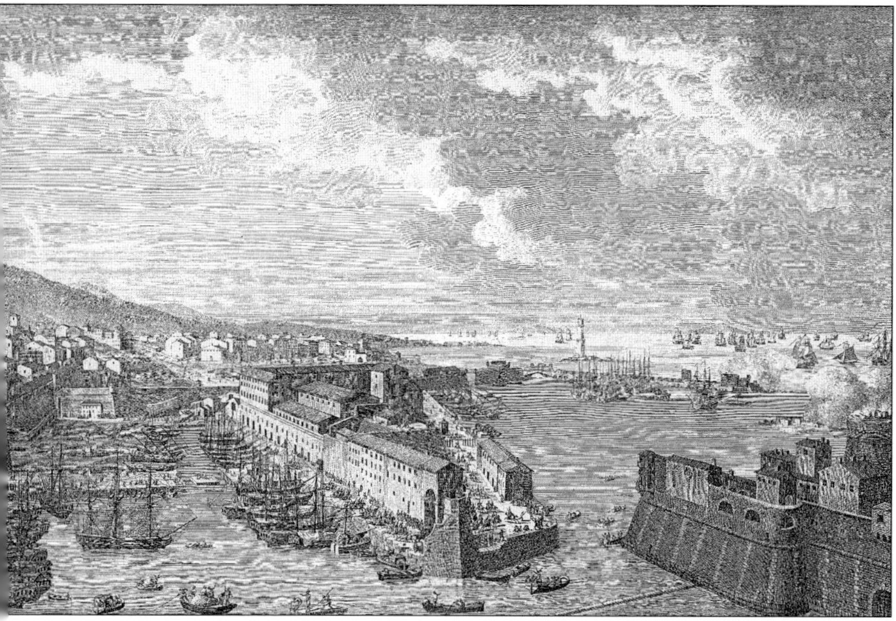

9 Der Einzug der Franzosen in Livorno am 11. Messidor an IV (29. 6. 1976), kolorierter Kupferstich von Duplessis-Bertaux nach Vernet (aus »Consulat et Empire, Campagnes des Français« Paris um 1830). Durch diese von Bonaparte persönlich geleitete Aktion verloren die Engländer (Nelson) diesen wichtigen Flottenstützpunkt. Der Großherzog wurde dadurch weiterhin in Neutralität gehalten.

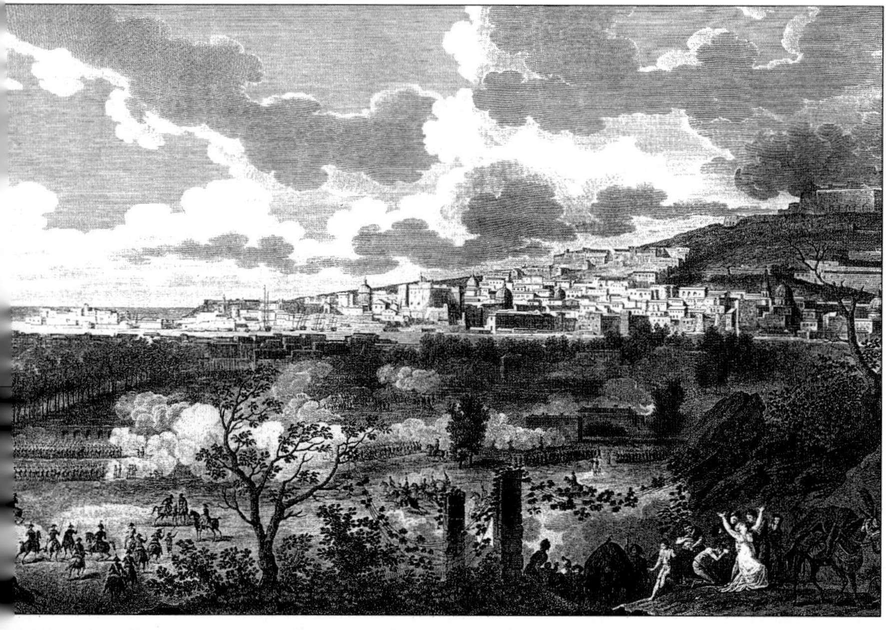

Die Einnahme von Neapel am 2. Pluviose, Jahr VII., Kupferstich von Duplessis-Bertaux/ Delaunay nach Carle Vernet (aus »Consulat et Empire, Campagnes des Français«, Paris um 1830)

31 General Championnet, Kupferstich von Lambert (aus »Portraits des
génêraux français«, Paris 1818)

32 General Mac Donald, Kupferstich
(aus »Consulat et Empire, Campagnes
des Français«, Paris um 1830)

33 Abfahrt der Armée d'Orient nach Ägypten, Kupferstich, gezeichnet von Martin
gestochen von Lejeune

34 »Combat de Ton-
nant (Aboukir)«, Stahl-
stich von Marvy nach
Crepin aus »France
maritime« um 1850

35 Lord Viscount
Nelson (1758–1805)
nach dem 1800/01
entstandenen Gemälde
von Sir William
Beechey 1800–1801,
zeitgenössischer
Kupferstich

Maria Karolina

Geb: 13. August 1752.– Gest. 8. September 1814.

36 Maria Karolina (geb. 13. 8. 1752, gest. 8. 9. 1814) »Ex officina Joan Thama Nobi
de Trattern 1768«, Kupferstich – späterer Abzug der Originalplatte

37 Kaiserin Maria
Theresia (1772–1807),
zweite Gattin von Kaiser
Franz II., Tochter der
Königin Maria Karolina
von Neapel, zeitgenös-
sischer Kupferstich nach
Hickel

38 Lady Emma Hamilton
(1765–1815), Ölgemälde
um 1800

39 »S.A.S.M. der Herzog von Parma, Fürst-Erzkanzler des Kaiserreiches Cambacé
bietet im Namen des Senats Napoleon die Kaiserkrone an und hat überdies die E

n als Erster als Kaiser zu titulieren«, Stahlstich von Leronge; aus Fastes de la Nation
ançaise von d'Haudricourt

40 Ludwig van Beethoven,
Lithographie von Hoffmann
nach Schimon um 1820

41 Kaiser Franz I., Punktierstich 1806–1808, von Rosenburg
gestochen, Arnstadt

Bonapartes weitere europäische Politik nach dem Frieden von
Amiens 1802 ist nicht dazu angetan, den übrigen Großmäch-
ten Vertrauen einzuflößen. Als Präsident der Cisalpinischen
Republik annektiert er endgültig Piemont und Parma, dessen
Herzog der Habsburger Ferdinand d'Este ist. Der Reichsdeputationshauptschluss von Regensburg 1803 über die Neuordnung des Deutschen Reiches lässt dessen Ende bereits vor-
ausahnen. Die geistlichen Fürstentümer werden säkularisiert,
Reichsstädte und Reichsritterschaft aufgelöst. Damit entfällt
die wesentlichste Stütze des Kaisers im Reichstag und lässt die
nunmehrige protestantische Mehrheit im Kurfürstenkollegi-
um die Wiederwahl eines Habsburgers keineswegs als gesichert erscheinen. Die fortdauernde Besetzung Hollands, Verhandlungen mit den USA über den Verkauf Louisianas, das
brutale Vorgehen in Haiti (San Domingo) und Versuche, Verhandlungen mit türkischen, ägyptischen und sogar indischen
Herrschern anzuknüpfen, beunruhigen die Engländer, welche
die Rückgabe Maltas verzögern. Mme. de Rémusat schildert in
ihren Memoiren den Bruch mit England anlässlich eines Emp-
fanges in Malmaison: »*Der Erste Konsul, auf der Erde sitzend,
spielte fröhlich mit dem kleinen Napoléon, dem ältesten Sohn
seines Bruder Louis. Zugleich amüsierte er sich damit, den
Schmuck seiner Frau und den meinigen zu kontrollieren und
gab uns seine Meinung über jedes einzelne unserer Kleidungsstücke kund. Er schien in allerbester Stimmung. Ich bemerkte
sogar dazu noch, daß die Berichte der Botschafter überein-
stimmend nur von Eintracht und Frieden berichten würden,
wenn er so freundlich gestimmt sei. Bonaparte begann zu lachen und spielte weiter mit dem Kind. Man berichtete ihm, daß
der Cercle sich gebildet habe. Plötzlich verschwand die Fröhlichkeit aus seinem Gesicht und ich war schockiert von der
Strenge die sie ersetzte; sein Teint schien fast, wie von ihm ge-
steuert, zu erbleichen, seine Züge verhärteten sich, und das*

alles in der Zeit, die ich benötige dies zu erzählen. Er sprach mit bewegter Stimme nur die einzigen Worte: ›Gehen wir, meine Damen.‹ Er marschierte voran und wandte sich dem Botschafter Englands zu. Zunächst beschwerte er sich über die Vorgangsweise seiner Regierung. Seine Wut schien von Augenblick zu Augenblick sich zu steigern; sie stieg so an, daß die gesamte Gesellschaft starr vor Schrecken war; die härtesten Ausdrücke, die brutalsten Drohungen polterten von seinen zitternden Lippen. Niemand wagte sich zu bewegen. Madame Bonaparte und ich sahen uns stumm vor Entsetzen an, und jeder mehr oder weniger Entfernte brach in Stöhnen aus. Selbst das Phlegma des Engländers wurde erschüttert, und er hatte viel Mühe Worte zu finden um zu antworten.«

Am 12. 5. 1803 verlässt der englische Botschafter Withworth Paris. Vier Tage später beginnt England, ohne formelle Kriegserklärung, wieder die Feindseligkeiten und versenkt französische und holländische Schiffe in britischen Gewässern. Europa wird erst wieder 1815 endgültig zu Ruhe und Frieden kommen.

Mit englischer Unterstützung landet Georges Cadoudal (»General Georges«) am 20. 8. 1803 in der Normandie. Er soll in Paris eine royalistische Verschwörung vorbereiten. Während General Pichegru zustimmt, lehnt Moreau, bei aller Sympathie für das Vorhaben, ein illegales Vorgehen ab. Nach der Verhaftung von Pichegru und Georges wird auch Moreau von Sekretären und Adjutanten belastet und im Temple eingekerkert. Mme. de Rémusat schildert in ihren Memoiren ihren Besuch vom 17. 2. 1802 in den Tuilerien und gibt Bonapartes Worte wieder: »›Wissen Sie, was ich soeben getan habe?‹ Und auf die verneinende Antwort fuhr er fort: ›Ich habe Moreau verhaften lassen.‹*

Frau von Rémusat machte eine Bewegung.

›Ah! Das erstaunt Sie!‹ rief er. ›Das wird ein schöner Skandal werden, nicht wahr? Man wird nicht verfehlen zu behaup-

ten ich sei auf Moreau eifersüchtig, es sei nur Rache und tausend solche Erbärmlichkeiten. Ich und eifersüchtig auf Moreau! Du lieber Gott! Er verdankt mir den größten Teil seines Ruhmes. Ich überließ ihm eine schöne Armee und behielt in Italien nichts als Rekruten, denn ich wollte weiter nichts, als im guten Einvernehmen mit ihm leben. Ich fürchtete ihn sicher nicht! Ich habe überhaupt vor Niemandem Furcht, und vor Moreau am allerwenigsten! Ich habe ihn so oft gehindert, eine Dummheit zu begehen, und ihm vorhergesagt, daß wir uns entzweien würden; er hat es ebenfalls gefühlt. Aber er ist schwach und eingebildet, er läßt sich von Weibern führen und die Parteien hetzen ihn auf (...)‹

Bei diesen Worten hatte sich der Erste Konsul erhoben. Er näherte sich Joséphine, faßte sie unterm Kinn und hob ihren Kopf mit den Worten: ›Nicht jeder hat eine so gute Frau wie ich! Du weinst Joséphine? Warum? Hast Du Angst?‹

›Nein, aber ich mag das Gerede nicht.‹

›Was willst Du daran ändern?‹ Dann wandte er sich an Frau von Rémusat und sagte: ›Ich hege weder Haß noch den Wunsch nach Rache; ich habe mir alles wohl überlegt, ehe ich Moreau verhaften ließ. Ich hätte ein Auge zudrücken und ihm Zeit zur Flucht lassen können, dann aber hätte es geheißen, ich habe nicht gewagt, ihn vor den Richterstuhl zu stellen. Ich habe die Mittel ihn zu überführen; er ist schuldig, i c h bin die Regierung! Das alles muß sich ganz einfach abspielen.‹«

Pichegru wird unter nie geklärten Umständen am 6. 4. 1804 in seiner Zelle erhängt aufgefunden. Georges wird nach einem Schauprozess am 28. 6. 1804 gemeinsam mit 17 Komplizen (von 47 Angeklagten) hingerichtet. Moreau, gegen den keine überzeugenden Beweise vorliegen, wird (sehr zum Missfallen des Ersten Konsuls) »nur« zu zwei Jahren Gefängnis verurteilt. Unter dem Druck der öffentlichen Meinung begnadigt Bonaparte den angesehenen General und verweist ihn ins Exil. Moreau verbringt zehn Jahre in den USA und wird 1814 nach

Europa zurückkehren. An der Seite des Zaren Alexander I.
wird er als russischer General im Kampf gegen Napoleon bei
der Schlacht von Dresden 1814 fallen.

Nachdem Cadoudal angegeben hat, man habe einen bour-
bonischen Prinzen zur Unterstützung des Vorhabens der Verschwörer in Paris erwartet, glaubt der sich noch immer bedroht fühlende Bonaparte, dass der in Baden abgestiegene
Herzog von Enghien an der Verschwörung beteiligt gewesen
sei. Er lässt ihn unter Bruch des Völkerrechtes auf badischem
Staatsgebiet festnehmen und nach Frankreich bringen. Im
Schloss von Vincennes wird ihm von Vertrauten des Ersten
Konsuls im Schnellverfahren der Prozess gemacht. Die von
Bonaparte befohlene Hinrichtung erfolgt kurz danach, am
21. 3. 1804. Noch auf St. Hélèna wird er behaupten, dass dies
ein Akt legitimer Selbstverteidigung gewesen sei. Mit der Be-
gründung, dass nur eine erbliche Kaiserwürde der Nation die
erforderliche Stabilität verleihen könne, erwägen Tribunat
und Senat, unter dem Druck Bonapartes, die Einführung der
Monarchie. (Der Ex-Kriegsminister Lazare Carnot ist einer
der wenigen, der sich dagegen ausspricht.) Am 18. 5. 1804 erfolgt die Proklamation Napoleons zum Kaiser durch Senats-
beschluss. Die spätere Volksabstimmung, die *nur* über die
Frage der Erblichkeit der Kaiserwürde entscheidet, ergibt
3 572 329 Stimmen dafür und 2579 dagegen.

Der Royalist Cadoudal erfährt noch vor seiner Hinrichtung
von Napoleons Kaiserproklamation. Mit wahrem Galgenhu-
mor soll er gemeint haben: »*Wir haben mehr erreicht als wir
wollten. Wir sind gekommen um Paris einen König zu geben –
wir geben ihm einen Kaiser!*«

Im Jahr 1803 beginnt der 31-jährige Beethoven mit seiner
neuen Es-Dur Symphonie. Sein Schüler, Ferdinand Ries, berichtet darüber: »*Im Jahre 1082* (sic!) *komponierte Beethoven
in Heiligenstadt, einem anderthalb Stunden von Wien gelegenen Dorfe seine dritte Symphonie* (heute unter dem Titel

»Sinfonia eroica« bekannt). *Beethoven dachte sich bei seinen Kompositionen oft einen bestimmten Gegenstand, obschon er über musikalische Malereien häufig lachte und schalt, besonders über kleinliche der Art. Bei dieser Sinfonie hatte Beethoven sich Bonaparte gedacht, aber diesen als er noch Erster Konsul war. Beethoven schätzte ihn damals außerordentlich hoch und verglich ihn den größten römischen Konsuln. Sowohl ich als mehrere seiner näheren Freunde haben diese Sinfonie, schon in Partitur abgeschrieben, auf seinem Tische liegen gesehen, wo ganz oben auf dem Titelblatte das Wort ›Buonaparte‹ und ganz unten ›Luigi van Beethoven‹ stand, aber kein Wort mehr. Ob und womit diese Lücke hat ausgefüllt werden sollen, weiß ich nicht. Ich war der erste der ihm die Nachricht brachte, Buonaparte habe sich zum Kaiser erklärt, worauf er in Wut geriet und ausrief. ›Ist der auch nichts anderes wie ein gewöhnlicher Mensch? Nun wird er auch alle Menschenrechte mit Füßen treten, nur seinem Ehrgeiz frönen; er wird sich nun höher als die anderen stellen, ein Tyrann werden!‹ Beethoven ging an den Tisch, faßte das Titelblatt oben an, riß es ganz unten durch und warf es auf die Erde. Die erste Seite wurde neu geschrieben, und nun erst erhielt die Sinfonie den Titel: Sinfonia eroica«.*[28]

In Wien erstattet Vizekanzler Cobenzl an Kaiser Franz II. am 20. 5. 1804, vor dem Einlangen der offiziellen Benachrichtigung von Napoleons Kaiserproklamation, seinen Bericht: *»Es ist die Vollendung der von Bonaparte unternommenen contre-revolution. Daß die Wiederherstellung der erblichen französischen Monarchie zu Gunsten eines Bonaparte und nicht der rechtmäßigen königlichen Familie ausfallen soll, ist sehr bedauerlich, allein in dermaliger Beschaffenheit der Umstände für unabänderlich anzusehen.«* Cobenzl, der die Beispielswirkung der französischen Revolution wesentlich mehr fürchtet als eine neue, weitere europäische Erbmonarchie, meint weiter, der Kaiser möge *»die von dem Ersten Consul un-*

ternommene Wiedereinführung der erblichen Monarchischen Regierungsart in Frankreich als ein für das Wohl von ganz Europa sehr erspriesliches Ereigniß ansehen und daß demselben dazu die vergnügliche Theilnehmung E. M. und Ihr aufrichtiger Glückwunsch zu erkennen gegeben werde.«

Angesichts der Situation im Heiligen Römischen Reich deutscher Nation ist der Gegenzug Wiens nicht weiter überraschend. In einem Mémoire der Staatskanzlei vom 8. 8. 1804 heißt es: »*Der Souverain der Oesterreichischen Erbstaaten ist also in dem gegenwärtigen Falle berechtigt ebenfalls einen erblichen Kaisertitel anzunehmen; und er ist dazu umso mehr berechtigt, als er die übrigen zu einer solchen Würde dem Herkommen nach erforderlichen Eigenschaften vereiniget, nämlich den Besitz einer großen aus mehreren unabhängigen Königreichen und Fürstenthümern bestehenden Monarchie und einen solchen Grad von Macht und Ansehen der von jeher das Gleichgewicht mit den ersten europäischen Höfen, zumalen aber mit Frankreich so, wie mit Rußland, behauptet hat.*«

Nach anfänglicher Weigerung langt schließlich doch am 7. August Napoleons Einverständnis in Wien ein. Am 11. 8. 1804 erklärt Kaiser Franz die Annahme des österreichischen Kaisertitels.

Wir Franz der Zweyte,

von Gottes Gnaden erwählter römischer Kaiser, zu allen Zeiten Mehrer des Reichs, König in Germanien, Hungarn und Böheim, Galizien und Lodomerien, ꝛc. Erzherzog von Oesterreich, Herzog von Burgund, und von Lothringen, Großherzog von Toskana ꝛc. ꝛc.

Obschon Wir durch göttliche Fügung und durch die Wahl der Churfürsten des Römisch = Deutschen Reiches zu einer Würde gediehen sind, welche Uns für Unsere Person keinen Zuwachs an Titel und Ansehen zu wünschen übrig läßt, so muß doch Unsere Sorgfalt als Regent des Hauses und der Monarchie von Oesterreich dahin gerichtet seyn, daß jene vollkommene Gleichheit des Titels und der erblichen Würde mit den vorzüglichsten Europäischen Regenten und Mächten aufrecht erhalten und behauptet werde, welche den Souveränen Oesterreichs, sowohl in Hinsicht des uralten Glanzes Ihres Erzhauses, als vermöge der Größe und Bevölkerung Ihrer, so beträchtliche Königreiche

A

Annahme des Titels Kaiser von Österreich durch Franz II. (I.)

und unabhängige Fürstenthümer in sich faffenden Staaten, ge=
bühret, und durch völkerrechtliche Ausübung und Traktate ver=
sichert ist.

Wir sehen Uns demnach zur dauerhaften Befestigung die=
ser vollkommenen Rangs=Gleichheit veranlaßt und berechtiget,
nach den Beyspielen, welche in dem vorigen Jahrhundert der
Russisch=kaiserliche Hof, und nunmehr auch der neue Beherr=
scher Frankreichs gegeben hat, dem Hause von Oesterreich, in
Rücksicht auf dessen unabhängige Staaten, den erblichen Kai=
ser Titel gleichfalls beyzulegen.

In Gemäßheit dessen haben Wir, nach gepflogener reif=
lichster Uiberlegung, beschlossen, für Uns und für Unsere Nach=
folger in dem unzertrennlichen Besitze Unserer unabhängigen Kö=
nigreiche und Staaten, den Titel und die Würde eines erblichen
Kaisers von Oesterreich (als den Rahmen Unseres Erzhauses)
dergestalt feyerlichst anzunehmen, und festzusetzen, daß Unsere
sämmtliche Königreiche, Fürstenthümer und Provinzen ihre bis=
herigen Titeln, Verfassungen, Vorrechte und Verhältnisse fer=
nershin unverändert beybehalten sollen. Zufolge dieser Unse=
rer allerhöchsten Entschließung und Erklärung verordnen Wir

1tens daß unmittelbar nach Unserem Titel eines erwähl=
ten Römisch=Deutschen Kaisers, jener eines erblichen Kaisers
von Oesterreich eingeschaltet werde, sonach aber Unsere weiteren
Titel als König von Germanien, Ungarn, Böhmen 2c. dann
die eines Erzherzogs von Oesterreich, Herzogs von Steyer=
mark 2c. und jene der übrigen Erblande folgen sollen. Nachdem
jedoch seit Unserem Regierungs Antritte mehrere Veränderungen
in den Besitzungen Unseres Erzhauses vorgefallen, und durch
feyerliche Traktate bestätiget worden sind, so lassen Wir zu glei=
cher Zeit die beyliegende, nach dem gegenwärtigen Zustande neu
regulirte Titulatur hiermit kundmachen, und gehet Unsere Wil=
lensmeinung dahin, daß selbe künftighin statt der bisher übli=
chen eingeführet und gebraucht werde.

2tens Soll allen, sowohl Unseren Descendenten beyderley Geschlechts, als jenen, Unserer Nachfolger in der Regentschaft des Erzhauses, der Titel von kaiserl. königl. Prinzen und Prinzessinnen, nebst jenem von Erzherzogen und Erzherzoginnen von Oesterreich, dann von k. k. Hoheiten beygelegt und ertheilt werden.

3tens Gleichwie aber alle Unsere Königreiche und andere Staaten vorbesagter Maßen in ihren bisherigen Benennungen und Zustande ungeschmälert zu verbleiben haben, so ist solches insonderheit von Unserem Königreiche Ungarn und den damit vereinigten Landen, dann von denjenigen Unserer Erbstaaten zu verstehen, welche bisher mit dem Römisch-Deutschen Reiche in unmittelbaren Verbande gestanden sind, und auch in Zukunft die nähmlichen Verhältnisse mit demselben in Gemäßheit der von Unseren Vorfahren im Römisch-Deutschen Kaiserthume Unserem Erzhause ertheilten Privilegien, beybehalten sollen:

4tens Wir halten Unseren weiteren Entschließungen die Bestimmung derjenigen Feyerlichkeiten bevor, welche Wir für Uns und Unsere Nachfolger in Ansehung der Krönung als erblicher Kaiser festzusetzen, für gut finden werden, jedoch soll es bey denjenigen Krönungen, welche Wir und Unsere Vorfahren als Könige von Ungarn und von Böhmen empfangen hatten, ohne Abänderungen auch in Zukunft verbleiben.

5tens Diese Unsere gegenwärtige Erklärung und Verordnung soll in allen Unseren Erbkönigreichen und Staaten in den gehörigen Wegen unverzüglich kundgemacht, und in Ausübung gesetzt werden. Gleichwie Wir nicht zweifeln, daß sämmtliche Stände und Unterthanen derselben diese gegenwärtige, auf die Befestigung des Ansehens des vereinigten österreichischen Staaten-Körpers zielende Vorkehrung, mit Dank und patriotischer Theilnehmung erkennen werden.

Gegeben in Unserer Haupt = und Residenzstadt Wien, den 11ten. August, im achtzehnhundert und vierten, Unserer Reiche des Römischen und der Erbländischen im dreyzehnten Jahre.

Franz.

Aloys Graf v. Ugarte,
königl. Böhmischer oberster, und Erzherzogl.
Oesterreichischer erster Kanzler.

Joseph Freyherr von der Mark.

Franz Graf von Woyna.

Nach Sr. k. k. Majestät
höchst eigenem Befehle:
Johann Fidelis v. Erggelet.

Wir Franz der Zweyte, von Gottes Gnaden erwählter römischer Kaiser, zu allen Zeiten Mehrer des Reichs, erblicher Kaiser von Oesterreich; König in Germanien, zu Jerusalem, zu Hungarn, zu Böheim, Dalmazien, Croatien, Slavonien, Galizien und Lodomerien; Erzherzog zu Oesterreich, Herzog zu Lothringen, zu Venedig, Salzburg, Steyer, Kärnten und Krain; Großfürst zu Siebenbürgen; Markgraf in Mähren; Herzog zu Würtemberg, Ober- und Niederschlesien, Parma, Plazenz, Guastalla, Auschwitz und Zator, zu Teschen, zu Friaul und zu Zara; Fürst zu Schwaben, zu Eichstädt, Passau, Trient, Brixen, zu Berchtoldsgaden und Lindau; Gefürsteter Graf zu Habsburg, Tyrol, Kyburg, Görz, und Gradiska. Markgraf zu Burgau, zu Ober- und Nieder-Lausnitz; Landgraf in Breisgau, in der Ortenau und zu Nellenburg; Graf zu Montfort und Hohenems, zu Ober- und Niederhohenberg, Bregenz, Sonnenberg, und Rothenfels, zu Blumeneck und Hofen; Herr auf der windischen Mark, zu Verona, Vizenza, Padua ꝛc. ꝛc. ꝛc.

B

Wir Franz der Zweyte, von Gottes Gnaden erwählter römischer Kaiser, zu allen Zeiten Mehrer des Reichs, **erblicher Kaiser von Oesterreich,** König in Germanien, zu Hungarn, Böheim, Dalmazien, Kroazien, Slavonien, Galizien, Lodomerien und Jerusalem, Erzherzog zu Oesterreich, Herzog zu Lothringen, Venedig und Salzburg, Großfürst zu Siebenbürgen, Herzog zu Steyer, Kärnten und Krain, zu Würtemberg, Ober- und Nieder - Schlesien, gefürsteter Graf zu Habsburg, zu Tyrol 2c. 2c.

Kleiner Titel.

Franz der Zweyte, von

Gottes Gnaden erwählter römischer Kaiser, zu allen Zeiten Mehrer des Reichs, **erblicher Kaiser von Oesterreich,** König in Germanien, zu Ungarn und Böheim 2c. Erzherzog zu Oesterreich, Herzog zu Lothringen, Venedig und Salzburg, 2c. 2c.

C

Nos FRANCISCUS II.

divina favente clementia electus Romanorum Imperator, semper Augustus, HAEREDITARIUS AUSTRIAE IMPERATOR, Germaniae, Hierosolymae, Hungariae, Bohemiae, Dalmatiae, Croatiae, Slavoniae, Galiciae et Lodomeriae Rex; Archidux Austriae; Dux Lotharingiae, Venetiarum, Salisburgi, Styriae, Carinthiae et Carnioliae; Magnus Princeps Transilvaniae, Marchio Moraviae, Dux Würtembergae, superioris et inferioris Silesiae, Parmae, Placentiae, Guastallae, Osveciniae et Zatoriae, Teschinae, Forojulii et Jaderae, Princeps Sueviae, Quercopolis, Passaviae, Tridenti et Brixinae, Berchtoldgadenae et Lindaugiae, Comes Habsburgi, Tirolis, Kyburgi, Goritiae et Gradiscae, Burgoviae, superioris et inferioris Lusatiae, Landgravius Brisgoviae, Ortenaviae, et Nellenburgi, Comes a Monte forti et Alta Amisia, superioris et inferioris Hohenbergae, Brigantii, Sonnenbergae, Rothenfelsii, Blumeneckii, et Hovenae, Dominus Marchiae Slavonicae, Patavii, Veronae, Vincentiae, etc. etc.

Epilog
oder die Verschwörung des Buonaparte
zu Paris

Der 23-jährige Friedrich Schiller begann bereits 1782 mit seinem »republikanischen« Trauerspiel: *Die Verschwörung des Fiesco zu Genua.* Der Aufstand des jungen ehrgeizigen Fiesco (auch Fiesko) gegen den alten Dogen Andrea Doria, der seinen brutalen und bösartigen Neffen zu seinem Nachfolger bestimmt, rettet die Republik und führt gleichzeitig zur Diktatur des Fiesco. Der aufrechte Republikaner Verrina sieht diese Entwicklung: *»Den Tyrannen wird Fiesco stürzen, das ist gewiss! Fiesco wird Genuas gefährlichster Tyrann werden, das ist gewisser!«* und rettet durch die Ermordung Fiescos den Staat.

Schiller hat – wie die historische Entwicklung es tat – verschiedene Varianten und Wertigkeiten im Laufe der Jahre geschaffen. In der Buchversion von 1783 versöhnt sich der Republikaner Verrina mit dem Dogen Doria, d. h. mit der Monarchie. Nach der enttäuschenden Uraufführung in Bonn 1783 bleibt Fiesco am Leben und entsagt der Staatsführung. Schließlich kehrt Schiller (seit dem Beschluss der Nationalversammlung vom 27./28. August 1792 als »Monsieur Gilles« Ehrenbürger der französischen Republik) zur Idee des Tyrannenmordes an Fiesco zurück und lässt die Republik triumphieren. Nach den Exzessen der Jakobiner von den republikanischen Idealen nicht mehr uneingeschränkt überzeugt, kehrt er wieder zur Versöhnung Verrinas mit Doria zurück.[29] Die in der Fassung von 1802 abgebildete Fabel (mit der Fiesco seine Verschwörung vorbereitet) ist die geniale Zusammenfassung der im Buch behandelten Ereignisse der Jahre 1789 bis 1804 – von der französischen Revolution bis zur Kaiserproklamation Napoleons.[30]

Die Verschwörung

des

Fiesko zu Genua.

Ein

republikanisches Trauerspiel

von

Friedrich Schiller.

Neue Original-Ausgabe.

— Nam id facinus inprimis ego memorabile existimo,
fceleris atque periculi novitate.

Salluft von Katilina.

Mannheim
bey C. F. Schwan und G. C. Götz.
1 8 0 2.

Fiesco

Fiesko. (der sich niedersezt.) Genueser — Das
Reich der Thiere kam einst in bürgerliche Gährung,
Parthewen schlugen mit Partheyen, und ein Flei=
scherhund bemächtigte sich des Throns. Dieser, ge=
wöhnt, das Schlachtvieh an das Messer zu hezen,
haußte hündisch im Reich, klafte, biß, und nagte die
Knochen seines Volks. Die Nation murrte, die kühn=
sten traten zusammen, und erwürgten den fürstlichen
Bullen. Izt ward ein Reichstag gehalten, die große
Frage zu entscheiden, welche Regierung die glüklichste
sei? Die Stimmen theilten sich dreifach. Genueser
für welche hättet Ihr entschieden?

Erster Bürger. Fürs Volk. Alles fürs Volk.

Fiesko. Das Volk gewanns. Die Regierung
war demokratisch. Jeder Bürger gab seine Stimme.
Mehrheit sezte durch. Wenig Wochen vergiengen,
so kündigte der Mensch dem neugebakenen Freistaat den
Krieg an. Das Reich kam zusammen. Roß, Löwe,
Tyger, Bär, Elephant und Rhinozeros traten auf
und brüllten laut zu den Waffen. Izt kam die Reih
an die übrigen. Lamm, Haase, Hirsch, Esel, das
ganze Reich der Insekten, der Vögel, der Fische gan=
zes menschenscheues Heer — alle traten dazwischen und
wimmerten: Friede. Seht Genueser! Der Feigen wa=
ren mehr, denn der Streitbaren, der Dummen mehr,
denn der Klugen — Mehrheit sezte durch. Das
Thierreich strekte die Waffen, und der Mensch brand=
schazte sein Gebiet. Dieses Staatssystem ward also
verworfen. Genueser, wozu wäret ihr izt geneigt ge=
wesen?

Erster und Zweiter. Zum Ausschuß! Freilich
zum Ausschuß!

Fiesko. Diese Meinung gefiel! die Staatsge=
schäfte theilten sich in mehrere Kammern. Wölfe be=
sorgten die Finanzen, Füchse waren ihre Sekretaire.
Tauben führten das Kriminalgericht, Tyger die
gütlichen Vergleiche, Böke schlichteten Heurathspro=
zesse. Soldaten waren die Haasen, Löwen und
Elephant blieben bei der Bagage, der Esel war
Gesandter des Reichs, und der Maulwurf Ober=
aufseher über die Verwaltung der Aemter. Genueser,
was hoft ihr von dieser weisen Vertheilung? Wen der
Wolf nicht zerriß, den prellte der Fuchs. Wer diesem
ent=

C 2

entrann, den tölpelte der Esel nieder. Tyger erwürgten die Unschuld; Diebe und Mörder begnadigte die
Taube, und am Ende, wenn die Aemter niedergelegt
wurden, fand sie der Maulwurf alle unsträflich verwaltet — Die Thiere empörten sich. Laßt uns einen
M o n a r ch e n wählen, riefen sie einstimmig, der Klauen
und Hirn und mit einen Magen hat — und e i n e m
Oberhaupt huldigten alle — e i n e m Genueser — aber
(indem er mit Hoheit unter sie tritt) es war der Löwe.

Historische Leckerbissen
zum Dessert

Lieber Leser,

nachdem Sie mir geduldig durch eine der wichtigsten Epochen europäischer Geschichte gefolgt sind, haben Sie sich eine Belohnung verdient. Zum Glück bin ich auf einen Erfolgsautor gestoßen, der mit einem Selbstmörderroman (*Die Leiden des jungen Werther*) berühmt geworden ist und als Höhepunkt seiner Karriere von Napoleon mit dem Kreuz der Ehrenlegion geschmückt wurde. In seinem Theaterstück *Faust* empfiehlt dieser Goethe »Vieles« zu bringen, denn »wer vieles bringt, wird Manchem etwas bringen«. So habe ich mich entschlossen für die gängigsten Geschmacksrichtungen: Romantiker, Genießer aller Art, Krimifans, Opernfans, Konsumenten gegenwartsbezogener (vereinfachender) politischer Zeitungskommentare etc. jeweils ein passendes, historisches Dessert zu servieren.

Bon Appetit!

Amouröses und Erotisches

Der junge Oberbefehlshaber der Italienarmee hatte 1796 durchaus noch andere Interessen als Krieg und Politik. Leidenschaftlich verliebt in seine ihm frisch angetraute Gattin, die seine Begeisterung nicht teilte, schickt er deutliche Liebesbeweise per Post:

VERONA, 1. FRIMAIRE JAHR V. (21. 11. 1796)

»Wie glücklich wäre ich, könnte ich dabei sein, wenn Du so reizend Toilette machst, die kleine Schulter sehen, eine kleine weiße, recht feste und geschmeidige Brust, darüber ein kleines Gesicht zum Anbeißen. Du weißt schon, der kleine schwarze Wald. Ich gebe ihm tausend Küsse und warte mit Ungeduld auf den Augenblick dort zu sein. Ich gehöre ganz Dir. Das Leben, das Glück, die Freude sind nur, wozu Du sie machst.

In einer Joséphine leben, das heißt im Elysium leben. Kuß auf den Mund, auf die Augen, auf die Schulter, auf die Brust, überallhin.«

Dieser Brief wurde in Berlin am 28. Oktober 1905 durch Meyer Cohn versteigert.

Auch im Jahre VIII. ist die Leidenschaft Bonapartes noch ungebrochen. Am 26. Floral (16. Mai 1800) schreibt er: *»Ich breche in diesem Moment auf, um in Sankt Moritz zu übernachten (...) Tausend zärtliche Grüße an Dich, meine liebe, kleine Josephin, und an alles, was Dir gehört, nicht zu vergessen die kleine Cousine, sag ihr, sie soll brav sein.«*

Was Bonaparte mit »kleiner Cousine« gemeint hat, möge der Phantasie des Lesers anheimgestellt sein. Dieser Brief befindet sich im Französischen Nationalarchiv 400 AP 6, Bd. I., Nr. 26.

Die Schauspielerin und Geliebte Napoleons Mlle Georges (später auch die Geliebte von Bernadotte 1812 in Stockholm und von Wellington 1814 in Paris) schildert in ihren Memoiren, wie Bonaparte um 1802 auf ihre von anderen Liebhabern geschenkte Kleidung und Schmuck reagierte: *»Der Ring wurde mir vom Finger gerissen, und der Konsul zertrat ihn. Ah! Jetzt war er nicht mehr sanft! Ich war sprachlos und zitterte. Da kam er sehr lieb zu mir und sagte: ›Liebe Georgina, Sie sollen nichts an sich haben, was nicht von mir ist. Sie dürfen nicht schmollen, das wäre schlecht, und ich würde eine sehr schlechte Meinung von Ihren Gefühlen bekommen.‹ Man konnte diesem Manne nicht lange böse sein: seine Stimme war so zart, er sprach so einschmeichelnd, daß man gezwungen war, sich zu sagen: im Grunde hat er recht getan. ›Sie haben recht; nein ich bin nicht böse, aber ich werde frieren.‹ Er klingelte nach Constant. ›Bringe einen weißen Kaschmir und einen großen englischen Schal.‹ Er begleitete mich bis an die Orangerie. ›Auf morgen, Georgina, auf morgen!‹ Das war meine erste Begegnung mit diesem großen Mann.«*

Die Gattin von Bonapartes Weggefährten Junot, Laura Permont, Herzogin von Abrantès (ebenfalls der »korsischen Kolonie« in Paris zugehörig) über ihren Eindruck von Mme. Bonaparte um 1800: *»Mme. Bonaparte war zu dieser Zeit nicht mehr jung, aber trotzdem war sie noch erstaunlich. Sie muß früher hübsch gewesen sein, da sie immerhin noch als charmant gelten konnte. Wenn sie Zähne gehabt hätte – ich sage nicht, schöne oder häßliche, sondern überhaupt – Zähne, hätte sie sicherlich am Hofe des Ersten Konsuls etlichen Frauen den Rang, den diese nicht verdienten, streitig gemacht.«*

Im Jahr XIII (August 1805) kann Napoleon bereits über die Treue seiner Gattin Witze machen – in deutlich kühlerer Weise schreibt er: *»Ich werde bald in Malmaison sein. Ich warne Dich, damit die Nacht über keine Liebhaber dort sind, es täte mir leid Sie zu stören. Adieu, meine Freundin, ich sehne mich danach, Dich zu sehen und versichere Dich meiner zärtlichsten Freundschaft.«* (Nationalarchiv, 400 AP 6, Bd. II., Nr. 36ter – am 9. Dezember 1918 von Prinz Napoleon erworben)

Kleiner historischer Speisezettel

Zum Aperitif:

NAPOLEONCOCKTAIL
Ein Löffel Zuckersirup, 3 Spritzer Zitronensaft, Gin und Whisky; anrühren und im Stängelglas mit Zitronenspirale anrichten.

Suppe:

BEAUHARNAIS (Hortense, Tochter der Kaiserin Josephine)
Hühnersuppe mit Pariser Karotten, Spargelspitzen und Hühnerfleischknödelchen als Einlage.

WELLINGTON
Geflügelsuppe mit Mus von Knollensellerie und Reis als Einlage.

Zur Hauptspeise:

KALBSRAGOUT (bzw. Kalbschnitzel, auch Pute oder Huhn verwendbar) À LA METTERNICH
Normal gebacken wie ein Wiener Schnitzel aber mit folgenden Beilagen: Rotkohl, gedünstet mit Kastanien und weißem Zwiebelmus, geformter Pilawreis, Paprikasauce. (Weißes Zwiebelmus – à la Soubise: Chalotten in Butter leicht anrösten, dann passieren und mit Rahm und Butter nochmals aufkochen lassen – je nach Geschmack mit Milch flüssiger machen.)

KALBSRAGOUT À LA NELSON

Auf einer Seite anbraten. Diese Seite mit weißem Zwiebelmus bedecken, im Backrohr überbacken und mit Madeirasauce umgießen.

KALBSRAGOUT À LA NAPOLÉON

Obzwar der Kaiser der Franzosen für alles eher berühmt war als für seinen Geschmack (seine Lieblingsspeise soll Bratkartoffel mit Speck gewesen sein), konnte es nicht ausbleiben, dass ihm eine Speise gewidmet wurde.

Fleisch salzen und anbraten, auf einer Unterlage aus getrüffeltem Reis vermischt mit Gänseleberwürfeln anrichten. Mit Käsesauce im Rohr überbacken. Anschließend mit Sträußchen von Eierschwammerln, die bereits in Rotweinsauce gedünstet wurden, und Kalbsbries in Becherform (zur Nachahmung weniger empfohlen!) gedünstet anrichten.

Der »Klassiker« KALBSRAGOUT À LA MARENGO

Der Leibkoch Napoleons soll in der Schlacht von Marengo in Eile alle vorhandenen Ingredienzen zusammen gemischt haben, wobei ihm gegen Ende versehentlich eine Flasche Weißwein in den Topf fiel.

Knoblauch, Zwiebeln und danach Fleisch beidseitig in Butter oder Olivenöl anbraten; Salz, etwas Kerbel oder Petersilie und Selleriestangen, geschälte Tomaten und Champignons (eine Variante: Krabben!) dazugeben und ca. fünf Minuten (je nach Fleischdicke) schmoren lassen. Abschließend mit Weißwein aufkochen lassen. – »Et voilà!«

Als Krönung des historischen Kochens sei – dem Thema dieses Buches einige Jahre vorgreifend – erwähnt:

LUNGENBRATEN WELLINGTON

Rindslungenbraten kurz anbraten, salzen, pfeffern und leicht mit Senf einreiben. Anschließend mit Champignons und Petersilie in Blätterteig einwickeln und den Teig mit Eiklar überstreichen. Im Rohr bei mittlerer Hitze backen – je nach gewünschter Nähe zum Herkunftsland (englisch = blutig) ca. 8 bis 18 Minuten. – »Very good!«

Nach der erfolgreichen Erhebung gegen Robespierre am 9. Thermidor des Jahres II (27. 7. 1794) war es nicht länger notwendig, tugendhaft und sparsam zu sein. Die Neureichen feierten mit:

HUMMER THERMIDOR
Der Hummerkörper wird mit Hummer- und Champignonragout gefüllt und mit Senfrahmsauce, englischem Senf und Cayennepfeffer, gebunden, danach mit geriebenem Käse und Butterflocken bestreuen und überbacken.

Zum Dessert:

RADETZKY-REIS
Radetzky war 1813 bis 1815 Generalstabschef der alliierten Hauptarmee.
Zuckermehl in Butter abrösten. Vermischt mit heißem Wasser, Orangensaft, Zitronensaft und gekochtem Reis dünsten. Dann in eine befettete Form abwechselnd mit mehreren Lagen Marillenmarmelade füllen und zum Schluss bedeckt mit Vanille-Eischnee und geriebenen Mandeln im Rohr überbacken.

METTERNICHPUDDING
Kastanienpudding mit Kakaopulver überstreuen, abschließend mit Zuckerkastanien und Schokoladesauce garnieren.

P. S.: Näheres können Sie dem enzyklopädischen Werk »Lexikon der Küche« von Richard Hering, Bertelsmann V. Gütersloh, Berlin, Wien 1929, entnehmen.

Für den einfacheren Geschmack und Geldbeutel:

Am 15. Mai 1805 wurden zum ersten Mal im Haus Schottenfeld Nr. 274 in Wien von Johann Georg Lahner, einem aus Frankfurt stammenden Fleischselcher – nach Rezepten seiner Lehrzeit in Frankfurt – längliche Würste verkauft: das Frankfurter Würstel. Seither lehnen Wiener und Frankfurter gleichermaßen jede Art von Verantwortung für diese Speise ab.

FRANKFURTER (WIENER) WÜRSTCHEN
Würste brühen, bis sie gerade noch nicht platzen, mit Senf (und Kren) servieren.

Zum Rastätter Gesandtenmord:
Wer war der Mörder?

Ein spannender Kurzkrimi (es empfiehlt sich zuvor das Kapitel III. 4. zu lesen)

1. FOLGEN?

Interessant ist ein Brief Bonapartes, der sein Verhältnis zu Österreich nicht länger durch Vergangenes belastet wissen will, an den zum Tribun aufgestiegenen Jean Debry (4676) vom 18. März 1800: »*Ich glaube, daß es nicht ratsam war, daß es gerade Sie waren, welcher die Wünsche des Tribunats überbracht hat und Sie mußten es aus meiner Antwort ersehen.*

Wie könnte man wirksam den Wunsch nach Frieden äußern, wenn man Sie vor Augen hat, ohne in der Einleitung, den Wunsch nach Rache über den Affront, welcher der ganzen Nation in Ihrer Person geschehen ist, zu äußern?

Es wäre nicht gerecht von Ihnen, wenn Sie am Ausdruck meiner Wertschätzung, welche ich bei dieser ersten Gelegenheit Ihnen gegenüber äußern möchte, zweifeln würden.«

Bei den Friedensverhandlungen von Lunéville spielte Rastatt keine Rolle. Die neue französische Regierung (der Erste Konsul Bonaparte hatte von den fünf Direktoren die Staatsführung übernommen) verlangte keine Aufklärung über den Fall, geschweige denn eine Genugtuung.

Österreich und Kaiser Franz zeigten sich von den Morden zutiefst schockiert. Jeglicher Zusammenhang mit der Bluttat wurde abgestritten. Zur Klärung der Vorgänge setzte Erzherzog Karl am 1. 5. 1799 eine Militärkommission ein, die in Villingen die verdächtigen Personen zu vernehmen hatte. Obrist Barbacsy und Rittmeister Burkhard wurden »in Verhaft« genommen. Ein Verschulden öster-

reichischer Stellen wurde danach ausgeschlossen. Ein Hinweis auf
»sonstige Tatverdächtige« ergab sich nicht. Erst hundert Jahre später
werden die verschollenen Akten im Wiener Kriegsarchiv »wiederge-
funden«.

2. AUS DEN VILLINGER PROTOKOLLEN

»*Oberst Barbacsy erklärte, daß in der ›pechschwarzen‹ Nacht niemand unterscheiden habe können, ob die Täter tatsächlich ›seine‹
Husaren gewesen seien. Überdies sei auf französisch nachgefragt
worden ›Es-tu..?‹ – seine Szekler würden kaum deutsch verstehen,
geschweige denn französisch. Auch von den Offizieren spreche nur
der Regimentsauditor französisch.*

*Rittmeister Burkhard wies darauf hin, daß er nach dem Abtrans-
port der Wagen seine Husaren antreten habe lassen und selbst über-
prüft habe, daß weder Blutspuren an den Säbeln noch geplünderte
Gegenstände vorhanden waren.*

*Der Lieutenant von Dravetzky sagte aus, es werde öffentlich in
Rastatt gesprochen, daß der Mord von Emigranten unternommen
und ausgeführt sein mußte.*

*Wachtmeister Konciak teilte der Kommission mit, daß ihm bei
Annäherung an die Wagenkolonne der Korporal Nagy entgegenge-
kommen sei, der aufgeregt gemeldet habe, daß mehrere unbekannte
Männer zu Fuß und zu Pferd in den Wald geeilt seien, die vermutlich
die Wagen angehalten haben müssen.*

Korporal Nagy: ›*Der Herr Rittmeister hat gleich bei unserem Einrücken, die beiden Patrouillen sich stellen und im Beisein auch der
übrigen Offiziere durchsuchen lassen, es wurde aber bei keinem auch
nur das geringste vorgefunden.*‹

Gemeiner Molnár: ›*Wir sind immer beisammen gewesen (...) und
gaben acht, daß nichts verletzet oder davon getragen werde.*‹

Oberst Barbacsy wurde nach Abschluss der Untersuchung zum
Generalmajor, Rittmeister Burkhard zum Major befördert. Beide
pensionierte man bereits 1801.

3. Weitere Indizien

Einige Tage nach dem Vorfall sollen in der Umgebung von Rastatt Szekler Husaren mit Beutestücken (Uhren, Dosen, Geld und dergleichen), die von dem Überfall stammten, geprahlt haben. Erzherzog Karl war sich der Unschuld seines Stabes keineswegs sicher. Er befürchtete, dass Schmitt und Mayer die volle Schuld treffen könnte (Der Brief Schmitts an Mayer ist bis heute verschwunden!) und riet dem Kaiser, die Sache auf Fremde zu schieben.

Von Mayer wird berichtet, dass er sich in engerem Kreise gebrüstet habe »hinter der spanischen Wand mit der Oberleitung des Ganzen beauftragt gewesen zu sein«. (Hormayer, Lebensbilder, Bd. 2, S. 129)

In Wien hielt sich in den höheren Kreisen lange das Gerücht, dass Minister Thugut maßgeblich für die Aktion verantwortlich gewesen sei.

Jahrzehnte später soll ein französischer Emigrant in Straßburg in seiner Sterbestunde die Beteiligung an dem Mord gestanden haben.

4. Finale

In einem Krimi wäre es nun an der Zeit, sämtliche Verdächtige zu versammeln und ihnen die belastenden Fakten vorzuhalten, um dadurch alles zu verwirren. So seien also auch hier die Hauptverdächtigen einander gegenübergestellt:

Kaiser Franz

Barbacsy spricht in einem Bericht an seinen Brigadier von einer »allerhöchsten Willensmeinung« – diese Formulierung entspricht, korrekt verwendet, einer kaiserlichen Anordnung.

Es war allerdings durchaus üblich, diese Formulierung auch für Befehle von Erzherzögen oder höheren Kommandostellen zu verwenden. Tatsächlich hat niemand, dem »guten Kaiser Franz« einen derartigen Mordbefehl zugetraut. Wenngleich die Maßnahmen des Kaisers, dessen späterer Spitzname »Nero im Schlafrock« lautete, keineswegs immer zimperlich waren, so waren sie doch stets von einem Gefühl für Rechtsstaatlichkeit und Offenheit geprägt. Überdies wäre kein Nutzen für die österreichische Politik zu erwarten gewesen.

Minister Thugut

Diesem traute man durchaus eine derartige Maßnahme zu. Allerdings erscheint es fraglich, ob er wirklich unauffällig über die militärische Kommandostruktur verfügen hätte können. Abgesehen davon, dass auch hier kein politischer Nutzen ersichtlich ist, fehlen konkrete Belastungspunkte.

Erzherzog Karl und die österreichische Generalität

Dass es »allerhöchste« Befehle gab ist unstrittig. Auch dass, neben den schriftlichen Befehlen, eine weitere Weisung erfolgt sein kann, erscheint möglich. Wenn offiziell die Entfernung der französischen Gesandten das erklärte Ziel war, so äußerten die höheren Offiziere erstaunlicherweise die gegensätzliche Befürchtung, dass die Gesandten schon abgereist sein könnten.

Auch die Erklärung Mayers (siehe Indizien) und Äußerungen österreichischer Offiziere unmittelbar nach der Tat zeigen, dass sich etwas »Geheimes« ereignet haben muss. Allerdings gibt es dafür eine durchaus plausible Erklärung: Wie der Befehl Erzherzog Karls eindeutig erkennen ließ, erstreckte sich die persönliche Sicherheitsgarantie ausdrücklich nicht auf Gegenstände. Es wurde klar zum Ausdruck gebracht, dass die Papiere der Gesandten zu beschlagnahmen und an die Regierung nach Wien weiterzuleiten waren. Auf dem Kongress war es in der Frage der Gebietsabtretungen und Entschädigungen zu einer Vielzahl geheimer Interventionen, Abkommen und Bestechungen gekommen. Nachdem sich Österreich durch die Bekanntgabe geheimer Zusatzartikel des Friedens von Campo Formio (in welchen aus Eigennutz die Interessen der kleineren Staaten, der Städte, Reichsstände etc. preisgegeben wurden) durch Preußen bloßgestellt sah, wäre die Aufdeckung ebenso geheimer Verbindungen deutscher Fürsten oder Preußens (!) mit der französischen Delegation ein politisches Druckmittel höchsten Ranges gewesen. Angesichts des neuen Krieges vielleicht sogar von so großer Bedeutung, dass einige Leichen (zum Beispiel ein Massaker an der »als feindlich« eingestuften neutralen badischen Eskorte) in Kauf genommen worden wären. Abgesehen davon, dass an der persönlichen Integrität Erzherzog Karls kaum ein Zweifel besteht und die umständliche Hierarchie der österreichischen Armee wenig derartige Operationen begünstigte, erscheint es bei der Übermacht der Österreicher (ein Husarenregiment gegen drei Gesandte) kaum zweifelhaft, dass die gewaltsame Wegnahme der Papiere jederzeit gelungen wäre. Ein Grund, die Gesandten deshalb umzubringen, war dabei nicht gegeben.

Die Szekler Husaren

Bis heute (!) wird deren Täterschaft in den Geschichtsbüchern kolportiert. Der in preußischen Diensten stehende Schriftsteller Lange wurde nicht müde, in Artikeln die Husaren als Mörder, die auf kaiserlichen Befehl handelten, darzustellen. Immerhin waren die Soldaten unmittelbar nach (oder während?) der Tat an Ort und Stelle. Unparteiischere Autoren als Lange meinten, dass die mit der Abnahme der Papiere betrauten Husaren in ihrem Übereifer, in ihrer Raublust und aus Hass gegen den Feind, jedoch ohne Befehl die Gesandten massakriert hätten. Dagegen spricht, dass die Husaren kein Französisch sprachen (»Es-tu?«), der verletzte Debry sie als Retter begrüßte und überdies weder die Ehre der mitreisenden Frauen angetastet noch die Taschen der entweichenden Mitreisenden geleert wurden. In dem Fall, dass die angreifenden Husaren tatsächlich in eine Art Blutrausch geraten wären, der sie ihre Verhaltensmaßregeln, nur die Papiere gewaltsam an sich zu bringen, vergessen ließ, wären wohl zusätzliche Opfer zu beklagen gewesen. Die Kontrolle durch ihren Rittmeister wird sie allerdings nicht gehindert haben, die Gelegenheit zu plündern wahrzunehmen und die Beute zu verbergen. Daraus ergibt sich jedoch noch kein Beweis für die Teilnahme am Überfall.

Französische Emigranten

Auch diese wurden kurz nach dem Überfall der Tat bezichtigt. Die in der Nähe befindlichen französischen Husaren in österreichischen

Diensten des Regimentes Latour hätten durchaus rechtzeitig am Tatort sein können, um die Gesandten abzufangen. An ihren Französischkenntnissen und ihrem Hass gegenüber allen Jakobinern ist ebenfalls nicht zu zweifeln. Wenngleich ihre Uniformfarben von denen der Szekler etwas abweichen, so sind möglicherweise in der Nacht »alle Husaren blau«. Politisch gesehen ist jedenfalls dies die einzige Gruppe, die sich wirklich von dem Mord Vorteile erhoffen konnte, da jede Verschlechterung der Beziehungen zwischen Österreich und der französischen Republik die Unterstützung der emigrierten Adeligen durch Österreich verstärken konnte. Dagegen spricht, dass keinerlei belastende Beweise (sieht man von der späten Aussage eines Sterbenden ab) vorhanden sind. Es fällt auf, dass trotz Untersuchungskommission eine Überprüfung dieser Einheiten durch die österreichischen Kommanden nicht stattgefunden hat.

Das französischen Direktorium

Vereinzelte Stimmen wollen die französische Regierung in den Mord verwickelt sehen. Die französischen Gesandten seien in Ungnade gefallen und man hätte überdies die österreichische Regierung desavouieren wollen. Der vorgewarnte Bonnier habe daher an seiner gesunden Rückkehr über den Rhein berechtigte Zweifel gehabt.

Unter »ferner liefen« seien als damals Verdächtige noch genannt

Bonaparte und Maria Carolina von Sizilien (weil beiden alles erdenklich Böse zuzutrauen war), englische Agenten, private Feindschaften etc.

5. Eine Lösung?

Eine vollkomme Aufklärung des Falles ist heute kaum mehr zu erwarten. Sie können aber, werter Krimifreund, nun raten, wen Ihr Autor für den oder die wahrscheinlichsten Mörder hält. (Die Antwort finden Sie als Fußnote[31]!)

Ein Opernrätsel: *Floria trifft Florestan*

Lieber historisch interessierter Opernfreund,
testen Sie nun Ihr »historisches Gespür« und beantworten Sie sich
selbst die Frage, was von der folgenden Erzählung Tatsache, Schauspiel, Oper, Literatur oder freie Erfindung des Autors ist. Die
»falschen« Fakten finden Sie in der Fußnote am Ende des Textes. Sie
werden sich wundern, wie viel wirklich historisch ist.

VORSPIEL

(1) Am 3. Juli 1778 trifft der französische Librettist Jean Nicolas
Bouilly den 22-jährigen Wolfgang Amadeus Mozart bei einer Gesellschaft. Sie kommen ins Gespräch und beschließen, gemeinsam
eine Oper zu verfassen. Da Mozarts Mutter am gleichen Tage um 22
Uhr 21 Minuten stirbt und Mozart bald darauf Paris verlässt, unter-
bleibt das Vorhaben.

(2) Bouilly erntet die ersten Erfolge in Paris. 1790 erhält er für eine
schmeichelhafte Anspielung auf das Königspaar Ludwig XVI. und
Maria Antoinette in der Oper *Peter der Große* eine goldene Tabaks-
dose.

(3) Der nach Wien zurückgekehrte Mozart macht sich als Frei-
maurer und damit möglicher Jakobiner der Geheimpolizei verdächtig. Nach dem missglückten Fluchtversuch des französischen Königspaares (Varennes, 20./ 21. Juni 1791) wird seine am 30. September
1791 uraufgeführte Oper *Die Zauberflöte* von staatlichen Stellen
(und auch vom Publikum) nicht nur als Verherrlichung des (mittlerweile suspekt gewordenen) Freimaurertums angesehen, sondern
auch als unverhohlene Anspielung auf die Flucht Ludwigs XVI. und
Marie Antoinettes. Tamino und Pamina (Ludwig und Marie Antoinette) bestehen nach ihrer gescheiterten Flucht verschiedene Prü-
fungen und werden schließlich nach ihrer Läuterung von der Allegorie der verzeihenden republikanischen Verfassung, dargestellt
durch Zarathustra (auch mit Zoroaster übersetzt = Sarastro), in den
Bund der Erleuchteten aufgenommen (Eid des Königs auf die Verfassung am Bundesfest am 14. 7. 1791).

Nach einem anderen Polizeibericht soll die Königin der Nacht für die französische Königin stehen und ihre ursprünglich positive Gestaltung mit Fortschreiten der Revolution – als den liberalen Kreisen Europas klar wird, dass der französische König unter dem Einfluss seiner Frau nicht daran denkt, einen Ausgleich mit der Revolution ernsthaft zu suchen – in eine rachsüchtige, bösartige Frau umgeändert worden sein. Der Musikerkollege und Zeitgenosse Neukomm bezeichnet den Komponisten folgerichtig als »musikalischen Sanskulotten« (Spottname für Revolutionäre, die lange Hosen anstelle der »aristokratischen« Kniehose trugen), welcher der Musik des Rokoko den Todesstoß versetzt habe. Kein Wunder, wenn der Meister trotz seiner Huldigungsoper *Titus* anlässlich der Krönung König Leopolds in Prag nicht mehr in allerhöchster Gnade steht. Mozarts früher Tod am 5. Dezember 1791, wenige Wochen nach der Uraufführung der *Zauberflöte*, erspart ihm Ärger mit Zensur und Polizei.

(4) Die erfreuliche Meldung aus dem Schaltjahr 1792: Am 29. Februar erblickt Giocchino Rossini in Pesaro das Licht der Welt. 30 Jahre später wird er den berühmtesten österreichischen Militärmarsch schreiben – natürlich ist nicht der Radetzkymarsch gemeint! Eine kleine Hilfe: Zu einem der führendsten »Klassikhits« wurde das Stück erst nach einem »Recycling«.

Die schlechte Nachricht: In Paris erreicht am 12. Juli die Revolution ihren traurigen Höhepunkt. Die Volksmasse erzwingt die Schließung der Oper – zwei Tage später wird übrigens auch ein Staatsgefängnis (Bastille) gestürmt und es werden einige unwichtige Gefangene (ein Verrückter, vier Fälscher und ein Wüstling) befreit. Die Theater bleiben bis 21. Juli geschlossen.

1. Akt

(1) Der mittlerweile zum Revolutionär gewordene Bouilly wird öffentlicher Ankläger in seiner Geburtsstadt Tours, der Hauptstadt der Turenne. Als er gegen einen der Anführer der Konterrevolution in der Vendée, den Grafen René de Semblancay, Anklage erheben soll, verschleppt er den Prozess. Sein Assistent Pujol bringt die Gattin des Grafen, Blanche, als Bäuerin verkleidet ins Gefängnis. (Da beide aus

der Turenne stammen, ist die Gräfin zwar eine Dame aus der Turenne, aber keine Angehörige der Familie »de Turenne« – wie fallweise zu lesen ist.) Mittlerweile langen Volksrepräsentanten in der Provinz ein, um dort den Fortgang der Säuberungsaktionen zu beschleunigen. In Tours besorgt dies der fanatische Jakobiner Carrier.

(2) In Paris selbst haben zwei Kollegen Bouillys, die Gebrüder Cheniér (André und Marie-Joseph) ebenfalls als Revolutionäre Karriere gemacht. Der gemäßigte André wurde zum gefragten Verfasser revolutionärer Schriften (»Bekanntmachung an das französische Volk über seine wahren Feinde« u.a.), der als Autor nicht minder revolutionärer Theaterstücke berühmt gewordene Jakobiner Marie Joseph Konventsabgeordneter. Als André nach der Gefangennahme Ludwigs XVI. für diesen eintritt, wird er verhaftet. Im Gefängnis macht er die Bekanntschaft des Marquis de Sade.

(3) Außerdem lernt er dort Madeleine de Coigny kennen und lieben. Ihr widmet er eine Reihe von Gedichten, die ihn unsterblich machen (»La jeune Captive« – die junge Gefangene).

(4) Sein Bruder versucht, André zu retten – zur Zeit des Diktators Robespierre, des »Unbestechlichen«, ein gefährliches Vorhaben.

(5) Robespierre selbst soll über Chénier gemeint haben: »*Er will die Rosse der Revolution am Zügel halten, wie ein Kutscher seine dressierten Gäule; sie werden Kraft genug haben, ihn zum Revolutionsplatz zu schleifen.*«

(6) Der öffentliche Ankläger formulierte es auf »gut französisch« noch schärfer: »*Di Dumouriez un complice! Un Poeta? Sovvertior di cuori e di costumi! (…) Poi m'ha ferito? (…) Scrivo – odio politico!*« (Ein kleiner Hinweis für Kostümbildner – die Richter des Revolutionstribunals hatten schwarze Hutfedern – und nicht rot-weißblaue!)

(7) In der Turenne wird Carrier – wegen seiner grausamen Vorliebe, Verdächtige massenweise in der Loire zu ersäufen – seines Postens enthoben und zum Rapport nach Paris gerufen.

(8) Unterwegs in der Kutsche nach Paris erfährt Carrier, dass der bekannte Führer der Weißen, Graf Semblancay, im Gefängnis von Tours einsitzt. Unverzüglich kehrt er zurück und will den Grafen erdolchen. Er soll dabei seine Tat mit den Worten angekündigt haben: »Nun ist es mir geworden, den Mörder selbst zu morden.«

(9) Die anwesende Gräfin – vorsorglich mit einer Pistole versehen – eilt herbei und entwaffnet Carrier. Mittlerweile hat auch Robespierres Gesandter Saint Andrée die Umkehr Carriers bemerkt und eilt herbei, diesen abzuführen. Bouilly gelingt es mit weiteren Berichten und Eingaben, das Verfahren weiterhin zu verzögern.

(10) In Paris ist Marie Joseph Chénier weniger erfolgreich. Am 7. Thermidor des Jahres II (25. Juli 1794) wird sein Bruder André hingerichtet. Nach dem Sturz Robespierres wenige Tage später bahnt sich eine politische Wende an: Semblancay wird freigelassen. Carrier wird am 16. Dezember 1794 in Paris hingerichtet.

(11) Der junge Artillerieoffizier Napoleone Bonaparte macht in dieser Zeit die Bekanntschaft der jüngeren Schwester der Verlobten seines Bruders Joseph. Er verliebt sich in die junge Desirée Eugenie und schreibt ihr (10. September 1794): »*Der Reiz Ihrer Erscheinung und Ihres Wesens hat unmerklich das Herz Ihres Liebhabers gewonnen.*« Am 10. Januar 1821 wird er auf St. Helena zu dem peinlich berührten General Berthier sagen: »*Ich habe es ihr an der M (...) besorgt (...)*«

2. AKT

(1) Rom, im Februar 1797: Unter dem Einfluss der Erfolge der Franzosen in Oberitalien versuchen einige Republikaner einen Aufstand gegen den Papst als weltlichen Herrscher des Kirchenstaates. Einer der Anführer, der mir dem französischen Botschafter gut bekannte Chirurg Liberio Angelucci (Angelotti) wird eingekerkert. Bei antirevolutionären Unruhen in Rom wird der französische General Duphot vor dem Palais des französischen Botschafters, Joseph Bonaparte, ermordet. Die Schwägerin des Botschafters und geheime Verlobte des Generals, Desirée Clary, ist untröstlich. Sie reist nach Paris zurück. Dort begegnet sie der Generalin Junot – der späteren Herzogin von Abrantès –, die in ihren Memoiren erwähnt, dass die Schwägerin Josephs zwar hübsch, aber in starker Trauer gewesen sei. (Später wird Desirée Napoleons Gegenspieler Jean-Baptiste Bernadotte – den zukünftigen König von Schweden – heiraten. Sie werden die bis heute regierende Dynastie Bernadotte begründen.) Der Vorfall vor der Botschaft liefert Buonaparte den begehrten Anlass, in

Rom einzumarschieren. Am 10. Februar 1798 besetzen die Franzosen die Engelsburg. Am 15. Februar wird die »Republica Romana« ausgerufen – Angelucci wird einer der sieben Konsuln. Papst Pius VI. muss Rom binnen 24 Stunden verlassen. Die Franzosen plündern die Stadt. Dies ermöglicht neapolitanischen Agenten, die Stimmung in der Stadt gegen die Besatzungsmacht anzuheizen.

(2) In Paris hat der Bürger Bouilly in der Zwischenzeit sein Erlebnis mit Graf Semblancay zu einem Opernlibretto verarbeitet. Am 19. Februar 1798 wird im Theatre Feydeau mit der Musik von Pierre Gaveaux *Léonore ou l'Amour conjugal* aufgeführt.

3. AKT

(1) Im November 1799 besetzen österreichische und neapolitanische Truppen Rom. Obwohl der Großteil der »Patrioten« über Civitavecchia ausreist, kommt es zu Verhaftungen.

(2) Der römische Ex-Konsul Angelucci hatte als Funktionär der Parthenopäischen Republik Gelegenheit, das Vertrauen der englischen Botschaftergattin Emma Hamilton zu gewinnen und kennt dadurch Details aus dem Intimleben der Königin. Dieser wird ein lesbisches Verhältnis zur schönen Emma, ihrer Vertrauten, nachgesagt. Kein Wunder, dass nach Angelucci fieberhaft gefahndet wird.

4. AKT

(1) Am 14. Juni 1800 kommt es zur Schlacht von Marengo zwischen den Franzosen (Bonaparte) und den Österreichern (Melas). Nach ersten Erfolgen sendet Melas eine Siegesbotschaft nach Wien, als das plötzliche Auftauchen der Division Desaix den Sieg in eine Niederlage verwandelt.

(2) Am 17. Juni gelangt die Siegesnachricht der Österreicher ins neapolitanische Rom. Der Mesner der Kirche St. Andrea della Valle freut sich: »*Bonaparte. Der Verbrecher Bonaparte (...) – (...) aufgerieben und vertrieben. – Und zum Teufel fort gejagt!*« Der republikanisch gesinnte Maler Cavaradossi teilt diese Freude nicht – hält er doch seinen Freund Angelucci im Brunnen (!) seiner Villa versteckt. Der Polizeichef Vitello Scarpia schöpft Verdacht und lässt vorsichts-

halber den Maler (mit einem Stacheldiadem um die Schläfe) befragen. (Regisseure also aufgepasst: Das Blut muss an den Kopf und nicht sonst wohin gemalt werden!).

(3) Cavaradossis Geliebte ist die gefeierte Sopranistin Floria Tosca, die von Domenico Cimarosa 16-jährig in einem Kloster bei Verona entdeckt wurde. Sie wird nach einem Fest, welches die Königin von Neapel, zur Feier der Eroberung von Genua durch die Österreicher (4. Juni), in der neapolitanischen Botschaft in Rom gibt und bei dem eine C-Dur Symphonie von Haydn aufgeführt wird, zu Scarpia in das Staatsgefängnis in der Engelsburg bestellt. Als sie ihren gefolterten Geliebten sieht, bricht sie zusammen und verrät das Versteck Angeluccis (Angelottis).

(4) Als während des Verhörs die Nachricht vom Ausgang der Schlacht von Marengo richtiggestellt wird, erlebt Cavaradossi eine letzte Freude:

Scarpia:»*Was besagt die Trauermiene?*«
Sciarone:»*Eine Schlacht ging uns verloren (…)*«
Scarpia:»*Wir geschlagen, sagst du? Wo denn?*«
Sciarone:»*Bei Marengo.*«
Scarpia:»*Höll und Teufel!*«
Sciaronne:»*Bonaparte hat gesiegt.*«
Scarpia:»*Nicht Melas?*«
Sciaronne:»*Nein, denn Melas wurde flüchtig.*«
Cavaradossi:»*Victoria, Victoriaaaa! Tage du leuchtendes Rot! Bring' den Schergen den Tod! Hilf uns, Göttin der Freiheit, aus aller Not (…)!*«

Kein Wunder, dass der durch die Nachricht von der Niederlage ohnedies nervös gestimmte Scarpia dieses unhöfliche Verhalten übel nimmt und Cavaradossis Hinrichtung befiehlt. Als Scarpia die Sängerin sexuell belästigt, stirbt er unter ungeklärten Umständen (je nach Inszenierung und Temperament der Darsteller kann plötzliches Herzversagen, fahrlässige Tötung, Notwehr, Totschlag oder Mord in Frage kommen). Aus Entsetzen über die Hinrichtung Cavaradossis stürzt sich die verwirrte Tosca (wie in zahlreichen Inszenierungen bühnenwirksam üblich – z. B. Zeffirelli an der MET) neben dem Erzengel Michael von der höchsten Stelle der Engelsburg in die Tiefe.

(5) Die unbeliebte Königin von Neapel hingegen fährt – mit Lord Nelson und den Hamiltons – auf Verwandtenbesuch nach Wien.

(6) Erstaunlicherweise findet sich eine prominente Reisebegleiterin ein – die Sängerin Floria Tosca. In ihrer Verwirrung hatte sie übersehen, dass unter der Plattform des St. Michael auf der Engelsburg keineswegs der Tiber fließt, sondern nur etwa drei bis vier Meter tiefer eine weitere Plattform ist. Mit einigen Rippenbrüchen und einem verstauchten Fußgelenk wurde sie zwar verhaftet und zur Königin gebracht. Diese war aber – als Bewunderin weiblicher Schönheit – von der aparten Sängerin so angetan, dass sie diese ihrem Hofstaat einverleibte (noch dazu wo Lady Hamilton damals nur mehr Augen für Lord Nelson hatte). Nachdem Tosca auch vor Haydn in Eisenstadt eine Probe ihres Talents abgab, wird sie rasch im Theater an der Wien zu einem Liebling des Publikums und beschließt, in dieser Stadt zu bleiben.

5. AKT

(1) Mitte 1805 befindet sich der fast ertaubte Komponist Ludwig van Beethoven als Gast des französischen Statthalters Bernadotte in Hannover. Aus der Zeit, als Bernadotte Botschafter in Wien war, verbindet beide eine republikanische Nostalgie (in Zeiten der König- und Kaiserreiche bereits ein Anachronismus). Bernadottes Gattin Desirée – Sie wissen schon, Napoleons Ex-Geliebte – schreibt über eine Aufführung der dritten Symphonie mit besonderem Einfühlungsvermögen in ihr Tagebuch: »*Es brauste auf wie Orgelmusik und war doch Geigengesang, es jubelte und klagte, es lockte und versprach. Ich presste die Hand vor den Mund, weil meine Lippen zitterten. Diese Musik hatte nichts mit dem Lied von Marseille zu tun. Aber so muss es geklungen haben, dachte ich, als sie in die Schlacht für die Menschenrechte zogen und Frankreichs Grenzen hielten. Wie ein Gebet und Jubelruf zugleich ...*«

(2) Wieder in Wien beabsichtigt Beethoven seine Oper *Leonore* zur Aufführung zu bringen. Der Stoff von Bouilly hat bereits Cherubini (*Der Wasserträger*) und Paer (*Leonore*) inspiriert: Der gefangene Florestan wird von seiner als Mann verkleideten Gattin Leonore – alias Fidelio – vor dem heimtückischen Mordanschlag Pizarros

gerettet. Frau Anna Milder-Hauptmann soll – zum großen Ärger der in das italienische Fach gebannten Floria Tosca – die Hauptrolle singen. Die für 15. Oktober 1805 angesetzte Premiere platzt jedoch. Die Zensur verbietet das Stück. In einem Brief des Hoftheatersekretärs Josef Sonnleithner an Staatsrat von Stahl vom 3. Oktober heißt es: »Sie werden S.M. die Kaiserin, das Publikum, das sich merklich vom Theater entwöhnet, weil es nicht nach seinem Wunsch bedient werden kann, und schon lange auf eine Opernmusik von Beethoven wartet, und das Theater, das sich immer zur Pflicht macht, allen Wünschen der hohen Behörden aufs tätigste nachzukommen, unendlich verbinden. Es ist wahr, ein Minister missbraucht seine Macht, aber zur Privatrache – in Spanien – im 16. Jahrhundert –, aber er wird bestraft, durch den Hof bestraft, und der Heroismus der weiblichen Tugend steht dem gegenüber.« Mit einigen Abänderungen wird die Aufführung schließlich doch bewilligt.

(3) Als am 20. November die lang erwartete Premiere stattfindet, ist Wien von den Franzosen besetzt. Die Vorstellung wird fast nur von Offizieren und deren Begleitung besucht – unter den Zuschauern befindet sich der mittlerweile zum Oberst im Stabe Napoleons aufgestiegene Graf von Semblancay. Allerdings kommt dieser infolge der Änderungen von Zeit und Handlung keineswegs auf die Idee, dass diese Geschichte etwas mit ihm zu tun haben könne. Um der Wahrheit die Ehre zu geben, sei gesagt, dass er sich bei der »plumpen« deutschen Musik und Sprache langweilte und gar nicht verstand, worum es in dem Stück ging. Er soll in der Pause das Theater verlassen haben, da er in der Nachbarloge eine junge Dame kennen lernte. Sie haben es erraten – eine gewisse Floria Tosca – die mit Freunden gekommen war, um dem Stück und der Sängerin der Leonore zum Misserfolg zu verhelfen. Da die ungefällige Aufnahme des Stückes auch ohne ihre Mithilfe gesichert war, gönnten sich Colonel und Sängerin ein intimes Souper ...

FINALE

(1) Durch die Kriegswirren der folgenden Jahre verlieren sich Semblancay und Tosca aus den Augen. Als er 1809, als frischernannter General in das neuerlich besetzte Wien zurückkehrt, kann er am 14. August im Schlosstheater von Schönbrunn die Tosca in ihrer Glanz-

rolle als Ninain der gleichnamigen Oper von Paisiello erleben. Da sich die Diva nach einer Bekanntschaft mit dem jungen französischen Kriegskommissärsadjunkten Henry Beyle (später als Schriftsteller unter dem Namen Stendhal berühmt) ein delikates Leiden zugezogen hat, kühlt die Beziehung ab.

(2) Zuletzt ist ein Schreiben des Generals an die Sängerin vom 22. Mai 1813 erhalten, wo er als Platzkommandant von Leipzig berichtet, dass er bei einem Polizeiaktuarius Wagner in Quartier liege und diesem soeben ein Sohn (Richard) geboren worden sei. Ein halbes Jahr später wird Semblancay in der Völkerschlacht von Leipzig verwundet. Er stirbt Tage später (ebenso wie Wagner senior) am epidemisch gewordenen Nervenfieber.

Weitere bemerkenswerte Begegnungen

Im Mai 1814 wird *Fidelio* neuerlich in Wien am Kärntnertortheater aufgeführt und ist diesmal ein großer und bleibender Erfolg. Rossini trifft Beethoven im Jahre 1822. In einem Gespräch mit Wagner 1860 in Paris schildert Rossini seinem Kollegen diese Begegnung. Beethoven, den er in seiner unordentlichen Wohnung besucht hatte, habe ihm geraten: »Versuchen Sie nie etwas anderes als opera buffa!« Der junge Wagner begibt sich ebenfalls auf Pilgerreise zu Beethoven. Auch er erhält vom Meister einen guten Rat: »Sie sollten in Wien bleiben und Galopps machen (…)« Nach hundert Jahren wird Umberto Giordano über das Schicksal André Cheniers eine Oper schreiben (1896).

Viktor Sardou bringt 1887 in Paris das Schicksal Floria Toscas mit Sarah Bernard in der Titelrolle als Schauspiel auf die Bühne. Der greise Verdi meint in einem Brief an Puccini, dass er diese Handlung gerne selbst vertont hätte. Die von Giacomo Puccini komponierte Oper *Tosca* wird am 14. Jänner 1900 in Rom uraufgeführt. Der Text dazu wurde von Illica und Giacosa bearbeitet. Im August 1947 findet in Salzburg die Uraufführung von Gottfried von Einems Oper *Dantons Tod* (nach dem Schauspiel von Georg Büchner 1834) statt. Der Roman *Desirée* von Annemarie Selinko erscheint 1951 in Kopenhagen und wird bald darauf in Hollywood mit Marlon Brando als Napoleon und Jean Simmons als Desirée verfilmt.

Falls sie die Lösung wissen wollen, blättern Sie zur Endnote![32]

Das Phänomen Napoleon Bonaparte –
Versuch einer Annäherung

Geschätzter, eine harmlos nostalgisch-verklärende Geschichtsschreibung bevorzugender Leser! Dieses »Dessert« kann Ihnen schwer im Magen liegen. Sensibleren Naturen wird daher empfohlen, statt dessen lieber nochmals den »Fiesco« zu lesen.

GRÖSSTER FELDHERR ALLER ZEITEN?

Wenngleich die Überalterung der österreichischen Soldaten im Laufe der Kriege seit 1792 durch Verluste und Neuzugänge behoben wurde, so verblieben die doch meist ältlichen Generäle, bewährte tüchtige Männer der theresianischen Kriege, weiter in wichtigen Positionen. Dass dennoch bis 1796 die Franzosen nicht in der Lage waren, gegenüber den Verbündeten größere Erfolge zu erringen, beruht einerseits auf der großen Zahl der feindlichen Monarchien und andererseits auf den Umstellungsschwierigkeiten der neuen Armee. Das adelige Offizierkorps des Ancien régime war nur langsam von bewährten jungen »Frontoffizieren« ablösbar. Die oberste Führungsschicht der Franzosen war überdies ebenfalls noch von den strategischen Vorstellungen der Kriege in der Mitte des 18. Jahrhunderts geprägt. Die undisziplinierten Freiwilligen der »levée en masse« mussten erst zu einem stehenden Volksheer zusammenwachsen – ein Vorgang, der doch einige Jahre in Anspruch nahm.

Aus der begründeten Angst vor der Hinrichtung im Falle eines Misserfolges waren die französischen, aus Sorge um die Beeinträchtigung ihrer Karrierechancen die österreichischen Kommandanten bemüht, zu großen Risiken tunlichst auszuweichen. Der entscheidende Faktor der Erfolge Bonapartes – wie auch Nelsons! – war der fast vollständige Verzicht auf Kriegswissenschaft, Vorschrift, Vorsicht und Sicherheit. Eine Vorgangsweise, die sich mit den kriegsgewohnten, motivierten, selbstbewussten französischen Soldaten und

Kommandanten der Jahre 1796 bis 1805 (oder den englischen See-
leuten dieser Epoche) als möglich erweisen sollte. Sie musste jedoch
mit den an unbedingten Gehorsam und höfische Schmeichelei ge-
wohnten kaiserlichen Untertanen scheitern.

Die von Bonaparte, ohne Rücksicht auf die Kräfte seiner Soldaten,
Nachschub, Verbindung und Rückendeckung, durchgeführten Märsche erwiesen sich gegenüber einem zaghaften, überraschten Gegner
als »Wunderwaffe«. Zusätzlich führte der so rasch erlangte Ruhm
dazu, dass seine Gegner schon durch das Auftreten der Person Bonapartes so beeindruckt waren, dass sie – wie gelähmt – mit über-
steigerter Vorsicht und Langsamkeit agierten. Bezeichnend dafür ist
ein überlieferter Ausspruch des Generals Bubna zu Erzherzog Karl
im Jahre 1809 vor der Schlacht von Aspern, dass der Erzherzog sich
denken solle, dass ihm nicht Napoleon, sondern der (von ihm oft be-
siegte) General Jourdan gegenüberstehe.

In seinem berühmten Buch »Vom Kriege« hat sich einer der be-
deutendsten Militärtheoretiker der napoleonischen Epoche, Carl v.
Clausewitz, mit diesem Phänomen auseinandergesetzt. (Zur Beachtung: Clausewitz und nicht etwa Machiavelli ist derjenige welcher
den berühmten Satz prägte, dass der Krieg die Fortsetzung der Politik mit anderen Mitteln sei. Er wollte dabei jedoch nicht den Krieg
bagatellisieren, wie heutzutage meistens gemeint wird, sondern vielmehr darauf hinweisen, dass bloßes Marschieren und Schlagen von
Schlachten ohne konkreten politischen Zweck sinnlos sei. Clausewitz war übrigens trotz aller sachlicher Kritik durchaus ein Bewunderer Napoleons und bezeichnet ihn als einen der aktivsten und
tätigsten Feldherrn – ja sogar als den »leibhaftigen Kriegsgott
selbst«.) Über den Vormarsch Bonapartes 1797 nach Leoben schreibt
er (durchaus im Sinne Bonapartes eigener Beurteilung der Lage):
»Was nun konnte Bonaparte mit diesem glücklichen Erfolg be-
zwecken? Selbst in das Herz der österreichischen Monarchie vorzudringen, den beiden Rheinarmeen unter Moreau und Hoche das Vordringen zu erleichtern und in nahe Verbindung mit ihnen zu treten.
So sah Bonaparte die Sache ein, und von diesem Gesichtspunkte aus
hatte er recht. Stellt sich nun aber die Kritik auf einen höheren Stand-
punkt, nämlich den des französischen Direktoriums, welches übersehen konnte und mußte, daß der Feldzug am Rhein erst sechs Wochen

später eröffnet werden würde, so kann man das Vordringen Bonapartes über die Norischen Alpen nur als übertriebenes Wagestück betrachten; denn hatten die Österreicher in der Steiermark vom Rhein her beträchtliche Reserven aufgestellt, womit der Erzherzog über die italienische Armee herfallen konnte, so war diese nicht alleine zugrunde gerichtet, sondern auch der ganze Feldzug verloren. Diese Betrachtung, die sich Bonapartes in der Gegend von Villach bemächtigte, hat ihn vermocht, zu dem Waffenstillstand von Leoben so bereitwillig die Hand zu bieten.«

Als entscheidend für die Erfolge Bonapartes sieht Clausewitz die »moralische« Bedeutung an, die die österreichische Führung der Bedrohung und dem Fall Wiens zugemessen hat. Sowohl 1797 als auch 1800 und 1805 war dies tatsächlich der entscheidende Faktor für den Erfolg der Franzosen, der letztlich durch den Inhalt der »überstürzten« Friedensschlüsse (und nicht durch die Schlachten) entschieden wurde. Hätten die Österreicher wie die Russen 1812 bei Moskau die Bedrohung oder den Fall Wiens ignoriert, so wäre der französische Angriff sozusagen »ins Leere« gegangen. Über den Feldzug Napoleons 1805 (aber auch 1807 und 1809) meint Clausewitz daher, dass der Erfolg der Franzosen lediglich der Verunsicherung seiner Gegner nach den großen Schlachten von Austerlitz, Eylau und Friedland sowie Wagram und den kurz darauf erfolgten Friedenschlüssen zu verdanken sei. Hätten die verschreckten Monarchen den Krieg weitergeführt, so hätte schon damals die isolierte, weit vorgestoßene, französische Armee – wie später in Russland 1812 – dem Untergang geweiht sein können: *»Aber auch diese Feldzüge hätten ohne den Frieden wahrscheinlich zu ähnlichen Katastrophen (wie 1812) geführt. Welche Kraft, Geschicklichkeit und Weisheit also der Welteroberer auch angewendet haben mochte, diese letzte Frage an das Schicksal blieb überall dieselbe. Soll man nun die Feldzüge von 1805, 1807 und 1809 verwerfen und um des Feldzuges von 1812 wegen behaupten, sie wären alle ein Werk der Unklugheit, der Erfolg sei gegen die Natur der Dinge, und im Jahr 1812 hätte sich endlich die strategische Gerechtigkeit gegen das blinde Glück Luft gemacht? Das wäre eine sehr gezwungene Ansicht, ein tyrannisches Urteil, wofür man den Beweis zur Hälfte schuldig bleiben müßte, weil kein menschlicher Blick imstande ist, den Faden des notwendigen Zusammenhan-*

ges der Dinge bis zu dem Entschluß der besiegten Fürsten zu verfolgen.

Was ist natürlicher als zu sagen: in den Jahren 1805, 1807 und 1809 hat Bonaparte seine Gegner richtig beurteilt, im Jahre 1812 hat er sich geirrt, damals hat er also recht gehabt, diesmal unrecht, und zwar beides, weil es der Erfolg so lehrt.«

Letztlich kommt Clausewitz zu dem Schluss, dass das Phänomen Napoleon (angesichts seiner zahlreichen »Fehler« und Verstöße gegen die Regeln der Vernunft und Kriegskunst) eigentlich nur durch seinen Erfolg erklär- und begründbar sei. In dem letzten Satz seines Buches über den (von ihm selbst auf russischer Seite miterlebten) Feldzug 1812 schreibt er: »*Alles was er* (Napoleon) *war, verdankt er dieser kühnen Entschlossenheit, und seine glänzendsten Kriege würden denselben Tadel erfahren haben, wenn sie nicht gelungen wären.*«

Der Untergang Napoleons beruhte militärisch zum Großteil darauf, dass nach fast eineinhalb Jahrzehnten Europa schließlich den Schock der Überraschung überwunden hatte und an die Stelle der napoleonischen »Blitzkriege« der Jahre 1796 bis 1809 die »Materialschlachten« und »Abnützungskriege« der Jahre 1812 bis 1815 traten.

Einer der prominentesten Gegner des französischen Kaisers, Erzherzog Karl, beschäftigt sich in seinen um 1816 entstandenen Aphorismen mit dessen Aufstieg und Untergang: »*Bonaparte siegte über seine Feinde, weil er im dahinreißenden Gefühle seines Glücks bei der Anwendung der eigenen Kräfte alle Schonung und Rücksicht zur Seite setzte, sich durch eigene Mißgriffe nicht in Verlegenheit bringen ließ und durch eine grenzenlose Zuversicht die Kräfte seiner leicht beweglichen Völker auf das Äußerste spannte. Aber der ungezähmte Geist der Zuversicht ging in frevelnden Übermuth über. Er achtete das Moralische seiner Feinde gar Nichts, vergaß, daß in der Verzweiflung der geduldigste Mensch ein Held wird und daß auch er die Ausbeutung seiner Hülfsquellen nicht in's Unendliche steigern könne.*«

Der französische General Audigné beschreibt in seinen Memoiren den Bonaparte des Jahres 1800: »*In Zivil- und politischen Geschäften wie im Kriege kennt Bonaparte nur ein Ziel: so schnell wie möglich das zu erlangen, was er wünscht. Alle Mittel scheinen ihm recht, wenn er glaubt, damit etwas zu erreichen. Niemand verachtet die Menschen mehr als er; sie sind für ihn nur die Werkzeuge zur Ausführung seiner Pläne.* Ob ein paar mehr oder weniger in einem Unternehmen verliert, ist ihm gleichgültig, wenn er nur sein Ziel erreicht (...) (Als ihn Audigné um eine Überlegungsfrist von zwei Tagen ersucht) (...) Da sagte er, indem er mir einen teuflischen Blick zuschleuderte: Zwei Tage! Niemals werde ich in zwei Tagen das tun, was ich in zwei Stunden beenden kann, und koste es mich auch 100 000 Mann.«

Gegenüber Metternich wird sich Napoleon am 26. 6. 1813 ähnlich äußern:»*Ein Mann wie ich schert sich nicht um das Leben einer Million von (...)*« (Metternich erklärt hier, sich nicht des ordinären Orginalausdruckes bedienen zu wollen.)

DAS FIASKO DER AUFKLÄRUNG ODER: SCHWAB STATT SCHILLER

Der jung verstorbene österreichische Theaterschriftsteller und Wortkünstler Werner Schwab hat 1992 – in Erinnerung an die Ideale der Aufklärung – über einen österreichischen Politiker, der durch rechts-populistische Politik, eine autoritär-konservative Grundhaltung, ständige Ruhelosigkeit und das Anbieten beliebig austauschbarer einfacher Lösungen durchaus an den Politiker Bonaparte erinnert, gemeint:»*Das Phänomen Haider ist das Produkt des Versagens der Aufklärung, die man traditionell links der Mitte ansiedelt; Produkt der österreichischen Sozialdemokratie und der österreichischen Intelligenz – soweit es sie gibt. Haider ist kein Produkt an sich er ist eine Folgeerscheinung.*« Ob dies nun zutrifft oder nicht – jedenfalls erscheint mit diesen modernen Dichterworten das Phänomen Bonaparte, der tatsächlich aus der Epoche der Aufklärung hervorgegangen ist, passend erklärbar:

»*Das Phänomen Napoleon Bonaparte ist das Produkt des Versagens der Aufklärung. Produkt der Ideen von Gleichheit, Freiheit und Brüderlichkeit und der aufklärerisch-freimaurerischen Intelligenz – soweit es sie tatsächlich gab. Napoleon ist kein Produkt an sich, er ist eine Folgeerscheinung und der durch Jahrtausende menschlicher Geschichte erzeugte Inbegriff politischer Effizienz.*«

NAPOLEON UND HITLER – PARALLELEN?

Beide hatten in ihrer Kindheit eine starke Bindung zu ihre Mutter. War Napoleons Beziehung zum Vater durch dessen frühen Tod geprägt, so hatte Hitler unter dem Jähzorn und der schikanösen Strenge seines Vaters so zu leiden, dass auch hier sicherlich ein sehr problematisches Beziehungsbild gegeben war. Möglicherweise bloß gut erfunden, aber jedenfalls bezeichnend erscheint folgende Napoleonanekdote:

Nach der Kaiserkrönung, welcher seine (über das Zerwürfnis mit Bruder Lucien verärgerte) Mutter ferngeblieben war, fragte Napoleon, den Minister Narbonne, der gerade von einem Besuch aus Rom kam, wo er auch »Madame Mère« besucht hatte, ob ihn seine Mutter noch immer verabscheue. Narbonne soll erwidert haben: »Sire, Sie hat noch nicht einmal angefangen, Sie zu bewundern.«

Napoleon ließ seine Mutter nicht nur einen Titel »Madame Mère« zuweisen, sondern er bestand auch darauf, dass der Maler David sie auf dem offiziellen Krönungsgemälde für die Nachwelt festhielt. Hitler hat den Geburtstag seiner Mutter (12. August) zum »Tag der deutschen Mutter« gemacht.

In der Jugend sind beide als Außenseiter und Rädelsführer in einer von ihnen als repressiv fremd und verständnislos empfundenen Umwelt hervorgetreten. Der Stipendiat Napoleon, der ursprünglich nur Italienisch sprach und später das Französische nur mit Akzent, fühlte sich unter den meist reichen, aus der französischen Aristokratie stammenden Mitschülern der Militärakademien als korsischer Separatist und widmete sich einsam seinen Büchern. Der Autodidakt Hitler empfand sich in seinem Geburtsland Österreich als gedemütigter, verkannter Fremdkörper und weigerte sich sogar im Weltkrieg zu den k. u. k. Truppen einzurücken. Er wurde bayrischer Kriegsfreiwilliger.

Sowohl Napoleon als auch Hitler fanden in den geordneten militärischen Verhältnissen eine neue solide Lebensbasis. Als in der französischen Revolution beziehungsweise nach dem Ersten Weltkrieg das alte Europa, und mit ihm seine militärische Hierarchie, zusammenbrach, war dies für beide ein prägender Schock. Die, nach demokratischem Zwischenspiel, entstandenen linken Schreckensregime (Jakobiner beziehungsweise Robespierre, Räterepubliken beziehungsweise Lenin und Stalin) drohten die verbliebenen politischen Werte ebenso zu zerstören, wie galoppierende Inflation, Misswirtschaft, Staatsdefizite und hohe Arbeitslosigkeit die wirtschaftlichen Grundlagen der Gesellschaft. Beide erklären wiederholt, dass sie den miterlebten Zusammenbruch der Monarchie bedauern würden und waren von den zerstrittenen und wenig handlungsfähigen parlamentarischen Institutionen ihrer Zeit abgestoßen.

Eine hoch gerüstete, nationale, autoritäre Diktatur, aufbauend auf alten Werten und Großprojekten zur Ankurbelung der Wirtschaft (z. B. Alleen bzw. Autobahnen), verbunden mit einem tiefen Misstrauen gegenüber Kirche, Nachbarstaaten, eigenen Beamten und Bankiers, demokratischen Bewegungen, Presse (die natürlich von beiden bald unter Zensur gestellt wurde) drängte sich bei beiden bald als einzige Alternative auf.

Die damaligen Regierungen und die Wirtschaft waren von unpopulären, konservativen, jede Art von linker Bewegung fürchtenden Männern geprägt, die der Meinung waren, dass ein charismatischer junger Führer mit der radikalen Linken aufräumen werde und in weiterer Folge eine leicht zu lenkende Marionette des »Großkapitals« abgeben werde. Wie schon Sieyès und seine Kollegen mussten auch v. Papen, v. Schleicher und die deutsche Großindustrie erfahren, dass sie, nach der durch sie begünstigten Machtergreifung, nur mehr als Untertanen fortbestehen konnten.

Die Hofdame der Kaiserin Joséphine, Mme. de Remusat, schildert in ihren Memoiren einen Monolog Napoleons über seinen Aufstieg. Der »petit corporal« (auch mit »kleiner Gefreiter« übersetzbar) meinte im Februar 1804: *»Was hat die Revolution ins Leben gerufen? Die Eitelkeit! Wodurch ist sie beendet worden? Wiederum durch die Eitelkeit! Die Freiheit ist nur ein Vorwand. Die Gleichheit ist Euer Steckenpferd, und das Volk ist zufrieden einen Mann zum Fürsten erwählt zu haben, der aus den Reihen der Soldaten hervorgegangen ist. (...) Ich habe Blut vergossen, ich mußte es. Ich werde vielleicht noch mehr vergießen; aber ohne Zorn, ganz einfach nur, weil ein Aderlaß der politischen Heilkunde nötig erscheint. Ich bin der Mann des Staates, ich bin die französische Revolution und wiederhole, daß ich sie* *schützen werde! Nach diesen letzten Worten verabschiedete Bonaparte alle Anwesenden; jeder zog sich zurück, ohne einen Meinungsaustausch zu wagen.«*

Im Juli 1941 zog Hitler, der propagandistisch seine Herkunft aus dem Volk »als kleiner Gefreiter des Ersten Weltkrieges« auszunützen verstand (»Ich bin nicht von jemand eingesetzt worden über dies Volk. Aus dem Volk bin ich gewachsen.«), ähnliche kaltblütige, medizinische Vergleiche, wie Napoleon 1804: *»Ich fühle mich wie der Robert Koch der Politik. Der hat einen Bazillus entdeckt und der Medizin neue Wege gewiesen. Ich habe den Juden als Bazillus entlarvt, der die Gesellschaft zersetzt.«*

Nach dem missglückten Bombenattentat vom 24. 12. 1800 glaubte Napoleon – so wie Hitler nach dem gescheiterten Bombenattentat im Bürgerbräukeller an die »ihn schützende Vorsehung« – um so mehr »an seinen Stern«.

Die Gattin von Ernst »Putzi« Hanfstaengl, einem der frühesten Vertrauten Adolf Hitlers während seiner »Kampfzeit«, Helen Hanfstaengl, schrieb über Hitler 1922: *»Hitler hatte jetzt ausgesprochene Napoleon- und Messiasallüren; er erklärte, daß er die Berufung zur Rettung Deutschlands in sich fühle; und daß ihm diese Rolle, wenn nicht jetzt, so doch später zufallen werde. Er zog auch eine Reihe von Parallelen mit Napoleon.«*

Sowohl Napoleon als auch Hitler pflegten in ihrer Umgebung lange Monologe über ihre Ansichten zu halten, beeindruckten durch besonderes Erinnerungsvermögen, (mehr oder weniger gespielte) Wutausbrüche und neigten zu immer neuen Projekten.

Ebenso wie bei Napoleon (siehe seinen Ausbruch gegenüber dem englischen Botschafter auf Seite 233) wandelte sich auch bei Hitler ein Zustand der Ruhe ganz plötzlich in einen der Raserei. Der 1931 bis 1938 in Berlin akkreditierte französische Botschafter, André François-Poncet, hat dies 1949 in seinen Memoiren festgehalten: *»Und dann plötzlich, als habe eine Hand auf einen Knopf gedrückt, stürzte er sich in eine heftige Rede, sprach mit erhobener Stimme, erregt, zornig, mit überstürzter Beweisführung, wortreich, geißelnd, mit rauer Stimme, rollendem R, einer Stimme, die holprig klang wie die eines Tirolers aus den hintersten Bergtälern. Er donnerte und tobte, als spräche er vor Tausenden von Zuhörern.«*

Sie waren glänzende Propagandisten in eigener Sache und verstanden es, die Probleme ihrer Zeit so zu vereinfachen, dass die von ihnen angestrebten Lösungen (egal ob erfolgversprechend oder nicht) in ihrer Umgebung als »genial« wirkten. (Hitler: »Ich dagegen habe die Probleme vereinfacht und sie auf die einfachste Formel gebracht. Die Masse erkannte dies und folgte mir.«) Beide sahen sich als Vollender einer Revolution, als Verkörperung einer neuen Welt und stellten doch einen Rückgriff auf traditionelle, konservative Anschauungen dar. Beiden war es nicht gegeben, die erlösenden Worte von Goethes Faust »zum Augenblicke« zu sagen: »Verweile doch, du bist so schön.«

Ihre autoritäre, durch Verfassungsbruch erlangte Macht sicherten beide durch die Auflassung sämtlicher Rechtsgarantien der Bürger und durch eine eigene »Privatarmee«, welche sowohl gegen innere als auch äußere Feinde gleich gut einsetzbar war. Die Ähnlichkeiten der jeweiligen Eliteverbände, kaiserliche Garde und SS beziehungsweise Waffen-SS ist dabei unübersehbar.

Napoleon und Hitler führten fast gegen ganz Europa Krieg und eroberten in etwa die gleichen Gebiete durch »Blitzkriege«. Ihre militärischen Erfolge beruhten jeweils darauf, dass sie – aufbauend auf bereits bestehenden Errungenschaften – bereit waren, hohe Risiken einzugehen, ohne sich gegenüber jemanden verantwortlich zu fühlen, und skrupellos neue Taktiken und Strategien ausprobierten. Hitlers Äußerung von 1934: »*Wenn ich eines Tages den befehlen werde, kann ich mir nicht Bedenken machen über die zehn Millionen jungen Männer, die ich in den Tod schicke.*« erinnert fatal an Napoleons Aussagen gegenüber Audigné oder Metternich (siehe Seite 276f.). Bonapartes Italienfeldzug ist ebenso als militärisch revolutionär und riskant zu bezeichnen wie Hitlers Polen- oder Frankreichfeldzug. (Sein Propagandaminister Goebbels bezeichnete ihn darum auch als »größten Feldherrn aller Zeiten« – von Skeptikern spöttisch abgekürzt »GRÖFAZ«.) Die Zerstörung der Dörfer und Ausrottung der Einwohner von Binaco in Italien sowie von Evora in Spanien durch Napoleons Soldaten oder von Lidice im Reichsprotektorat Böhmen und Mähren durch Hitlers Schergen zeigt beispielhaft, wohin ausschließlich militärische Lösungsversuche führen.

Sie scheiterten letztlich beide daran, dass die von der riskanten Politik und dem schonungslosen Einsatz von »Menschenmaterial«

schockierten anderen Nationen genug Lernfähigkeit entwickelten, die Schwachpunkte der Diktaturen auszunützen. Nach gewaltigem Blutvergießen führten die Inselstellung Englands und die Weite Russlands sowie die konzentrierte Anstrengung der übrigen Welt zu ihrem Untergang. Beide Regime kämpften bis zum Letzten und endeten trotz der Taktik der »verbrannten Erde« in der Besetzung des Landes durch Alliierte (Dieser Ausdruck wurde übrigens bereits 1814/15 verwendet).

Die offiziellen Herrschaftssymbole beider Diktatoren (Adler) sind dem römischen Imperium entlehnt.

Hitlers problematische Beziehungen zu Frauen endeten meist mit deren Selbstmord oder Selbstmordversuch (wie bei Eva Braun).

Trotz zweier Ehen und durchaus leidenschaftlichen Gefühlen für seine Gattinnen (und andere Damen) hatte Napoleon zu dem schwachen Geschlecht ebenfalls ein gespanntes Verhältnis. Sein rüder Umgangston gegenüber Damen der Gesellschaft war gefürchtet. Mme. de Rémusat berichtet: »*Der Kaiser verachtet die Frauen; und dies ist nicht das geeignete Mittel sie lieben zu lernen. Ihre Schwäche erscheint ihm als eindeutiger Beweis ihrer Minderwertigkeit, und die Macht die sie in der Gesellschaft haben, als eine Folge der Degeneration der Zivilisation. Er sieht sie immer ein wenig als persönlichen Feind an, wie sich M. de Talleyrand äußerte. Bonaparte hat zeitlebens eine Art Scheu vor den Frauen gehabt; und wie alle Scheu ihm Ärger bereitet, hat er sie immer ungnädig empfangen und wußte kaum was er mit ihnen reden sollte.*«

Die skrupellose Anwendung von Gewalt war bei Napoleon allerdings immer nur Mittel zum Zweck. Sowohl politische Morde (z. B. die Erschießung des bourbonischen Herzogs von Enghien) als auch militärische Repressalien dienten der Erweiterung seiner Macht und der Ausschaltung politischer Gegner. Bei Hitler hingegen scheinen politischer Mord, Völkermord, Angriffskriege in bereits krankhaftem Ausmaß übersteigert (Prof. Dr. Neumaier spricht in seinem Buch: »Diktatoren im Spiegel der Medizin« sogar von Nekrophilie).

Die Wahnidee, aus rassischen Gründen Teile der eigenen Bevölkerung auszurotten, ist aber vielleicht nur eine quantitative Steigerung an in Krisenzeiten »üblicher« politischer Verrohung und Brutalität. Die Ansätze hiezu finden sich (wenn auch nicht bürokratisch derart durchorganisiert) ebenfalls in den blutigen Exzessen der französischen Schreckensherrschaft. Der von allen Arten der Volkswut angeekelte Bonaparte dürfte tatsächlich dadurch gegen derart auf Urtriebe und primitive Hassgefühle zurückzuführende Leidenschaften immun gewesen sein.

Es erscheint bei der Lebensgeschichte »großer« Herrscher keineswegs überraschend, dass der Verlust der Elternliebe beziehungsweise eine problematische Beziehung zu Vater oder Mutter und der damit verbundene Mangel an Selbstwertgefühl später durch die Lust an der Macht kompensiert wird. Friedrich der Große litt ebenso an einem tyrannischen Vater und einer leidenden, duldenden Mutter wie Stalin. Als die Mutter Robespierres starb, wurde der Knabe vom Vater weggeschickt. Auch Nero dürfte es mit seiner angeblich giftmörderischen Mama Agrippina nicht leicht gehabt haben.

Was bei Napoleon tatsächlich überrascht, ist, dass trotz aller negativen Eigenschaften und Misserfolge (man kann ruhig sagen Katastrophen), die er seinem Land und Europa bereitet hat, dennoch eine internationale mythische Heldenverehrung eingesetzt hat, die ihresgleichen sucht. Ein Besuch bei Napoleons Porphyrsarkophag im Pariser Invalidendom wird Ihnen zeigen, was damit gemeint ist. Hier aber endet die Kompetenz des Historikers und beginnt der Arbeitsbereich des (Massen-)Psychologen.

Anmerkungen

[1] Brief Maria Theresias an ihre Tochter Marie-Antoinette; Schönbrunn, 2. 6. 1775

[2] Bei der Erstürmung der Bastille werden nur zwei Verrückte, vier Falschmünzer und ein adeliger Verschwender befreit. Ludwig XVI. schreibt an diesem Tag nicht ganz unberechtigt in sein (Jagd-) Tagebuch: »Rien« (= nichts).

[3] Während zum Ende der Regierungszeit Josefs noch gereimt wurde: »Des Adels Not, der Bürger Spott liegt auf den Tod«, erfolgte eineinhalb Jahrzehnte später die nostalgische Verklärung des »Volkskaisers«. Zur Betonung der Bürgernähe des Hauses Habsburg (und möglicherweise auch auf Grund persönlicher Nähe zu seinem Onkel, der einige Jahre seiner Erziehung geleitet hat) lässt Kaiser Franz 1808 auf dem Josefsplatz das Reiterstandbild Josefs II. von Zauner errichten. Das Denkmal wird 1809 von den Franzosen als Meisterwerk bestaunt und der einfache Sarg des Kaisers in der Kapuzinergruft (dessen Ausgestaltung fälschlicherweise Mönchen zugeschrieben wird) erweckt die Empörung der französischen Besatzer, die, ebenso wie Napoleon, diesen Aufklärer in besonderer Wertschätzung halten.

[4] Auch wenn infolge der heiklen, eigenen innenpolitischen Verhältnisse, der kriegerischen Ereignisse von 1792 bis 1815 und der Verhältnisse in Frankreich, Kaiser Franz kaum die Möglichkeit hatte, zur Politik seiner Vorgänger zurückzukehren, so ist doch das in der Geschichte überlieferte Zerrbild dieses Monarchen, als unbegabt, uninteressiert und konservativ, ein Produkt der revolutionären Propaganda von 1848 und höchstens auf seine letzten Lebensjahre zutreffend. Als Beispiel hiezu möge der unter Kaiser Franz 1811 (gültig ab 1812), in das in Österreich zum Großteil noch gültige Allgemeine Bürgerliche Gesetzbuch (ABGB), aufgenommene §16 gelten: *Jeder Mensch hat angeborene, schon durch die Vernunft einleuchtende, Rechte, und ist daher als eine Person zu betrachten. Sklaverei oder Leibeigenschaft, und die Ausübung einer sich darauf beziehenden Macht, wird in diesen Ländern nicht*

gestattet.« In seinem bescheiden zivilen Auftreten, seiner Bürgernähe, seiner Sparsamkeit und seiner Rechtstaatlichkeit (der Monarch als erster Diener des Staates und der Wahlspruch, dass Gerechtigkeit das Fundament des Staates sei) ist Kaiser Franz keineswegs wesentlich von den Idealen seiner Vorgänger abgewichen.

[5] Diese Tat wird übrigens in der Verdioper »Ein Maskenball« beschrieben.

[6] Wenngleich Josef II. und Leopold II. den Freimaurern (und den in Bayern gegründeten »Illuminaten«) tolerant gegenüber standen, so erfolgte doch durch das Freimaurerpatent nicht nur die offizielle Duldung, sondern auch eine staatliche Kontrolle über deren Aktivitäten. 1793 waren in den wichtigsten österreichischen Städten noch 611 Brüder in neun Logen offiziell tätig. Am 8. Dezember erklärten die Vorsteher der Wiener Bauhütten »im Interesse der öffentlichen Ruhe in schwerer Zeit« ihre Tätigkeit vorläufig einzustellen. Die übrigen Logen folgten diesem Beispiel. Ein offizielles Verbot erfolgte erst am 11. Juni 1795.

[7] Hebenstreit wurde überdies Hochverrat vorgeworfen, er hatte an den französischen Nationalkonvent die Pläne für einen Kampfwagen übersendet, der gegen die österreichische Kavallerie eingesetzt werden sollte. (Dabei handelte es sich um eine Mischung zwischen antikem Vorbild und einem hussitischen Streitwagen). Er wurde am 8. Jänner 1795 auf dem Glacis vor dem Schottentor öffentlich hingerichtet. Sein Totenschädel wird im Pathologisch-Anatomischen Bundesmuseum aufbewahrt. Zuletzt war der Schädel in Wien öffentlich in der Ausstellung des Historischen Museums der Stadt Wien »200 Jahre Rechtsleben« zu sehen. Der seines Adels entsetzte, zu einer 60-jährigen Haftstrafe verurteilte Riedel musste durch »*drey nach einander folgende Tage, jedesmal eine Stunde lang mit einer vor der Brust hangenden, die Aufschrift ›Landesverräter und Verführer‹ tragenden Tafel auf der Schaubühne ausgestellt*« erscheinen. Im August 1795 wurde er auf die Festung Kufstein abtransportiert. Nach dem Vorrücken der Franzosen von Oberitalien aus wurde er nach Graz auf den Schloßberg und 1797 nach Muncazs abtransportiert. 1804 kam er wegen seines angegriffenen Gesundheitszustandes in eine Art Hausarrest in das Minoritenkloster Brünn, wo er von dem französischen Marschall Da-

vout 1809 befreit wurde, dem er nach Frankreich folgte. Da
er 1810 nach der Hochzeit Napoleons mit Marie Louise seine
Auslieferung befürchten musste, nahm er einen falschen Namen
an und lebte – auch unter den Bourbonen nach 1814 nicht unge-
fährdet – verborgen bis 1837 in Paris, wo er im 87. Lebensjahr
starb.

[8] Der Wertverfall des Bancozettels (ab 1811 Wiener Währung beziehungsweise Einlösungsschein – zu 1/5 des bisherigen Nomina-
les infolge des Staatsbankrotts) zeigt sich am besten in der Kurs-
tabelle für 100 fl. (= Gulden) Silber. Dafür waren in Papiergeld
zu bezahlen: 1796 100,13; 1798 101,06; 1799 107,93; 1800 114,91;
1802 121,67; 1804 134,25; 1805 134,75; 1809 280,03; 1810 492,12;
1811 1093,75; 1814 228,79 W.W. Die Kaufkraft von 1 fl (Papiergeld) ist 1800 in etwa mit 6 Euro des Jahres 2000 anzunehmen.
(nach R. Geyer – siehe Literaturverzeichnis)

[9] Die in Klammern angeführten Zahlen beziehen sich auf die Num-
mern der Schriftstücke in der »Correspondance de Napoléon I.«,
32 Bde., Paris 1866, einer von Napoleon III. angelegten Sammlung
fast sämtlicher, der Politik des zweiten Kaiserreiches genehmen,
schriftlichen Äußerungen seines Onkels. Die Übersetzung aus
dem Französischen erfolgte durch den Autor.

[10] Franz Xaver Süßmeyer (1766–1803) war ein Schüler Mozarts und
ergänzte, nach dem Tode seines Lehrers, dessen unvollendetes Re-
quiem. Beethoven verfasste damals zwei, den Wiener Freiwilligen
gewidmete, Marschlieder. (Abschiedslied: »Keine Klage soll [...]«
und ein Kriegslied der Österreicher, gewidmet, dem Unterleut-
nant der Wiener Freiwilligen, von Friedelberg, »Ein gutes, deut-
sches Volk sind wir [...]«).

[11] Die Wiener Freiwilligen waren teilweise mit dem Infanterie-Hin-
terladegewehr System Crespi 1770 ausgerüstet. Diese Waffe
wurde wegen der zahlreichen Unfälle bei ihrer Erprobung bereits
ab 1779 nicht mehr bei der Truppe verwendet. Ein einsatzfähiger
Hinterlader wurde erstmals im Kriege von den Preußen 1864 und
1866 verwendet.

[12] Hiezu ein Preisvergleich: 28 Austern kosteten zum Jahreswechsel in
Paris 1 Franc, 1000 Eier kosteten ca. 48 Francs, ein Pferd 120 Francs,
$^1/_2$ kg Butter 1 Franc (nach Savant, siehe Literaturverzeichnis)

[13] Er soll sich damals gegenüber dem Staatsrat Roederer damit gebrüstet haben, dass er jährlich von seinem Vermögen 80 bis 100 000 Livres (entspricht in etwa 1,1 Franc) an Zinsen beziehe.

[14] Wenngleich Bernadotte zu seinem Schwippschwager Buonaparte (er hatte Napoleons Ex-Geliebte Desirée Clary, die Schwester der Gattin von Bruder Josef geheiratet) ein sehr distanziertes Verhältnis hatte, so ist es durchaus möglich, dass er auf diese Weise die Gelegenheit nutzen wollte, sich beliebt zu machen. Jedenfalls ist ein Brief Beethovens erhalten, in welchem er sich im November 1823 bei Bernadotte – mittlerweile König von Schweden – für die Ernennung zum auswärtigen Mitglied der schwedischen Musikakademie bedankt und dabei ausdrücklich das damalige frühere Zusammensein in Wien erwähnt.

[15] Das Sträßchen, welches der französischen Botschaft gegenüberlag, wurde nach 1815 auf Grund dieses Vorfalles in Fahnengasse (früher Brunnengasse) umbenannt und trägt diesen Namen noch heute.

[16] Graf Alexander Wassiliewitsch Suworow-Rymniskij (auch Ssuwórow oder Suwaroff), 1729 bis 1800, einer der populärsten und bekanntesten russischen Generäle. Sein Ruf ist mit Laudon oder Radetzky in Österreich vergleichbar. – Andreas Graf Rasumoffsky (auch Razumovsky), 1752 bis 1836, kaiserlicher russischer geheimer Rat und Botschafter in Wien; sein berühmtes Palais brannte während des Wiener Kongresses 1814 ab; nach ihm ist im Wiener dritten Gemeindebezirk eine Gasse benannt.

[17] Ein Kuriosum stellt der Umstand dar, dass in dem Haus in der Rue de la Chaussée d'Antin, welches Moreau damals bewohnte (ca. Höhe Opera Garnier), bei Bauarbeiten im Jahre 1977, die bei der Revolution abgeschlagenen Köpfe der Könige von Juda von der Fassade der Notre Dame, welche der Voreigentümer, ein royalistischer Bankier, dort vergraben hatte, gefunden wurden (heute im Musée de Cluny in Paris ausgestellt).

[18] Auffällig erscheint in diesem Zusammenhang, dass in der Korrespondenz Napoleons keine entsprechenden Weisungen an Moreau enthalten sind. Wenngleich üblicherweise Bonaparte in zahlreichen Briefen an Untergebene immer wieder Detailfragen genau behandelte, ist in diesem Fall kaum etwas Substanzielles erhalten.

Sei es, weil der Erste Konsul sich scheute, Moreau Befehle zu erteilen, sei es, weil entsprechende Unterlagen, die seinem Ruhm abträglich sein hätten können, vernichtet wurden.

[19] Sir Benjamin Thompson Rumford (1753 bis 1814, englischer Physiker und Chemiker) legte als bayrischer Minister den englischen Garten in München an und reorganisierte die Ausrüstung des Heeres.

[20] Obwohl Napoleon Bonaparte wiederholt von 1793 bis 1815 in den Schlachten ohne Furcht um sein Leben in den ersten Schlachtreihen auftauchte, dürfte ihn (wie auch andere Quellen bestätigen, z. B. Bourienne) der Gedanke, von einem Attentäter aus dem Hinterhalt angegriffen zu werden, besonders irritiert haben. Auch 1809 in Wien, nach dem missglückten Attentat von Staps (mit einem Dolch), zeigt sich diese Haltung.

[21] Die Gattin von Kaiser Leopold II., Maria Luisa, war eine Tochter des Bourbonen König Karl III. von Spanien und somit eine Schwester Ferdinands IV. von Neapel. Die Kinder von Franz II. und Maria Theresia hatten nur vier (statt acht) Großeltern – nämlich Maria Theresia (die Große) und Franz Stephan von Lothringen (Franz I.) sowie Karl III. von Spanien und Marie Amalia Christine von Polen.

[22] Ferdinand III. (1769 bis 1824) heiratete 1790 Luisa von Neapel-Sizilien. Seit 21. Juli 1790 war er als Nachfolger seines Vaters Kaiser Leopolds II. (beziehungsweise in der Toskana Pietro-Leopoldo I.), Großherzog der Toskana. Im März 1799 musste er vor den französischen Truppen sein Land verlassen und wurde nach dem Frieden von Lunéville Kurfürst von Salzburg. Nach dem Frieden von Preßburg (1805) kam Salzburg zu Österreich und Ferdinand wurde Großherzog von Würzburg. Er arrangierte sich mit Napoleon und verbrachte als Bewunderer der Kaiserschwester Caroline (Gattin Murats und Königin von Neapel) etliche Zeit in Paris. Nach dem Zusammenbruch des französischen Kaiserreiches verließ die Schwester Napoleons, Elisa, welche als Herzogin von Lucca und Piombino die französisch gewordene Toskana verwaltet hatte, das Land und kam mit Ferdinand als Großherzog am 30. 5. 1814 wieder in die Toskana zurück.

[23] In Wien wird daraufhin ironischerweise der für den Krieg mit

Frankreich eintreffende Minister Franz Freiherr vom Thugut als
»Kriegsbaron« tituliert.

[24] Übrigens zeigt hier Napoleon eine sehr späte Einsicht. Das Verhalten des »Sündenbocks« Villeneuve bei Abukir konnte man
auch so sehen, dass er eben gerettet hat, was zu retten war. Immerhin hat Bonaparte als Kaiser ausgerechnet diesem Villeneuve,
in der wichtigsten französischen Marineoperation dieser Epoche,
der Vorbereitung einer Landung einer Invasionsarmee in England
1805, den Oberbefehl über seine (und die verbündete spanische)
Flotte anvertraut. Das ebenfalls unrühmliche Ende dieser Flotte
bei Trafalgar mag allerdings zu diesem Werturteil, eineinhalb Jahrzehnte später, beigetragen haben. Interessant hiezu der von den
Engländern abgefangene und veröffentlichte gegenteilige Brief
vom 1. Fructidor, Jahr VI: »Bonaparte, Chefgeneral, dem Konter-
Admiral Villeneuve, an Borde des Wilhelm Tell, in Malta.« *»Ich
habe, Bürger General* (sic!), *Ihren Brief, den Sie mir auf See zehn
Meilen vor dem Cap von Celidonia geschickt haben, erhalten.
Wenn man Ihnen einen Vorwurf machen könnte, dann den, daß Sie
nicht, unmittelbar nachdem der Orient explodiert ist, Segel gesetzt
haben, da bereits seit drei Stunden die Position, welche der Admiral gewählt hatte, vom Feind auf allen Seiten durchbrochen und
umgangen worden ist. Sie haben unter diesen Umständen, wie bei
vielen anderen Gelegenheiten, der Republik einen großen Dienst
erwiesen, indem sie einen Teil des Eskaders gerettet haben.«* (Abgedruckt von den Engländern mit dem ironischen Vermerk. Auf
dem Umschlag dieses Briefes stand: *»Paket enthält Depeschen des
Chefgenerals für Malta; bei Begegnung mit feindlichen Schiffen im
Meer zu versenken. Es ist unnötig zu erwähnen, dass die Tätigkeit
unserer Seeleute diese Vorsichtsmaßnahme vereitelt hat.«*) Der
»Généreux« konnte anschließend am 18. August vor Kreta den als
Siegesbote zurückgesendeten »Leander« aufbringen. Im Frühjahr
1800 werden bei dem Versuch, die Blockade Maltas zu durchbre-
chen, sowohl der »Généreux« als auch der »Guilliaume Tell« von
den Briten erobert.

[25] Derzeit wird versucht, die versunkenen Schätze zu heben. Einige
Goldmünzen wurden bereits geborgen.

[26] Die »Briefe eines Eipeldauers an seinen Vetter in Kakran, über

d'Wienerstadt (...)« (Eipeldau war der volkstümliche Name für die Vorstadt Wien-Leopoldau, Kagran war ebenfalls eine, über der Donau gelegene, Vorstadt) waren eine satirische Zeitschrift, welche 1792 bis 1797 regelmäßig erschien. Seit 1795 von Josef Richter (bis 1813) herausgegeben.

[27] Fregatte »Bellona« (römische Göttin des Krieges), 42 Kanonen, 1788 im Arsenal zu Venedig gebaut, 321 Mann Besatzung. 1797 durch die abziehenden Franzosen in Venedig (nach Entfernung der Geschütze) versenkt. 1798 gehoben und instand gesetzt. Im Juni 1800 von den Österreichern in Dienst gestellt. Kommandant Sylvester Conte Dandolo. Am 11. 6. 1800 Reise mit dem in Venedig gewählten neuen Papst Pius VII. nach Pesaro. Anschließend Station Ancona. Am 17. 7. 1800 Besichtigung durch Nelson und Geleit der russischen Eskader nach Triest. Anschließend Stationierung in Ancona. 19. 1. 1801 Venedig. Februar 1801 Eskortierung von Handelsschiffen. April 1801 Golf von Triest. 1802 untersucht. Wegen des schlechten Zustandes soll das Schiff verkauft werden. Verkaufsverhandlungen bleiben ergebnislos. August 1803 Reparatur im Arsenal von Venedig. 1804 Umbau in ein Ponton beziehungsweise Demolierung vorgeschlagen. 13. Juli 1805 lt. Bericht »am Grund«. 15. 1. 1806 bei Übergabe des Arsenals an das Königreich Italien als »ausgerüstet« bezeichnet. Anschließend demoliert. (Nach Aichelburg – siehe Literaturverzeichnis)

[28] Das von Ries erwähnte Originalmanuskript ist zwar verschollen, jedoch gibt es in der Sammlung der Gesellschaft der Musikfreunde in Wien eine zeitgenössische Abschrift (1804) mit zahlreichen persönlichen Verbesserungen des Komponisten, in der – noch deutlich sichtbar – der Name »Buonaparte« so heftig ausradiert wurde, dass ein kleines Loch entstand. Bei der Veröffentlichung hatte die Symphonie die Bezeichnung »Sinfonia Eroica composta per festiggiar il souvenire d'un grand uomo«. Die Uraufführung fand im Dezember 1804 im Palais Lobkowitz statt. Die erste öffentliche Aufführung am 7. April 1805 kommentierte der Kritiker August von Kotzebue in »Der Freimütige« zurückhaltend: *»Das Publikum und H. v. Beethoven, der selbst dirigierte, waren an diesem Abende nicht miteinander zufrieden. Dem Publikum war die Sinfonie zu schwer, zu lang, und Beethoven zu unhöflich.«*

[29] In Wien wurde das Stück ohne Nennung des Autors zum ersten Mal unter Josef II. am 1. Dezember 1787 (ohne Kürzungen) aufgeführt. Unter Weglassung der als anstößig empfundenen Rolle der »Berta« erfolgten im Burgtheater 16 Aufführungen bis zum 8. Dezember 1792. Einige erfolgten Aufführungen 1794 (mit geändertem Ausgang), die auf allerhöchsten Befehl erfolgten, bewirkten bei der »Stimmung des Publikums eine widrige Sensation«. Erst am 21. März 1800 erfolgte eine Aufführung mit Nennung des Autors. Allerdings wurde der Text stark verstümmelt: Die Worte »Verschwörung« und »Freiheit« kamen nicht vor. Eine weitere Aufführung 1803 wurde untersagt. Erst 1807 kehrte das Werk (mit Abänderungen) auf die Bühne zurück. Im Erscheinungsjahr dieses Buches setzt übrigens das Wiener Burgtheater aus aktuellen Gründen (der konservative Politiker Wolfgang Schüssel versucht mit Hilfe des »Volkstribunen« Jörg Haider an der Macht zu bleiben – wie einst Abbé Sieyès durch Bonaparte) den *Fiesco* wieder auf den Spielplan.

[30] Eineinhalb Jahrhunderte später wird George Orwell in seiner Fabel *Animal Farm* einen ähnlich umfassenden Überblick über die Mechanismen der Macht geben. Nicht von ungefähr nennt Orwell das Schwein, welches die Macht über die Tiere der Farm erlangt, Napoleon. Sein Kernsatz »Alle Tiere sind gleich« – später ergänzt zu »aber manche sind gleicher« – könnte ebenso den Bogen von der Erklärung der Menschenrechte 1789 bis zur Einführung des kaiserlichen Adels 1808 spannen.

[31] Nach der alten Kriminalistenweisheit »Cui bono?« (Wem nützt es?) vorzugehen und ein allfälliges Motiv zu ergründen, erscheint hier – wo ein durchaus geplantes und gezieltes Vorgehen der Täter anzunehmen ist (und so marodierende Husaren als Täter ausscheiden) – die einzig sinnvolle und erfolgversprechende Vorgangsweise.

Wenn man die Täterschaft durch das Direktorium ebenfalls ausschließt (unliebsame Politiker hätten sich nach ihrer Abberufung in Frankreich viel leichter beseitigen lassen, sowie: Wie hätten 30 bis 60 Husaren unauffällig durch die österreichischen Vorposten kommen sollen?), so können nur Österreich oder die Führung der französischen emigrierten Husareneinheiten als Täter in Betracht kommen. So ungeschickt die österreichischen Militärs in den damaligen Kriegen zuweilen auftraten, mit einem Attentat wäre sicherlich eine Offizierspatrouille betraut worden und nicht eine Patrouille hiezu nicht ausgebildeter Husaren. Auch erscheint es glaubhaft, dass ungarischen Soldaten mit ihren Opfern nicht auf Französisch parliert hätten. Entscheidend ist aber, dass für Österreich durch einen Mord nichts zu erwarten war. Als Mittel, um die ungerechtfertigte Beschlagnahme der Papiere der Gesandten zu vertuschen, erscheint ein auffälliges Morden als reichlich unzweckmäßig. Ein sinnvolles Motiv ist somit nicht gegeben.

Die adeligen Emigranten der französischen Husarenregimenter hatten hingegen von einer Verschärfung des Gegensatzes zwischen Österreich und Frankreich viel zu gewinnen. Überdies hielten sie mit Sicherheit geheime Kontakte (mittels Bestechung) zur Dienerschaft der Gesandten und wussten daher über deren Reisepläne genau Bescheid. Auch die gezielte Hinrichtung der jakobinischen Funktionäre und die französische Anrede (»Es-tu?«) lässt an politische französische Gegner denken.

Die Lösung des Autors lautet daher: Die Mörder waren fanatische Offiziere der emigrierten Husareneinheiten mit einigen verlässlichen Husaren.

Warum aber nutzten Frankreich und Österreich nicht die Gelegenheit, die Emigranten offen des Mordes zu bezichtigen oder brachten das Thema bei den Friedensverhandlungen von Lunéville zur Sprache? Bonaparte plante in Frankreich die Aussöhnung der neuen Regierung mit dem alten Adel und wollte die Aussichten für einen Frieden mit Österreich nicht unnötig gefährden. Das Aufreißen von neuen Gräben wäre ihm sicherlich ungelegen gekommen. Österreich wiederum hätte durch das Aufzeigen seiner Verbindungen zu Emigrantenkreisen den Ärger Frankreichs zu befürchten gehabt. Außerdem stellten französische Husaren in österreichischen Diensten, genau genommen, ebenfalls österreichische Truppen dar.

[32] Floria trifft Florestan:
Absätze die hier nicht erwähnt werden, sind (tatsächlich) historisch.
Vorspiel:

(1) Da Bouilly 1763 bei Tours geboren wurde, erscheint dieses Zusammentreffen eher unwahrscheinlich. (4) Obzwar der österreichische Polizeichef von Venedig, Kübeck, (eben »unser« Student aus dem Jahre 1797, der mittlerweile die Karriereleiter etwas hinaufgestiegen ist) nach Wien meldete, dass Rossini ein italienischer Revolutionär sei, passte sich Rossini bestens in die zwar konservative, aber gut zahlende Wiener Gesellschaft ein. Mehrere Male von Metternich als Gast eingeladen revanchierte er sich mit einem PASSO DOPPIO für österreichische Militärmusik. Dieses zündende Stück verwendete er Jahre später am Ende seiner *Wilhelm Tell*-Ouverture. 1. Akt: (3) Während seiner viermonatigen Haft im Gefängnis St. Lazare (in der Nähe des heutigen Gare de l'Est) sah André die reizende Kurtisane (und englische Spionin) Aimée de Coigny. Ohne sie anzusprechen, widmete er ihr seine letzten Gedichte. Aimée selbst hatte auf Grund ihrer Beziehungen keine Probleme für sich selbst zu sorgen und entkam durch Bestechung. (5) In der Oper Gottfried von Einems *Dantons Tod* singt dies Robespierre über Danton (II. Bild Nr. 5). (6) Aus der Arie des Gérard, *André Chénier* von Giordano – 3. Akt (Tribunal). (8) Aus der Arie Pizarros aus Beethovens *Fidelio*, 1. Aufzug, 5. Auftritt, Nr. 7. Endlich wird die ewig rätselhafte Frage geklärt, warum der »böse« Pizarro den »guten« Florestan als »Mörder« bezeichnet – für einen »Blauen« (d. h. Revolutionär) war natürlich ein »Weißer« (Bourbonentreuer), der mit gefangenen Republikanern sicherlich »kurzen Prozeß« zu machen pflegte, tatsächlich ein Mörder (und Vaterlandsverräter). 3. Akt: Dies stammt bereits aus dem Schauspiel Sardous, das – anders als die Oper – die Handlung reich mit historischen Details verziert (Angelucci heißt dort Angelotti, Scarpia wird bei Sardou mit seinem Vornamen Vitello genannt und ist dem historischen Speciale nachempfunden). 4. Akt: (2) Aus der Oper *Tosca* von Puccini. (3) Nach Sardous Schauspiel beziehungsweise Aufzeichnungen. Sogar die Haydnsymphonie und die Glanzrolle in Paisiellos *Nina* sind im Schauspiel genau beschrieben. Die Schauplätze sind übrigens wesentlich wirklichkeitsnäher als in der Oper. Der Palazzo Farnese gehörte tatsächlich dem Königshaus von Neapel. Die Engelsburg war damals Staatsgefängnis. Sardous Be-

hauptung, dass es eine Sängerin Tosca tatsächlich gegeben habe, ist allerdings nicht nachvollziehbar. (4) wie (2). (6) Nicht wahr, aber hoffentlich vom Autor gut erfunden. Die örtlichen Gegebenheiten der Engelsburg treffen allerdings zu.

5. Akt: (1) Nach der einfühlsamen Schilderung Annemarie Selinkos in ihrem Roman *Desirée*. Tatsächlich war Beethoven 1805 in Wien (Dienstwohnung im Theater an der Wien). (2) Abgesehen von der Figur der Tosca durchaus historisch. (3) Selbstverständlich sind auch hier die Figuren des Florestan (Semblancay) und der Tosca vom Autor eingefügt worden, ansonsten stimmt alles.

Finale: Zu Tosca und Semblancay wird auf den vorigen Akt verwiesen – »Non é vero«, Stendhal befand sich 1809 allerdings wirklich in Wien und berichtet in seinem »Journal intime«, dass er damals an Syphilis litt. Die historischen Daten (auch das Aufführungsdatum der *Nina*) sind richtig. Der Tod von Wagners Vater entspricht der Schilderung Richard Wagners (geb. 22. Mai 1813 in Leipzig) in *Mein Leben*.

Weitere bemerkenswerte Begegnungen: Die Begegnung Rossinis mit Beethoven fand tatsächlich so statt. Wagners Begegnung mit Beethoven wird von ihm selbst (!) frei erfunden in seiner Novelle *Eine Pilgerfahrt zu Beethoven*, Paris, 1840 geschildert. Außer dem Ratschlag, dass Wagner »Galopps« schreiben solle, schwärmt Beethoven noch davon ein »Gesamtkunstwerk à la Wagner« vorwegzunehmen. Wagner will sich damit als legitimer Nachfolger Beethovens präsentieren. Tatsächlich starb Beethoven schon 1827, als Wagner erst 14 Jahre alt war.

Der singende Napoleon irrt allerdings. Die zwangsrekrutierten kaiserlichen Truppen des Jahres 1812 sind keineswegs mit revolutionären begeisterten Soldaten von 1796 bis 1805 zu vergleichen. Näheres hiezu im folgenden Kapitel.

Anhang

Weil eine genaue Beschreibung der französischen Revolution und ihrer Ursachen und Folgen mehrere dicke Bände füllen würde, sollen hier ausgewählte Beispiele ein Gefühl für die damalige Zeit und ihre Menschen vermitteln:

»Revolutionäre« Textstellen aus Theaterstücken gegen Ende des 18. Jahrhunderts

GOTTHOLD EPHRAIM LESSING, EMILIA GALOTTI (1772)
5. AUFZUG, 5. AUFTRITT

Odoardo Galotti (über den Prinzen): *»Wer will das? Wer darf das? – Der hier alles darf was er will? Gut, gut, so soll er sehen, wie viel auch ich darf, ob ich es nicht schon dürfte! Kurzsichtiger Wüterich! Mit dir will ich es schon aufnehmen. Wer kein Gesetz achtet, ist ebenso mächtig, als wer kein Gesetz hat. Das weißt du nicht? Komm an! Komm an!«*

FRIEDRICH SCHILLER, DIE RÄUBER (1782)
AKT II, SZENE 3

Karl von Moor: *»(...) diesen Rubin zog ich einem Minister vom Finger, den ich auf der Jagd zu den Füßen seines Fürsten niederwarf. Er hatte sich aus dem Pöbelstaub zu seinem ersten Günstling emporgeschmeichelt. Der Fall seines Nachbars war seiner Hoheit Schemel-Thränen der Waisen huben ihn auf.*

Diesen Demant zog ich einem Finanzrat ab, der Ehrenstellen und Aemter an die Meistbietenden verkaufte und den trauernden Patrioten von seiner Thüre stieß.

Diesen Achat trag ich einen Pfaffen ihres Gelichters zu Ehre, den ich mit eigener Hand erwürgte, als er auf offener Kanzel geweint hatte, daß die Inquisition so in Zerfall käme.«

CARON DE BEAUMARCHAIS, DER TOLLE TAG ODER
DIE HOCHZEIT DES FIGARO (1784):
AKT V, SZENE 3

Figaro (über den Grafen): »*Weil Sie ein großer Herr sind, glauben Sie
ein Genie zu sein! Adel, Vermögen, Rang, Würden, all das macht Sie
so stolz! Was haben Sie geleistet für all diese Güter? Sie haben sich die
Mühe genommen geboren zu werden und weiter nichts. Sie sind ein
ganz normaler Mensch. Während ich, zum Teufel auch (morbleu),
verloren in einer dunklen Menge, mehr Wissenschaft und Wissen auf-
wenden mußte, nur um zu überleben, als man für die Regierung des
Königreiches Spanien seit 100 Jahren aufgewendet hat (...)*«

FRIEDRICH SCHILLER, KABALE UND LIEBE (1784)
AKT III, SZENE 4

Wurm (lacht überlaut) zum Herzog!

Luise Miller: »*Ich weiß worüber sie lachen – aber ich will ja auch
kein Erbarmen dort finden – Gott bewahre mich! Nur Ekel-Ekel an
meinem Geschrei. Man hat mir gesagt, daß die Großen der Welt noch
nicht belehrt sind, was E l e n d ist – nicht wollen belehrt sein. Ich
will ihm sagen, was Elend ist – will es ihm vormalen in allen Verzer-
rungen des Todes, was Elend ist – und wenn ihm jetzt über der Beschreibung die Haare zu Berg stiegen, will ich ihm noch zum Schluß
in die Ohren schreien, daß in der Sterbestunde auch die Lungen der
Erdengötter zu röcheln anfangen, und das jüngste Gericht Majestäten und Bettler in dem nämlichen Siebe rüttle.*«

Gleichheit im Tode?

Die Aufhebung der Begräbnisordnung (wirksam von August 1784
bis Jänner 1785) durch Josef II. – zum Vergleich hiezu die Verordnung von Fouché über die Religion und die Friedhöfe (Nevers, 10.
Oktober 1793): Die Zusammenstellung dieser Begräbnisregelungen
zeigt die theoretische Übereinstimmung vieler Reformideen von

Kaiser Josef II. mit den Prinzipien der Französischen Revolution. Gerade in der Regelung der Beerdigungen (z. B. wiederverwendbare Klappsärge) musste Josef II. jedoch heftigste Proteste seiner Untertanen hinnehmen. Der Kaiser zeigt deutlich sein Unverständnis und seine Enttäuschung über diese Haltung.

AUFHEBUNG DER BEGRÄBNISORDNUNG DURCH KAISER JOSEF II. (1785)

»Da ich sehe (...), daß die Begriffe der Lebendigen – leider! – noch so materiell sind, daß sie einen unendlichen Preis darauf setzen, daß ihre Körper nach dem Tode langsam faulen und länger stinkendes Aas bleiben; so ist mir wenig daran gelegen, wie sich die Leute begraben lassen (...), daß also jeder, was die Truhen belangt, frei verfügen kann, was er für seinen toten Körper zum Voraus für das Angenehmste hält.«

ANORDNUNG JOSEPH FOUCHÉS VOM 10. OKTOBER 1793

»Art. 4: In jeder Gemeinde sind alle verstorbenen Bürger unabhängig von ihrer Religion zu dem Gemeindefriedhof zu bringen; dies binnen 24 Stunden nach dem Tode, bei plötzlichen Todesfällen binnen 48 Stunden. Sie sind in Leichentücher zu hüllen, worauf der Schlaf dargestellt ist. Ein Gemeindebeamter hat den Leichenzug zu begleiten (...)

Art. 6: Über dem Eingangstor zu diesem Ort der Ruhe, der durch religiöse Ehrfurcht vor den Manen des Toten geheiligt wird, wird folgende Inschrift zu lesen sein: Der Tod ist ein ewiger Schlaf.«

Was geschah mit den Teilen der Leiche der Prinzessin von Lamballe?

Die Prinzessin war als Hofdame und Vertraute der Königin Marie-Antoinette bei den Revolutionären besonders verhasst. Schmähschriften sagten ihr ein intimes Verhältnis zur Königin nach. Bei den Septembermorden 1792 wird sie aus dem Gefängnis »La Force« geholt und auf der Straße massakriert. Ihr Kopf wird auf einer Pike zu den Fenstern Marie-Antoinettes im »Temple« getragen.

AUS EINEM PROTOKOLL DES RATES DER SEKTION ARCIS (NACH DER SCHRECKENSHERRSCHAFT)

Hat geantwortet, er heiße Jacques Charles Hervelin, 41 Jahre, Tambour der Sektion Arcis, seit ca. 3 Monaten wohnhaft im Haus des Bürgerkomitées dieser Sektion, geboren in Paris. (...)

Kommissär: »*Ob der Kopf Besagter nicht auf den Tisch des Kaufmanns gelegt wurde wo sie tranken?*«
Hervelin: »*Er hätte ihn nicht gesehen.*«
Kommissär: »*Ob sie den Kaufmann nicht gezwungen hätten um den Kopf herum Gläser zu stellen aus denen sie Branntwein tranken?*«
Hervelin: »*Er hätte es nicht gesehen.*«
Kommissär: »*Ob nicht auf dem Ofen des Limonadenverkäufers, der oben erwähnt wurde, auf Begehren der Männer und seines, das Herz der vormaligen Prinzessin Lamballe geröstet worden sei und er selbst davon gegessen habe?*«
Hervelin: »*Er hätte es nicht gesehen und nicht gegessen.*«
Kommissär: »*Ob er nicht auf der Spitze seines Säbels die Geschlechtsteile der Obgenannten herumgetragen habe?*«
Hervelin: »*Nein, aber ein Stück Kamm von ihrem Chignon.*«
Kommissär: »*Wie das Stück Kamm auf seinem Säbel gehalten habe?*«
Hervelin: »*Es sei ein Stück des Hutes gewesen.*«
Kommissär: »*Vorhalt, daß ein Hut und ein Kamm verschiedene Dinge seien.*«
Hervelin: »*Beide hingen durch Drähte zusammen.*«
Kommissär: »*Wo er diese Sachen hergehabt habe?*«
Hervelin: »*Im Bach vis (...) vis der Force.*«
Kommissär: »*Ob der zu den Leuten gehört habe, die mit dem Kopf und den anderen Körperteilen durch die Straßen zogen?*«
Hervelin: »*Nein.*«

Kommissär: »*Vorhalt, daß er anstelle zum Konvent zu gehen in Paris herumgegangen sei und auf seiner Säbelspitze den angeblichen Kamm der ehemaligen Prinzessin gezeigt habe.*«

Hervelin: »*Nein, er sei nicht mit den anderen mitgegangen.*«

Kommissär: »*Ob der Bürger, der in der Strasse, wo er Bier trank, auf einen Stuhl stieg einen blutigen Stock trug den er dem Publikum zeigte?*«

Hervelin: »*Nein.*«

Kommissär: »*Ob er dies nicht selbst war?*«

Hervelin: »*Nein.*«

Kommissär: »*Aus welchen Gründen traute er sich nicht zu seiner Gattin nach Hause zu gehen?*«

Hervelin: »*Aus finanziellen Gründen.*«

Kommissär: »*Ob die wahren Gründe, weswegen seine Frau nicht mit ihm leben möchte, nicht seien, daß er an der Ermordung der Prinzessin Lamballe teilgenommen hat, ihren Kopf und ihre Geschlechtsteile herumgetragen hat sowie das Herz gegessen habe, daß er auf einem Ofen bei einem Weinverkäufer habe braten lassen?*«

Hervelin: »*Nein. Ich habe nur den Chignon getragen.*«

Kommissär: »*Ob er nicht einen derjenigen kenne, die sich mit ihm an der Force betätigt hätten?*«

Hervelin: »*Nein.*«

Kommissär: »*Ob im Haus, wo seine Gattin wohnt, ihm nicht angedroht worden sei, daß er aus dem Fenster geworfen werde?*«

Hervelin: »*Er erinnere sich nicht daran.*«

Kommissär: »*Ob er sich nicht vor 8 bis 10 Tagen unter dem Bett eines Wachtpostens der Sektion Arcis verstecken habe wollen?*«

Hervelin: »*Das ist falsch.*«

Kommissär: »*Ob er zur gleichen Zeit nicht von Bürgerinnen beschimpft worden sei mit Ungeheuer, Schurke Mörder und daß er das Herz der Prinzessin Lamballe gegessen habe, sowie ob er nicht vor deren Wut in die Wachstube geflüchtet sei?*«

Hervelin: »*Nein. (…)*«

Kommissär: »*Vorhalt, da er behaupte Ekel vor den Mördern gehabt zu haben, wie es möglich sein kann, daß er zugestimmt habe, mit diesen mitzugehen und sogar mit einem der Mörder zu trinken?*«

Hervelin: »*Er habe nur mit denen getrunken die ihn wegen der (angeblich gefundenen und der Prinzessin Lamballe gehörigen) Brieftasche begleitet hätten.*«

Kommissär: »*Vorhalt, daß der Tischler zu den Mördern gehöre.*«

Hervelin: »*Er wisse das nicht.*«

Das vorliegende Protokoll ihm vorgelesen, sagte dieses enthalte die Wahrheit, hat darauf beharrt und unterschrieben.

Hervelin

Leduc, Vorsitzender · · · · · · · · · · · Delaporte, Tournay, Kommissare

Auszüge aus dem Verhandlungsprotokoll des Revolutionstribunals gegen Marie-Antoinette, genannt Lothringen von Österreich, Witwe von Louis Capet (Der Name Capet rührt von dem alten Königsgeschlecht der Kapetinger her), 14.–16. Oktober 1793

Der vierte Zeuge Jacques-René Hébert warf der Angeklagten vor, daß sie und die Schwester des Königs (Madame) Elisabeth mit dem ehemaligen Dauphin inzestuöse Ausschweifungen gehabt hätten: »*Daran gebe es keinen Zweifel, der Sohn von Capet hat selbst gesagt, daß es einen inzestuösen Akt zwischen Mutter und Sohn gab.*«

Ein Geschworener: »*Bürger Präsident, ich ersuche Sie festzuhalten, daß die Angeklagte nicht auf den Vorwurf des Bürgers Hébert, darüber was zwischen ihr und ihrem Sohn passiert ist, geantwortet hat.*«

Der Präsident stellt die entsprechende Frage.

Die Angeklagte: »*Wenn ich nicht geantwortet habe, so deshalb, weil die Natur selbst es verbietet als Mutter auf eine solche Beschuldigung zu antworten. (Hier scheint die Angeklagte sehr bewegt.) Ich appelliere hier an Alle (gemeint Mütter), die sich hier befinden.(…)*«

Nach der Einvernahme des ehemaligen Kriegsministers Jean-Frédéric Latour du Pin als 22. Zeugen

Der Präsident an die Angeklagte: »*Als Sie den Stand der Armee vom Zeugen abverlangt haben – war das nicht, um ihn dem König von Böhmen und Ungarn zu schicken?«*

Angeklagte: *»Nachdem der ohnedies öffentlich bekannt war, ist es nicht notwendig gewesen, von ihm den Etat zu verlangen; die öffentlichen Verlautbarungen hätten ausgereicht.«*

Präsident: *»Warum haben Sie den Etat verlangt?«*

Angeklagte: *»Nachdem das Gerücht bestand, daß die Assemblée Änderungen in der Armee vornehmen wollte, wünschte ich zu wissen, welche Regimenter aufgelöst werden sollten.«*

Präsident: *»Haben Sie nicht Ihren Einfluß, den sie auf Ihren Mann hatten, ausgenützt um Anweisungen auf den öffentlichen Schatz zu erhalten?«*

Angeklagte: *»Niemals.«*

Präsident: *»Woher haben Sie das Geld genommen, um das kleine Trianon zu bauen und zu möblieren, in welchem Sie Feste gegeben haben, deren Göttin Sie waren?«*

Angeklagte: *»Es gab einen speziellen Fonds hiefür.«*

Präsident: *»Dieser Fonds muß beträchtlich gewesen sein. Das kleine Trianon kostete doch Unsummen?«*

Angeklagte: *»Es ist möglich, daß das kleine Trianon enorme Summen gekostet hat, vielleicht mehr als ich gewünscht hätte; man wurde kleinweise da in immer höhere Ausgaben hineingezogen; abgesehen davon – ich wünschte mehr als jeder andere darüber informiert zu werden.«*

Präsident: *»Haben Sie im kleinen Trianon nicht die Lamotte getroffen?«* (Jene Betrügerin, die fälschlich vorgab, im Auftrag der Königin zu handeln und so ein wertvolles Halsband des Königs an sich brachte.)

Angeklagte: *»Ich habe sie nie gesehen.«*

Präsident: *»War sie nicht Ihr Opfer bei der berühmten Halsbandaffäre?«*

Angeklagte: *»Sie kann es nicht gewesen sein, da ich sie nicht kenne. (...)«*

Präsident: *»Haben Sie nicht Vergennes aufgefordert, sechs Millionen dem König von Böhmen und Ungarn zu überweisen?«*

Angeklagte: *»Nein.«*

Lafayette in Österreich – Ein Staatsgefangener auf der Flucht

Der Marquis de Lafayette hatte als Teilnehmer des Amerikanischen Unabhängigkeitskrieges zu Beginn der Französischen Revolution den allerbesten Ruf und glänzende Aussichten. Die Position eines Kommandanten der Nationalgarde von Paris stellte überdies eine der wichtigsten Funktionen in dem Spiel um die Macht dar. Der »Held der zwei Welten« geriet jedoch bald wegen seines Eintretens für eine konstitutionelle Monarchie in scharfen Gegensatz zu den immer stärker werdenden Jakobinern. Auch war Ludwig XVI. keineswegs davon begeistert, sich durch eine Verfassung in seiner absoluten Macht einschränken zu lassen.

Als am 10. August 1792, nach Erstürmung der Tuilerien durch den Pöbel, die Situation unhaltbar zu werden begann, ließ Lafayette, der sich mittlerweile als Armeekommandant in Sedan befand, die in seinem Hauptquartier befindlichen Volksrepräsentanten verhaften und begab sich mit 23 Offizieren (und den Gefangenen als »Einstandsgeschenk«) zu den Preußen. Zu seiner Überraschung war die Begeisterung der Gastgeber aber keineswegs überwältigend – zu sehr wurde der Marquis mit den Ereignissen, die zum Sturz der Monarchie geführt hatten, in Verbindung gebracht. Ein Freiheitsheld musste dem absolut regierenden Monarchen von Preußen und Österreich ebenso suspekt sein, wie er es für Ludwig XVI. war. So wurde der Held seiner Freiheit beraubt und in Festungshaft genommen. Auf Grund einer Übereinkunft zwischen den Höfen von Berlin und Wien kam Lafayette schließlich Mitte Mai 1794 als Gefangener in die österreichische Festung Olmütz.

Als der 1762 in Hannover geborene Arzt Dr. Justus Erich Bollmann seine Bereitschaft zu erkennen gibt, den im Kerker schmachtenden Freiheitshelden zu befreien, gewinnt er die Unterstützung der amerikanischen Kreise. Mitte 1794 taucht der abenteuerlustige Mediziner in Olmütz auf und freundet sich mit dem Festungsarzt Dr. Haberlein an. Es gelingt ihm, über diesen Kanal englische Bücher an Lafayette zu übermitteln. In diesen Büchern sind mit unsichtbarer Tinte Botschaften versteckt. Der Gefangene beginnt daraufhin über alle möglichen Beschwerden zu klagen und kann während eines zu seiner Genesung verordneten Spazierganges mit Dr. Bollmann in Kontakt treten. Dieser kauft nun einen Wagen und zwei Reitpferde. Am 8. Oktober überfallen die beiden die Kutsche, in welcher Lafayette, bewacht von einem Profosen und einem Grenadier, seine regelmäßige Spazierfahrt abzuhalten pflegt. Es gelingt, das überraschte Wachpersonal in die Flucht zu schlagen. Die weitere Flucht soll zu Pferd fortgesetzt werden. Eines der Tiere scheut jedoch und läuft davon. Dr. Bollmann erklärt Lafayette den Weg zur schlesischen Grenze und eilt dann dem Ausreißer nach.

Der Marquis versucht nun auf Nebenwegen nach Norden zu reiten. Als er einer vorbeikommenden Dragonerpatrouille ausweicht, verliert er den Weg und gelangt statt nach Hof in die Ortschaft Braunseifen. Dort erregt der einsame Reiter den Verdacht des Erbvogts und Stadtverwalters Richter. Als der Marquis schließlich von diesem zur Rede gestellt wird, kommt er auf die verhängnisvolle Idee, Richter Geld anzubieten. Kurzerhand lässt ihn dieser verhaften, und es gelangt auch bald die Nachricht von der Flucht eines Staatsgefangenen nach Braunseifen. Dr. Bollmann wird auf Grund eines Steckbriefes, der sein auffallendes Äußeres beschreibt, in der Nähe der preußischen Grenze von den Preußen gefasst und an Österreich ausgeliefert.

Lafayette muss die nächsten Jahre in Festungshaft verbringen. Allerdings darf er seine Familie bei sich haben. Hierüber hat sich ein Bericht des Kreishauptmanns von Olmütz an den Polizeiminister Graf von Pergen vom 22. März 1797 erhalten: »*Lafayette ist in der Inquisitenkaserne verwahrt, hat für sich und seine Familie zwei Zimmer und eine Kammer nebst den nötigen Gerätschaften und dem Bettgewand. Von acht Uhr früh bis neun Uhr abends wird ihm gestattet, seine Frau und seine Töchter bei sich zu haben, und erst um neun Uhr abends werden die zwo Töchter von ihm und seiner Frau abgesondert und in die für sie bestimmte Kammer verschlossen. La Fayette samt seiner Familie bekommt täglich mittags sechs und abends drei gut zugerichtete Speisen, wo ihnen auch alles, was noch so selten und teuer ist, wenn es zu haben ist, nicht vorenthalten, der Gebrauch der Gabel und Messer aber verweigert wird; nebstbei bekommen sie auch das nötige Konfekt und zum Trank jene Weine, die*

sie selbst verlangen, und zum Frühstück Chokolade, Kaffe oder Tee,
wie sie selbst es wünschen.
La Fayetten werden alle nötigen Kleidungsstücke und Wäsche bei-
geschafft. Gewöhnlich wöchentlich zweimal muß der Stabschirurgus
La Fayetten und seine Familie besuchen ihnen jene Medikamente rei-
chen und sonstige Mittel anordnen, die zur Erhaltung ihrer Gesund-
heit erforderlich sind, so wie auch wirklich La Fayette dermal in
ihrem Zimmer Bäder nimmt. Ist jemand von ihnen krank, so besucht
er sie auch täglich und im Erforderungsfalle auch öfter. Zur Säube-
rung ihrer Zimmer sind vier Mann vom Militär und die nötigen Wei-
ber bestimmt (...)«

Nach dem Friedensschluss 1797 erlangt Lafayette schließlich die
Freiheit und zieht sich auf seine Güter in Frankreich zurück. Nach
der Abdankung Napoleons 1814 und bei der Thronbesteigung
Louis-Philippes 1830 gelangt er kurzfristig wieder zu politischen
Ehren. Er stirbt 1834 in Frankreich.

Dr. Bollmann wurde nach siebenmonatiger Gefangenschaft des
Landes verwiesen. Als er später zu einiger Berühmtheit gelangte, war
er in Wien wieder ein gern gesehener Gast und stand mit Metternich
und Gentz in angeregtem Kontakt.

Schreiben an den Marschall Davout betreffend Julian Riedl: (Original in französischer Sprache – Staatsarchiv Brno, B 95, Kart. 295)

An seine Hoheit, Monseigneur Marschall Prinz von Eckmühl

»Monseigneur!
Ich habe soeben erfahren, daß der genannte Riedl, – festgehalten im
Konvent der Minoriten, – durch Eure Hoheit in Freiheit gesetzt
wurde und in seine Bürgerrechte wieder eingesetzt worden ist.
Ohne Zweifel kennt Monseigneur nicht die wichtigen Gründe,
welche die Festhaltung dieses gefährlichen Individuums erforderlich
machten. Ich beeile mich darum diese aufzuklären.
Der genannte Riedl, – einst Lehrer S.M. des regierenden Kaisers
von Österreich – hat eine Konspiration angezettelt, welche einen

vollkommenen Umsturz des Staates bezweckte. Sein Prozeß erfolgte öffentlich, in den gesetzlichen Formen, und Riedl wurde ohne Zweifel überführt nicht nur einer der wesentlichsten Führer und Anzettler der Verschwörung gewesen zu sein, sondern auch Pläne zur Tötung des Souverains geschmiedet zu haben.

Er wurde öffentlich verurteilt zu den, vom Gesetz vorgesehenen schweren Strafen. Der gleiche Spruch erging auch gegenüber anderen Führern des Komplotts, und S.M. der Kaiser beschloß, daß ein derart undankbares – einst seiner erhabenen Person nahestehendes – Individuum, schuldig eines Attentates gegen Sie, – eine besondere Bestrafung verdiente, die Sie darin fand, indem Sie ihn pardonnierte. (...) Ich bin zutiefst überzeugt, daß Eure Hoheit, durch diese Details überzeugt, die Befehle betreffend den bezeichneten Riedl widerrufen wird (...)

Brünn, 1. Oktober 1809   *Ugarte*

Aus den veröffentlichen Protokollen der amtlichen Untersuchung gegen den General Jean Victor Moreau im »Temple« (Paris, kaiserl. Druckerei, Jahr XII)

VERNEHMUNG DES GENERALS MOREAU DURCH DEN GROSSRICHTER UND JUSTIZMINISTER (REYNIER) NO. 1

Befragt, ob er Georges kenne. Hat er geantwortet, dass er nur seinen Ruf kenne. Befragt, ob er gewußt habe, dass Georges in Paris sei. Hat geantwortet, dass er nur durch die öffentlichen Gerüchte davon informiert worden sei und wegen der Verhaftungen, die man unternommen hat, um ihn zu finden. Befragt, ob er Verbindungen mit Georges in Paris unterhalten habe, hat geantwortet »nein«.

VERNEHMUNG DES GENERALS PICHEGRU VOM 8. VENTOSE NO. 19

Reynier: *»Kennen Sie Moreau?«*
Pichegru: *»Jeder weiß, daß ich ihn kenne (...) Alles was ich dazu sagen kann ist, daß ich erfahren habe, daß er gewisse Ereignisse nicht mehr mit den gleichen Augen betrachtet und daß er bedauert, daß er beim 18. Fructidor (richtig: Brumaire) mitgeholfen hat.«*

Reynier: »*Haben Sie Moreau seit Ihrer Ankunft in Paris gesehen?*«
Pichegru: »*Überhaupt nicht.*«
Reynier: »*Haben Sie Georges in Paris gesehen?*«
Pichegru: »*Überhaupt nicht.*«

VERNEHMUNG DES GEORGES CADOUDAL VOM 18. VENTOSE NO. 22

Richter: »*Was war der Grund Ihrer Reise nach Paris?*«
Cadoudal: »*Ich hatte die Absicht den Ersten Konsul anzugrei-fen. (…)*«
Reynier: »*Was war die Absicht der Verschwörer?*«
Cadoudal: »*Einen Bourbonen an die Stelle des Ersten Konsuls zu setzen.*«
Reynier: »*Wer war dieser Bourbone?*«
Cadoudal: »*Charles-Xavier Stanislas, früher Monsieur* (Titel des Bruders des Königs), *bekannt bei uns als Ludwig XVIII. (…)*«
Reynier: »*War Pichegru bei dieser Verschwörung?*«
Cadoudal: »*Davon weiß ich nichts.*«
Reynier: »*Moreau war auch nicht dabei?*«
Cadoudal: »*Ich habe ihn nie gesehen, nie kennen gelernt.*«

VERNEHMUNG DES MAJOR FRANCOIS-LOUIS RUZILION (FREUND UND ADJUTANT VON PICHEGRU), 15. VENTOSE, NO. 33

»*Am gleichen Tage um 23 Uhr abends hat der genannte François-Louis Ruzilion, uns erklärt, in Ergänzung seiner ersten Erklärung, daß der General Lajolais von London kommend, erklärt hat, daß der General Moreau, unzufrieden mit der Regierung des Ersten Konsuls, wollte und wünschte nach Kräften mitzuhelfen diesen zu stürzen; aber seit Georges und Pichegru in Paris angekommen seien (…) habe der General Moreau gesagt, daß er zwar mithelfen wolle mit allen Mitteln zum Sturz des Ersten Konsuls, aber nicht um zu den Zielen zu gelangen, welche Lajolais dem Grafen von Artois* (Bruder von Ludwig XVIII.) *in London versprochen hat* (d. h. nicht zum Zwecke der Restauration der Bourbonen).«

Napoleons Aufenthaltsorte in Österreich

1797

28. bis 30. März	Villach
30. März bis 1. April	Klagenfurt
2. bis 4. April	Friesach
4. bis 6. April	Scheifling
7. bis 9. April	Judenburg
10. April	Bruck
11. bis 12. April	Graz
13. bis 22. April	Leoben
23. April	Reise von Leoben nach Graz
24. bis 26. April	Graz
27. April	Reise von Graz nach Laibach
28. April	Laibach
29. April	Reise Laibach nach Triest
30. April	Triest

Zeittafel

5. 5. 1789	Eröffnung der Reichsstände in Versailles durch Ludwig XVI.
17. 6. 1789	Konstituierung der Nationalversammlung
14. 7. 1789	Erstürmung der Bastille
26. 8. 1789	Erklärung der Menschen- und Bürgerrechte
20. 2. 1790	Tod Kaiser Josephs II.
21. 6. 1791	Flucht der königlichen Familie aus Paris. Sie endet in Varennes.
1. 3. 1792	Tod Kaiser Leopolds II.
14. 7. 1792	Kaiserkrönung Franz II. in Frankfurt
14. 9. 1792	Eid Ludwigs XVI. auf die Verfassung
20. 4. 1792	Kriegserklärung Frankreichs an den König von Böhmen und Ungarn
1. 8. 1792	Manifest des Herzogs von Braunschweig
10. 8. 1792	Sturm auf die Tuilerien. Ludwig XVI. flüchtet in die gesetzgebende Versammlung und wird anschließend mit seiner Familie im »Temple« inhaftiert.
2.–7. 9. 1792	Septembermassaker in Paris
21. 9. 1792	Abschaffung der Monarchie in Frankreich 22. 9. Beginn der republikanischen Zeitrechnung
21. 1. 1793	Hinrichtung Ludwigs XVI.
7. 3. 1793	Erste Koalition gegen Frankreich bestehend aus Österreich, Preußen, England, Holland, Spanien, Portugal, Piemont, Sardinien, Toskana, Neapel, Parma, Modena, Venedig, Kirchenstaat und Hl. Röm. Reich Deutscher Nation
16. 10. 1793	Hinrichtung Marie-Antoinettes
19. 12. 1793	Toulon wird von den Franzosen rückerobert. Bonaparte zeichnet sich dabei als Artilleriekommandant aus und wird von Barras gefördert.
4. 2. 1794	Abschaffung der Sklaverei in Frankreich und seinen Kolonien
15. 2. 1794	Die Trikolore wird Nationalflagge Frankreichs.

27./ 28. 7. 1794	Sturz Robespierres
6. 4. 1795	Sonderfriede zwischen Frankreich und Preußen
23. 8. 1795	Direktorialverfassung in Frankreich
1. 9. 1795	ein Louis d'Or (Goldmünze) entspricht 1200 Francs in Assignaten (Papiergeld)
5. 10. 1795	Bonaparte ist maßgeblich an der gewaltsamen Niederschlagung eines royalistischen Aufstandes in Paris beteiligt
1. 11. 1795	Das Direktorium bezieht das Palais du Luxembourg. Die Legislative besteht aus zwei Kammern (Rat der 500 und Rat der Alten mit 250 Mitgliedern)
1. 3. 1796	ein Louis d'Or kostet 3500 Francs in Assignaten
23. 2. 1796	Bonaparte wird zum Kommandanten der französischen Italienarmee ernannt
18. 3. 1796	Schaffung von 2,4 Milliarden »Territorialmandaten«, welche die Assignaten im Verhältnis 1:30 ersetzen sollen
10. 5. 1796	Sieg Bonapartes bei Lodi
16. 11. 1796	Sieg Bonapartes bei Arcole
14./ 16. 1. 1797	Sieg Bonapartes bei Rivoli
2. 2. 1797	Kapitulation der österreichischen Festung Mantua
15. 4. 1797	Vorfriede von Leoben
17. 10. 1797	Friede zu Campo-Formio
1. 3. 1798	Kongress zu Rastatt
19. 5. 1798	Abfahrt des französischen Expeditionskorps unter Bonaparte nach Ägypten
23. 7. 1798	Bonaparte in Kairo
2. 8. 1798	Zerstörung der französischen Flotte durch Nelson bei Aboukir
23. 1. 1799	Besetzung Neapels durch die Franzosen
12. 3. 1799	Österreich erklärt Frankreich den Krieg. Zweite Koalition bestehend aus Österreich, Türkei, Russland, Großbritannien und Neapel
15. 8. 1799	Niederlage der Franzosen bei Novi
21. 8. 1799	Abreise Bonapartes aus Ägypten

9. 11. 1799	Staatsstreich des »18. Brumaire« durch Bonaparte. Sturz des Direktoriums, Auflösung des Rates der 500
24. 12. 1799	Volksabstimmung über die neue Konsulatsverfassung. Bonaparte wird Erster Konsul.
14. 6. 1800	Sieg Bonapartes bei Marengo
3. 12. 1800	Sieg Moreaus bei Hohenlinden
25. 12. 1800	Waffenstillstand von Steyr
9. 2. 1800	Friede von Lunéville zwischen Frankreich und Österreich
25. 3. 1802	Friede von Amiens mit Großbritannien
August 1802	Bonaparte Konsul auf Lebenszeit (Verfassung des Jahres X)
11. 2. 1803	Ferdinand III. von Toskana wird Kurfürst von Salzburg
25. 2. 1803	Verabschiedung des Reichdeputationshauptschlusses in Regensburg (Säkularisationen geistlicher Fürstentümer und Annexion zahlreicher reichsunmittelbarer Gebiete durch die größeren Staaten)
18. 5. 1804	Napoleon wird Kaiser der Franzosen (Verfassung des Jahres XII).
11. 8. 1804	Kaiser Franz nimmt den Titel eines erblichen Kaisers von Österreich an.
2. 12. 1804	Krönung Napoleons in Notre Dame in Paris.
18. 3. 1805	Napoleon wird König von Italien.

Umrechnungstabelle

Ere républicaine / Republikanische Ära		XV	XIV	XIII	XII	XI	X	IX	VIII	VII	VI	V	IV	III	II	I
Ere grégorienne / Gregorianische Ära		1806	1805	1804	1803	1802	1801	1800	1799	1798	1797	1796	1795	1794	1793	1792
1. Vendém.	Septemb.	23	23	23	24	23	23	23	23	22	22	22	23	22	22	22
1. Brumaire	Oct./Okt.	23	23	23	24	23	23	23	23	22	22	22	23	22	22	22
1. Frimaire	Novemb.	22	22	22	23	22	22	22	22	21	21	21	22	21	21	21
1. Nivôse	Déc./Dez.	22	22	22	23	22	22	22	22	21	21	21	22	21	21	21

Ere grégorienne / Gregorianische Ära		1807	1806	1805	1804	1803	1802	1801	1800	1799	1798	1797	1796	1795	1794	1793
1. Pluviôse	Jan.	21	21	21	22	21	21	21	21	20	20	20	21	20	20	20
1. Ventôse	Fév./Feb.	20	20	20	21	20	20	20	20	19	19	19	20	19	19	19
1. Germinal	Mars/März	22	22	22	22	22	22	22	22	21	21	21	21	21	21	21
1. Floréal	Avr./Apr.	21	21	21	21	21	21	21	21	20	20	20	20	20	20	20
1. Prairial	Mai	21	21	21	21	21	21	21	21	20	20	20	20	20	20	20
1. Messidor	Juin/Juni	20	20	20	20	20	20	20	20	19	19	19	19	19	19	19
1. Thermidor	Juillet/Juli	20	20	20	20	20	20	20	20	19	19	19	19	19	19	19
1. Fructidor	Aout/Aug.	19	19	19	19	19	19	19	19	18	18	18	18	18	18	18

Stammtafel

Marie Elisabeth (1737–1740)

Marianne (Anna) (1738–1789) Äbtissin in Prag

Maria Karolina (geb. und gest. 1740)

Josef II. (1741–1790) Kaiser, König von Böhmen und Ungarn
1. ∞ Isabella von Bourbon-Parma (1741–1763)
2. ∞ Maria Josefa von Bayern (1739–1767)

Marie Christine (Mimi) (1742–1798)
∞ Albert Heinrich von Sachsen-Teschen (1738–1822)

Maria Elisabeth (1743–1808) Äbtissin in Innsbruck

Karl Josef (1745–1761)

Maria Amélie (Amalia) (1746–1804) Herzogin von Parma
∞ Ferdinand von Bourbon (gest. 1802) Herzog von Parma und Piacenza

Leopold II. (1747–1792) Kaiser, Großherzog von Toskana
∞ Maria Ludovica von Bourbon-Spanien (1745–1792)

Maria Karolina (geb. und gest. 1748)

Johanna (1750–1762)
verlobt mit Ferdinand von Neapel

Maria Josefa (1751–1767)
verlobt mit Ferdinand von Neapel

Maria Carolina (Karolina/Marie Charlotte) (1752–1814)
Königin beider Sizilien
∞ Ferdinand beider Sizilien (1751–1825)

Ferdinand Karl Anton (1754–1806)
∞ Maria Beatrix von Modena-Este (1750–1829)

Marie-Antoinette (Maria Antonia) (1755–1793) Königin von Frankreich
∞ Ludwig XVI. (1754–1793) König von Frankreich

Maximilian Franz (1756–1801) Kurfürst von Köln, Bischof von Münster

Maria Theresia (1717–1780) Königin von Ungarn und Böhmen
∞ Franz I. Stephan (1708–1765) röm.-deutscher Kaiser, Herzog von Lothringen, Großherzog von Toskana

u. a.
insges. 12 Kinder:
Franz II. (I.) (1768–1835) Kaiser von Österreich ——— **Marie Louise** (1791–1847)
1. ∞ Elisabeth von Württemberg
2. ∞ Maria Theresia Prinzessin beider Sizilien
3. ∞ Maria Ludovica von Modena
4. ∞ Karoline Auguste von Bayern

u. a.
aus 2. Ehe insges. 7 Kinder:
1. ∞ Napoleon I. (1769–1821)
2. ∞ Adam Graf Neipperg
3. ∞ Karl Graf Bombelles

Ferdinand I. (1793–1875) Kaiser
∞∞ Maria Anna von Savojen

Carlo de Buonaparte ∞ Maria Letizia Ramolino (1750–1836) »Mme. Mère«

Joseph Bonaparte
(Giuseppe)
(1768–1844)
König von Neapel
und Spanien
∞ Julie Clary
(1771–1854)

Napoleon I.
(1769–1821)
Kaiser der
Franzosen
1. ∞ Joséphine
de Beauharnais
geb. Tascher
de la Pagerie
(1763–1814)
2. ∞ Marie Louise
von Österreich,
Herzogin von
Parma
(1791–1847)

Lucien (Luciano)
(1775–1840)
Fürst von Canino
1. ∞ Catherine
Boyer
(1773–1800)
2. ∞ Alexandrine
de Jouberthon
geb. de Bleschamp
(1778–1855)

Elisa (Maria Anna)
(1777–1820)
Großherzogin
von Toskana
∞ Pasquale
Bacciochi
(1762–1841)

Napoleon (II.)
(Franz Karl Joseph)
(1811–1832)
König von Rom,
Herzog von
Reichstadt

Louis (Luigi)
(1780–1846)
König von Holland
∞ Hortense
de Beauharnais
(1783–1837)

Pauline (Maria
Paola)
(1780–1825)
1. ∞ Emanuel
Leclerc
(1772–1802)
2. ∞ Camilla
Borghese
(1775–1832)

Caroline (Maria
Annunciata)
(1782–1839)
Königin von
Neapel
∞ Joachim Murat
(1767–1815)

Jérôme (Girolamo)
(1784–1860)
König von West-
falen
1. ∞ Elisabeth
Patterson »Mme.
Bonaparte«
(1785–1879)
2. ∞ Katharina von
Württemberg
(1783–1835)
3. ∞ (?) Marchesa
Giustina Bartolini-
Baldelli

Charles Louis
Napoleon
(Napoleon III.)
(1808–1873)
∞ Eugenie
Gräfin von Montijo
(1826–1920)

Literaturverzeichnis

(Bei französischen Buchtiteln erfolgt die Übersetzung durch den Autor.)

Abrantès, Laura Duchesse d', Mémoires. Paris o. J. (erstmals erschienen 1831–1835; amüsante, nicht immer aufrichtige Intima aus der Umgebung Napoleons)

Aichelburg, Wladimir, Verzeichnis der österreichischen Schiffe, CD-Rom, noch nicht veröffentlicht

Arnold Denis, Nigel Fortune, The Beethoven Companion, London 1971

Bauer, Wilhelm, Alt Wien, Wien 1924 (Reiseberichte von Reichardt, Mme. de Stael, Varnhagen von Ense u. a.)

Boyer-Berghof, Emmerich, Napoleon I. in Wien, hrsg. von Alexis von Boyer-Berghof, in: Napoleon in Wien von Cäsar Segalov, Wien 1922 (Alexis ist der Urgroßneffe des Wunderarztes)

Bravetta, H., Nelson, der große Admiral, Berlin 1936

Buchholz, Ernst Ferdinand, Umständliche Aufklärung der denkwürdigen Ereignissen, welche durch die französische Revolution veranlasst worden sind, Pesth 1816 (Über den Ägyptenfeldzug nach Martin, Bd. 11)

Castelli, Ignaz F., Memoiren meines Lebens, München o. J. (Castelli – Beamter, Bühnenautor, Librettist und Schriftsteller – ist heute noch als Gründer des Wiener Tierschutzvereines in Erinnerung.)

Clausewitz, Carl von, Vom Kriege, Berlin 1832

Coignet, Jean-Roch., Les cahiers du capitaine Coignet, Paris 1883 (Der Klassiker der französischen Militärmemoirenliteratur schildert die Laufbahn Coignets in der Alten Garde und konzentriert sich auf Militärgebräuche.)

»*Copies des Lettres originales de l'Armée du General Bonaparte en Egypte*«, London 1799 (Die Engländer haben aus propagandistischen Gründen diese abgefangenen Briefe auf französisch veröffentlicht, um den desolaten und verzweifelten Zustand der französischen Armée in Ägypten bekannt zu machen. Diese Bücher dienten als einzige Nachrichtenquelle für das französische Publikum und erregten großes Aufsehen. Empört waren die Franzosen allerdings über die Indiskretion der Engländer, auch verfängliche Privatbriefe zu veröffentlichen, was zu einigen Scheidungen geführt haben soll.)

»Correspendance de l'Armée Française en Egypte«, Paris Jahr VII (1799) abgefangen durch die Eskader von Nelson, veröffentlicht in London mit Bemerkungen von E. T. Simon.

Corti, Caesar Egon Conte, Ich, eine Tochter Maria Theresias, Ein Lebensbild der Königin Marie Karoline von Neapel, München 1950 (Sehr detailliertes, auch auf Privatarchive zurückgreifendes Werk. Der Autor neigt jedoch dazu, sich zu unkritisch mit der von ihm beschriebenen Person zu identifizieren. Die Schilderungen Cobenzls über die Friedensverhandlungen von Campo Formio und die zitierte Korrespondenz von Karoline und Lady Hamilton entstammen teilweise diesem Buch.)

Criste, Oscar, Beiträge zur Geschichte des Rastadter Gesandten-Mordes 1799, in: Mitteilung des k. u. k. Kriegsarchives NF, Bd. 11, Wien 1899

Crossard, Baron de, Mémoires militaires et historiques, 6 Bde., Paris 1830 (Selten zitierte Erinnerungen eines französischen Emigranten, der erst in österreichischen Diensten war, 1809 mit den Engländern in Spanien kämpfte und schließlich 1814 als russischer General in Paris einzog. Jede Ausgabe ist von ihm handschriftlich paraphiert.)

Da Ponte, Lorenzo, Geschichte meines Lebens, hrsg. von Charlotte Birnbaum, Frankfurt-Wien-Zürich 1969 (Da Ponte schildert sein bewegtes Leben in etwas theatralischen Anekdoten.)

Deutsch, Otto Erich, Admiral Nelson und Josef Haydn, Wien 1982 (Der mit seinem Verzeichnis der Schubertwerke berühmt gewordene Autor stellte bereits 1939 zahlreiche Quellen vor allem aus musikgeschichtlicher Sicht zusammen.)

Elmer, Alexander, Aus der Geheimmappe des Kaiser Franz, Wien 1926 (Polizeiberichte über die Stimmung in Wien, über die Flucht Lafayettes in Olmütz etc.)

Fischer, Erich, Wien in der Franzosenzeit, Leipzig-Wien 1930 (Zitate zeitgenössischer Memoiren, Eipeldauerbriefe 1794–1809)

Garros, Louis, Itinéraire de Napoléon Bonaparte, les éditions de l'enzyclopédie française, Paris 1947 (Auflistung der täglichen Ereignisse in Napoleons Leben; zahlreiche Quellenangaben)

Gräffer, Franz, Alt-Wiener Miniaturen, Stimmungen und Skizzen, hrsg. von Eugenie Benisch-Darlog, Wien 1910

Geyer, Rudolf, Münze und Geld, Maß und Gewicht in Niederösterreich und Oberösterreich, Wien 1938

Glossy, Karl, Zur Geschichte der Theater Wiens, in: Grillparzer-Gesellschaft, Jahrbuch 1915

Goethe, Johann Wolfgang von, Gesammelte Werke, Berlin o. J.

Gronner, Richard, Wien wie es war, Wien-Leipzig 1913

Grueber, Karl Johann Ritter von, Lebenserinnerungen eines Reiteroffiziers vor 100 Jahren, Wien 1906

Hadamovsky, Franz, Wiener Theatergeschichte, Wien 1988

Helfert, Joseph Alexander Frhr. von, Zur Lösung der Rastatter Gesandtenmord-Frage, Stuttgart-Wien 1900

Hering, Richard, Lexikon der Küche, Berlin-Wien 1929

Hoen, M. R. von, Kerchnawe H., Kriege unter der Regierung des Kaisers Franz, Wien 1910 (das umfassende, detaillierte österreichische »Generalstabswerk«)

Horsetzky, Adolf von, Feldzüge in Europa seit 1792, Wien 1913 (Diesem Werk wurden die militärischen Bewegungen und das Zahlenmaterial entnommen.)

Junkelmann, Marcus, Napoleon und Bayern, Regensburg 1985 (Hieraus ist die bayrische Flugschrift Mitte 1800 über das Verhalten der Österreicher zitiert.)

Karl, Erzherzog, Militärische Schriften, erläutert und mit einer Einleitung versehen von Frhr. von Waldstätten, Dresden 1885

Kircheisen, Friedrich M. (Hrsg.), Gespräche Napoléons, 3 Bde., Stuttgart 1911 (Gespräche mit Audigné, Bourienne, Rapp, Miot de Mélito, Champagny, Sandoz-Rollin, Cobenzl, Madame de Remusat, Thibaudeau, Mademoiselle Georges etc.)

Kübeck, Carl Friedrich von, Tagebücher, Wien 1908

Kunsthistorisches Museum Wien (Hrsg.), Rüstungen und Waffen, Rückführungen aus dem Musée l'armee in Paris, Ausstellungskatalog, Wien 1941

Ligne, Charles-Joseph Prince de, Fragments de l'histoire de ma vie, publiée par F. Leuridant, Paris 1928

Lohr, Stasi, Drum hab i Wean so gern, Wien und seine Lieder, Wien 1980 (Hieraus der Liedtext bei II. 3. »Hat Franz Männer?«)

Lucas-Dubreton, J., Les soldats de Napoléon, Paris 1948

Mac Donald, Jacques Etienne, Memoiren, Stuttgart 1903

Marbot, Baron, En campagne avec Napoléon, Paris 1959

Mayr, Josef Karl, Wien im Zeitalter Napoléons, Abhandlungen zur Geschichte und Quellenkunde der Stadt Wien, Wien 1940 (Statistisches Material über die Finanzen und Einkommensverhältnisse dieser Zeit, allerdings zeitbedingt nicht untendenziös.)

Metternich, Le prince de, Mémoires, documents et écrits divers, Paris 1880

Paris de l'imprimerie impériale (Hrsg.), Moreau-Recueil, Des interrogatoires subis par le général, An XII, Paris 1799 (Vernehmungsprotokolle von Moreau und Mitbeschuldigten)

Mraz, Gottfried, Österreich und das Reich 1804–1806, Wien 1993 (Texte und Quellen zur Gründung des österreichischen Kaiserreiches)

Napoléon, Briefe, Pan V., Berlin 1912

Napoléon I., Correspondance, 32 Bde., Paris 1866 (offizielle, von Napoleon III. veranlasste Sammlung, dem Ansehen seines Onkels nicht allzu schädlicher Briefe, Bulletins, Befehle u. dgl.)

Napoléon I., Correspondance inédite de Napoléon I. aux archives de guerre, Paris 1912 (Ergänzung zu obiger Sammlung mit rein militärischem Inhalt)

Napoléon I., Liebesbriefe an Joséphine, hrsg. von Chantal de Tourtier-Bonazzi und Jean Tulard, Frankfurt-Berlin-Wien 1985

Neumayr, Anton, Diktatoren im Spiegel der Medizin, Napoleon, Hitler, Stalin, Wien 1995 (hieraus stammen die Zitate Hitlers)

Olms, Ludwig von Beethovens Leben, Leipzig 1981 (Neudruck des Originals von 1923)

Österreichisches Statistisches Zentralamt (Hrsg.), Geschichte und Ergebnisse der zentralen amtlichen Statistik in Österreich 1829–1979, Festschrift, Wien 1979

Parquin, Charles, Amours et coups de sabre. Paris 1910 (Militärische Erlebnisse eines chasseurs à cheval)

Petiet, A., Souvenirs militaires de l'histoire contemporaine, Paris 1844

Pichler, Caroline, Denkwürdigkeiten aus meinem Leben, in: E. K. Blümel, Denkwürdigkeiten aus Altösterreich, München 1914 (erstmals 1844 erschienen)

Pirquet, Pierre Martin, Journal de Campagne, in: Bibl. Liegois, 1970, Feldzugserinnerungen des späteren Generals (1781–1961), (d.h. Lüttich 1970)

Potocka, Gräfin, Memoiren, bearb. von Oskar von Bieberstein, Berlin o. J. (interessante Einblicke in die Salons der Hocharistokratie in Warschau und Paris Anfang des 19. Jahrhunderts)

Putigny, Grognard d'empire, Paris 1950

Ragusa, Herzog von (Marmont), Denkwürdigkeiten, Halle 1857

Rauch, Josef, Erinnerungen eines Offiziers, München 1918

Rauchensteiner, Manfried, Kaiser Franz und Erzherzog Karl, Wien 1972 (enthält Details über die Intrigen an der Spitze der österreichischen Armee von 1796 bis 1809 sowie die Korrespondenz zwischen Kaiser Franz II. und Erzherzog Karl)

Rémusat, Gräfin Claire de Vergennes Mémoires, Paris 1879/80. (Mme de Rémusat (1780–1821) wurde 1802 Palastdame Joséphines, während ihr Gemahl den Posten des Palastpräfekten bei Bonaparte erhielt. Ihr Tagebuch vernichtete sie 1815, später stellte sie es in Form von Memoiren wieder her, welche von ihrem Enkel 1879/80 herausgegeben wurden.)

Reinalter, Helmut, Österreich und die französische Revolution, Wien 1988

Robbins, H. C., Haydn, Chronicle and works, London 1977

Röderer, Graf P. L., Tagebuch, übers. von von Pfaff, Berlin 1909

Rosenbaum, Joseph Carl, Handschriftliches Tagebuch (aufbewahrt in der Österreichischen Nationalbibliothek; die hier verwendeten Auszüge stammen aus dem teilweisen Abdruck bei Schönholz, beziehungsweise, Haydns Zeit betreffend, aus Robbins Werk über Haydn. Der als Esterházyischer Beamter in Kontakt mit Haydn stehende Rosenbaum blieb der Nachwelt nicht nur wegen seiner plastischen Schilderungen des Kunst- und Kulturlebens in Erinnerung, sondern auch als Dieb von Haydns Kopf.)

Rössler, Helmuth, Graf Johann Phillip Stadion, Napoleons deutscher Gegenspieler, Wien 1966

Savant, Jean, Napoléon, Paris 1971–1987–1990

Schlabrendorf, Gustav von, Anti-Napoleon, Frankfurt am Main, 1991 (erschien 1804 anonym in Deutschland, Originaltitel: *Napoleon Bonaparte und das französische Volk unter seinem Consulate.* Dieses Werk enthält kritische Beobachtungen des in Paris zurückgezogen lebenden, aber mit den Geistesgrößen seiner Zeit verkehrenden schrulligen Republikaners; es wurde auch dem Komponisten und Schriftsteller Johann Friedrich Reichardt zugeschrieben, der aber nur der Verleger gewesen sein dürfte.)

Schönholz, Anton Friedrich von, Traditionen zur Charakteristik Österreichs, seines Staats- und Volkslebens unter Franz I., München 1914 (Der 1801 geborene Schönholz verarbeitete in dieser Chronik, die 1844 erschien, zahlreiche authentische Berichte der Zeitgenossen. Seine Schilderungen sind wegen ihrer Genauigkeit einer unmittelbaren Quelle gleichzusetzen.)

Schwarzenberg, Carl, Briefe des Fürsten an seine Frau 1799–1816, Wien-Leipzig 1913

Silagi, Denis, Jakobiner in der Habsburger-Monarchie, Wien-München 1962

Stransky, Claire und V. O. Ludwig, Napoleon, Szenen und Karikaturen (Klosterneuburger Stiftschronik 1805 und 1809), Wien-Berlin 1927

Strohalm Edition (Hrsg.), Die Franzosen und der Schloßberg Graz 1809, Broschüre zur gleichnamigen Ausstellung vom 21. 6. bis 15. 10. 1989 im Garnisonsmuseum auf dem Grazer Schloßberg, Graz 1989 (Hieraus sind die Zitate des Leobner Bürgermeisters von 1797 und des Eisenerzer Pfarrers vom Dezember 1800 entnommen.)

Stüber-Gunther, Fritz, Wien, wie es war, Wien o. J. (Ausschnitte aus den Memoiren der Caroline Pichler, Stadtchronik 1805 u. dgl.)

Thiers, Adolphe, Histoire du Consulat et de l'Empire, Leipzig 1847

Thürheim, Gräfin »Lulu« von, Mein Leben, München 1923

Tolstoi, Graf Leo, Krieg und Frieden, Berlin 1940

Wairy, Constant, Napoleon I. nach den Memoiren seines Kammerdieners Constant, übertragen von O. Marschall von Bieberstein, Leipzig 1904 (Wairy war von 1804 bis 1814 Napoleons Kammerdiener. Die Schilderung intimer Details aus dem Leben Napoleons sind allerdings nur teilweise authentisch; manche Passagen sind vollinhaltlich von anderen, Anfang des 19. Jahrhunderts erschienenen Werken abgeschrieben, z. B. auch von Cadet. Constant diktierte sie bereits in hohem Alter einem Ghostwriter)

Warner, Oliver, Lord Nelson, Stuttgart 1965

Personenregister

Acton, Minister 181
Albert von Sachsen-Te-
schen, Herzog 156
Alexander I., Zar 236
Alexander Leopold, Erz-
herzog, Palatin von Un-
garn 29
Alvintzi, österr. General
57f., 64
Alxinger, Textdichter 67
Angelucci, Liberio, Chir-
urg 191, 195, 267ff.
Ankarström, Johann
Jakob von 31
Audigné, frz. General
276f.. 281
Augereau, General 58, 93f.

Barbaczy, Oberst der
Szekler Husaren 120, 259
Barras, Paul François
Jean Nicolas, Graf von
23, 40ff., 111, 132, 134
Basulko, Peter 35
Batthyány, Lajos, Graf
222
Beauharnais, Eugen de 59
Beaulieu, Feldzeugmei-
ster 51, 55
Beaumarchais, Caron de
298
Beethoven, Ludwig van
37, 108, 236, 270, 272
Bellegarde, österr. Gene-
ral 113, 165
Belmonte-Pignatelli,
Prinz, neapolit. Sonder-
gesandter 190
Beournonville, General 129
Bernadotte, Jean Baptiste
74, 107ff., 113, 127, 170,
194, 254, 267, 270
Bernard, Sarah 272
Berry, Flaggkapitän
Nelsons 202, 204
Berthier, Generalstabs-
chef 98, 267

Beyle, Henry (Stendhal)
272
Bollmann, Dr. Justus
Erich 304ff.
Bonnier, frz. Gesandter
120f., 263
Bouilly, Jean Nicolas,
frz. Librettist 264f.,
267f., 270
Bourienne, Buonaparte-
Biograph 39, 135
Braun, Eva 282
Brueys, Admiral 196f.,
204
Brune, General 163, 165
Bubna, General 274
Büchner, Georg 272
Buonaparte, Carlo di 38
Buonaparte, Joseph 39,
129, 150, 194, 228, 267
Buonaparte, Lucien 40,
129, 132, 135, 278
Burkhard, Rittmeister
120, 259

Cadoudal, Georges
(General Georges)
234ff., 308
Cambacérès, Justizmini-
ster 129, 136
Carnot, Lazare, frz.
Kriegsminister 51, 93,
154, 236
Carrier, Jakobiner 266f.
Castelli, Ignaz, Student
83
Cavaradossi, Maler
268f.
Championnet, frz.
General 210f.
Champollion, Jean-Fran-
çois 12
Chastenay, de, Stiftsfräu-
lein 41
Chenier, André 266, 272
Chenier, Marie-Joseph
266f.

Cherubini, Luigi, Kom-
ponist 161, 270
Cimarosa, Domenico 269
Clary, Desirée 194, 267,
270
Clausewitz, Carl von,
Kriegshistoriker 146,
274ff.
Cobenzl, Graf Johann
Ludwig 74, 92, 95f.,
107, 166, 237
Coignet, Jean- Roch,
Kapitän der Kaisergarde
144
Coigny, Madeleine de 266
Colloredo, Franz de
Paula, Graf von, Staats-
minister 29, 210
Collot, Bankier 129

Danton, Georges 22f.
David, Jacques-Louis 278
Davidowitsch, österr.
General 57ff.
Davout, Marschall 306
Debry, Jean, Delegierter
121, 258, 262
Degen, Josef Vinzenz 34
Dengelmann, Ignaz
Baron 74, 94
Desaix, General 142f.
Dirnböck, Leobner
Bürgermeister 72, 75
Dittersdorf, Karl Ditters
von, Komponist 66
Dounous, Abgeordneter
134
Ducos, Direktor 129,
132, 135
Dumouriez, Charles
François, Kriegs-
minister 22, 46
Duphot, frz. General
194f., 267
Dupin, Maurice,
Generalstabsoffizier
139

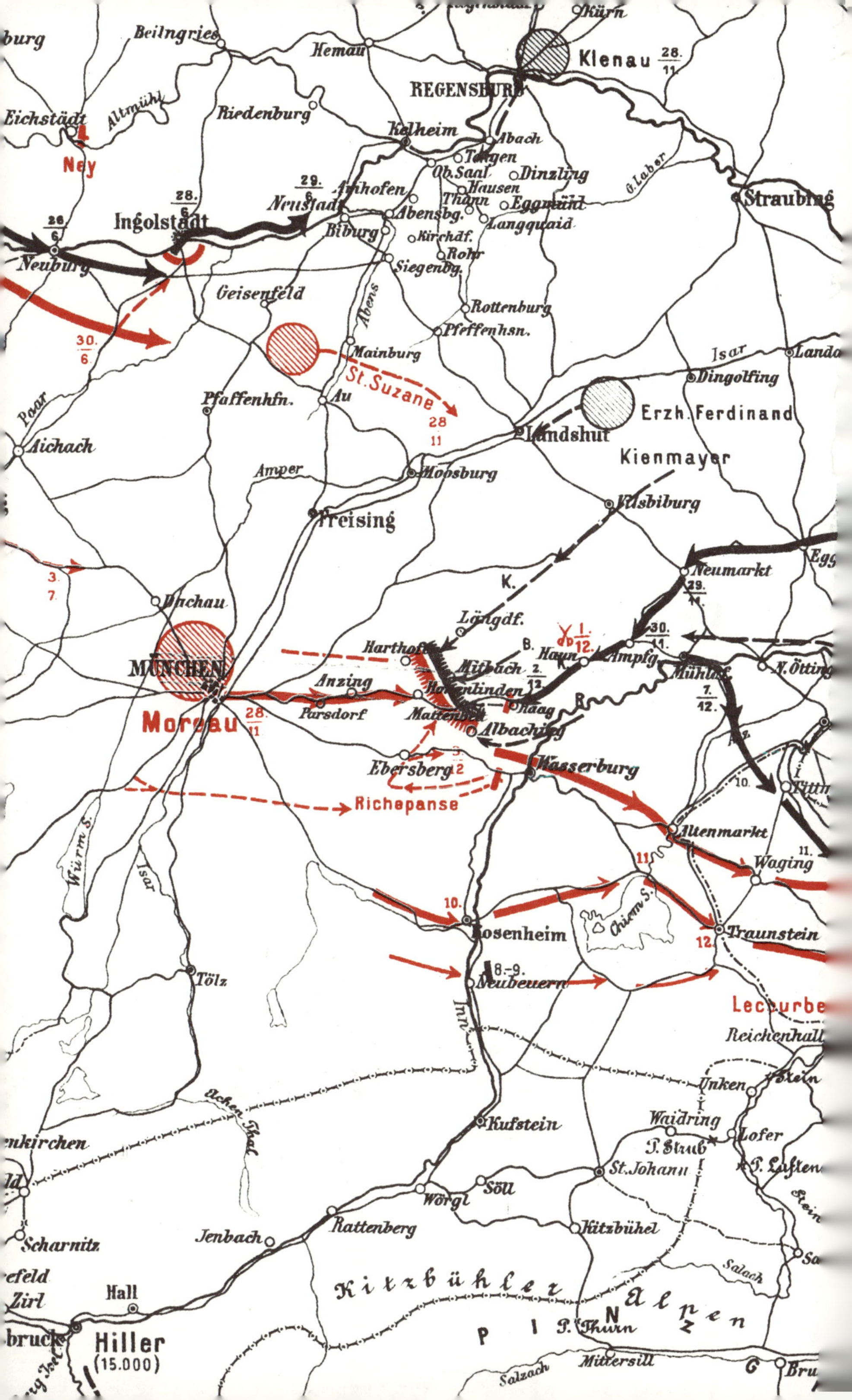

Beilngries
Kürn
Hemau
Klenau 28. 11
REGENSBUR
Eichstädt
Altmühl
Riedenburg
Kelheim
Abach
Ney
Ob. Saal
Dinzling
Hausen
G. Laber
29. 6
Arnhofen
Straubing
28. 6
Neustadt
Thann
Eggmühl
26. 6
Ingolstadt
Abensbg.
Biburg
Kirchdf.
Langquaid
Rohr
Neuburg
Siegenbg.
Geisenfeld
Abens
Rottenburg
Pfeffenhsn.
30. 6
Mainburg
Isar
Dingolfing
St. Suzane
28 11
Erzh. Ferdinand
Paar
Pfaffenhfn.
Au
Landshut
Aichach
Kienmayer
Amper
Moosburg
Freising
Vilsbiburg
Neumarkt
3. 7
K.
Dachau
Längdf.
29. 11.
30. 11.
1. 12.
B.
Harthofen
Haun
Ampfg.
Mühldf.
N. Ötting
Mitbach
2. 12
MÜNCHEN
Anzing
Hohenlinden
K.
Haag
R
7. 12.
Moreau
28. 11
Parsdorf
Albaching
Ebersberg
3. 12
Wasserburg
Richepanse
10.
Würm S.
Altenmarkt
Isar
11
11.
Waging
10.
Rosenheim
Chiem S.
Traunstein
12.
8.-9.
Neubeuern
Tölz
Inn
Reichenhall
Achen Thal
Unken
Stein
Kufstein
Waidring
P. Strub
Lofer
St. Johann
Söll
Wörgl
Rattenberg
Kitzbühel
Scharnitz
Jenbach
Salach
Kitzbühler Alpen
Hall
Zirl
P I N Z
P. Thurn
Hiller
(15.000)
Mittersill
Salzach